Ueberreuter Großdruck

Neale Donald Walsch

Gespräche mit Gott

Gesellschaft und Bewusstseinswandel
Band 2

Aus dem Amerikanischen von
Susanne Kahn-Ackermann

UEBERREUTER

ISBN 978-3-8000-9233-8

Titel der Originalausgabe: Conversations with God. An uncommon dialogue. Book 2.
Originalverlag: Hampton Roads Publishing Company, Inc., Charlottesville, VA, USA

Übersetzt von Susanne Kahn-Ackermann

Umschlaggestaltung von Agentur C21 unter Verwendung eines Fotos von Fotosearch/John Foxx
Druck: Druckerei Theiss, A-9431 St. Stefan i. L.
Gedruckt auf Salzer EOS 1,3 x Vol., naturweiß, 80g
1 3 5 7 6 4 2

www.ueberreuter-grossdruck.com
www.ueberreuter.at

Für

Samantha
Tara-Jenelle
Nicholas
Travis
Karus
Tristan
Devon
Dustin
Dylan

Ihr habt mich mit weit mehr beschenkt,
als ich euch je geschenkt habe.
Ich war nicht der Vater, der zu sein ich hoffte.
Aber wartet. Wir sind noch nicht
miteinander fertig.
Dies ist eine Arbeit im Werden.

Danksagung

Ich wollte schon immer an die erste Stelle meiner Danksagungen das Alles-Was-Ist setzen, also das, was die Quelle-aller-Dinge ist, dieses Buch eingeschlossen. Manche von Ihnen entscheiden sich dazu, dies Gott zu nennen, wie auch ich es tue, aber es spielt keine Rolle, welchen Namen Sie der Quelle geben. Es war und ist die Quelle und wird es bis in alle Ewigkeit sein und noch darüber hinaus.

Zweitens möchte ich meinen Eltern danken und sagen, daß ich wunderbare Eltern hatte, durch die Gottes Lebensquell selbst floß, der sich mit so vielen der bedeutsamsten Erinnerungen meines Lebens verbindet. Zusammengenommen waren meine Mom und mein Dad ein phantastisches Team. Nicht jeder, der vom Rand des Spielfeldes aus zuschaute, mag das so gesehen haben, aber den beiden war es sonnenklar. Sie nannten einander »Pest« und »Gift«. Mom sagte, Dad sei eine »Pest«, und Dad sagte, Mom sei ein »Gift«, dem er nicht widerstehen könne.

Meine Mutter, Anne, war eine außergewöhnliche Person; eine Frau mit unendlichem Mitgefühl, tiefem Verständnis, mit einer ruhigen und endlosen Bereitschaft zu vergeben und einer scheinbar grenzenlosen Fähigkeit zu geben, voller Langmut, sanfter Weisheit und beständigem Glauben an Gott. Ihr Glaube war so stark, daß der junge Priester, der ihr die Letzte Ölung gab (und eindeutig nervös war), von ihrem Bett zu mir kam und mir mit vor Bewunderung bebender Stimme zuflüsterte: »Mein Gott, sie hat mich getröstet.«

Wenn ich sage, daß mich das nicht überrascht hat, bezeuge ich damit meine höchste Anerkennung für Mom.

Mein Vater, Alex, verfügte nur über wenige Tugenden der sanfteren Wesen. Er war polternd, ruppig und konnte geradezu peinlich ätzend werden, und manche sagen auch, daß er oft grausam war, vor allem gegenüber meiner Mutter. Ich möchte ihn dafür (oder für sonst irgend etwas) nicht verurteilen. Meine Mutter weigerte sich, ihn zu verurteilen oder zu tadeln (sie lobte und pries ihn im Gegenteil sogar noch mit ihren letzten Worten), und ich kann nicht erkennen, was es mir brächte, wenn ich ihr klares Beispiel ignorierte und dahinter zurückfiele.

Abgesehen davon hatte Dad auch eine Menge

positive Charakterzüge, die meine Mutter nie aus dem Auge verlor. Dazu gehörte ein unerschütterlicher Glaube an die Unbezähmbarkeit und Unbeugsamkeit des menschlichen Geistes und die tiefe klare Überzeugung, daß Umstände, die geändert werden müssen, nicht durch Gejammer verändert werden, sondern durch Initiative. Er brachte mir bei, daß ich alles tun konnte, was ich mir vornahm. Er war ein Mann, auf den sich seine Frau und seine Familie bis zum Schluß verlassen konnten und es auch taten. Er war die absolute Verkörperung von Loyalität, war nie unentschieden, sondern bezog immer Position und weigerte sich, von Seiten einer Welt, die so viele andere besiegte, ein Nein als Antwort anzunehmen. Sein Mantra angesichts selbst überwältigend schlechter Chancen lautete: »Ach, da ist nichts dabei.« In problematischen Zeiten meines Lebens bediente ich mich stets dieses Mantras. Es funktionierte immer.

Wenn ich sage, daß mich das nicht überrascht hat, bezeuge ich damit meine höchste Anerkennung für Dad.

Inmitten dieser beiden fühlte ich mich dazu herausgefordert und aufgerufen, ein höchstes Selbstvertrauen und eine bedingungslose Liebe zu allen anderen zu finden. Was für ein Team!

In meinem ersten Buch bedankte ich mich bei

einigen anderen Mitgliedern meiner Familie und meines Freundeskreises, die einen enormen Beitrag zu meinem Leben geleistet haben – und es noch immer tun. Ich möchte hier nun zwei ganz besondere Menschen mit einschließen, die in mein Leben traten, nachdem das erste Buch geschrieben war, und die einen außerordentlichen Einfluß auf mich ausübten.

Leo und Letha Bush ... die mir durch ihr Alltagsleben gezeigt haben, daß in den Augenblicken selbstlosen Sorgens für die Familie und geliebte Menschen, des Kümmerns um Freunde, der Freundlichkeit und Güte gegenüber denen, die in Not sind, der Gastfreundschaft gegenüber jedermann und im beständigen Glauben aneinander und in der Liebe füreinander der reichste Lohn des Lebens zu finden ist. Von ihnen lerne ich, und sie inspirieren mich zutiefst.

An dieser Stelle möchte ich auch einigen meiner anderen Lehrer danken, besondere Engel, die mir Gott gesandt hat, um mir eine bestimmte Botschaft zu schicken. Sie zu hören war für mich wichtig, wie mir nun klar ist. Manche haben mich persönlich berührt, manche aus der Ferne, und manche von einem so fernen Punkt auf der Matrix aller Dinge, daß sie nicht einmal (auf bewußter Ebene) wissen, daß ich existiere. Dennoch wurde ihre Energie hier in meiner Seele empfangen. Dazu gehören andere Philosophen, Führer, Meinungsbildner, Schriftsteller und Mitreisende auf dem Weg, deren Beiträge zum kollektiven Bewußtsein im Laufe der Jahre einen Weisheitsschatz zu schaffen halfen, der aus dem Geist Gottes kommt und diesen mithin darstellt. Ich weiß, daß die Texte der *Gespräche mit Gott* aus dieser Quelle kamen. Ich sehe auch hier, während ich die Danksagung für den zweiten Band dieser Trilogie schreibe, daß dieses Werk einen Höhepunkt all dessen darstellt, was ich je wußte, mir je gesagt wurde, dem ich je ausgesetzt war oder was ich je zuvor begriff und was durch das Mittel dieser letzten Gespräche in einer lebenslangen Serie von Unterhaltungen, die ich in vielerlei Form mit Gott führte, auf eine neue Ebene der Verfügbarkeit gebracht wurde. In Wahrheit gibt es keine neuen Ideen im Universum, nur neue Aussagen über die ewige Wahrheit.

Neben diesem allgemeinen Dank an alle meine Lehrer möchte ich den folgenden Personen für ihre Geschenke in meinem Leben danken:

Ken Keyes jr. … dessen Einsichten Tausende von Leben berührten (das meine eingeschlossen). Er, der ein echter Bote war, ist nun nach Hause zurückgekehrt.

Rober Mueller … dessen Arbeit für den Weltfrieden ein Segen für uns alle war und der über ein halbes Jahrhundert lang diesen Planeten mit neuer Hoffnung erfüllte und mit einer spektakulären Vision inspirierte.

Dolly Parton … deren Musik und Lächeln und ganze Persönlichkeit eine Nation glücklich machten und die mein Herz so oft erfreute – auch wenn es gebrochen und ich sicher war, daß es sich nie wieder freuen würde. Nun ist da eine besondere Magie.

Terry Cole-Whittaker … deren Witz und Weisheit und Einsicht und Lebensfreude und absolute Ehrlichkeit mir seit dem Tag, an dem ich ihr begegnete, als Beispiel und Maßstab dienten. Tausende haben durch sie eine Erweiterung, Bestärkung und Belebung erfahren.

Neil Diamond … der um seiner Kunst willen in die Tiefe seiner Seele gegriffen hat und so auch in die Tiefe der meinen griff und der die Seele einer Generation berührt hat. Sein Talent und die emotionale Großzügigkeit, mit der er es mit anderen teilte, sind monumental.

Thea Alexander … die es durch ihr Schreiben gewagt hat, mich für die Möglichkeit zu erwekken, menschliche Liebe und Zuneigung ohne Einschränkung, ohne Kränkungsabsicht, ohne versteckte Motive, ohne bittere Eifersucht und ohne Not oder Erwartungen zum Ausdruck zu bringen. Sie hat in der Welt den rastlosen Geist der grenzenlosen Liebe und unser ganz natürliches Bedürfnis nach einem Feiern der Sexualität wiedererweckt und hat es wieder wunderbar und schön und unschuldig und rein gemacht.

Robert Rimmer ... der genau dasselbe getan hat.

Warren Spahn ... der mich lehrte, daß man, wenn man es in irgendeinem Lebensbereich zur Bestleistung bringen will, die höchsten Maßstäbe anlegen und sich weigern muß, hinter sie zurückzufallen; daß man sich das Höchste abverlangen muß, auch dann, wenn es kaum bemerkt würde, daß man sich schon mit dem Geringsten zufriedengibt (vielleicht gerade dann). Ein Sportsmann erster Größenordnung, ein Held auf dem Schlachtfeld unter Beschuß und ein Held des Lebens, der in seiner Verpflichtung zur Bestleistung nie schwankend wurde, ganz gleich, wieviel Arbeit es erforderte.

Jimmy Carter ... der mutig darauf besteht, internationale Politik nicht mit politischen Machenschaften und Winkelzügen, sondern aus dem Herzen heraus zu betreiben und aus dem, was er nach Maßgabe des höchsten Gesetzes als recht erkennt. Er brachte einen so frischen Luftzug, daß diese schale Welt kaum wußte, was sie damit anfangen sollte.

Shirley McLaine ... die gezeigt hat, daß sich Intellekt und Entertainment nicht gegenseitig ausschließen; daß wir uns über das Niedrige und Banale und den kleinsten gemeinsamen Nenner erheben können. Sie besteht darauf, daß wir über größere Dinge wie auch über kleine reden können; über schwerere Dinge wie auch über die leichten; über tiefere Dinge wie auch über die seichten. Sie bemüht sich um die Anhebung unseres Gesprächs- und Unterhaltungsniveaus und damit auch unseres Bewußtseins; sie bemüht sich, ihren enormen Einfluß auf dem Markt der Ideen konstruktiv zu nutzen.

Oprah Winfrey ... die genau dasselbe tut.

Steven Spielberg ... der genau dasselbe tut.

George Lucas ... der genau dasselbe tut.

Ron Howard ... der genau dasselbe tut.

Hugh Downs ... der genau dasselbe tut.

Und Gene Roddenberry ... dessen Geist dies nun hören kann und der lächelt ... weil er den Weg für so vieles von dem bereitete; er ging das Wagnis ein; trat an den Rand des Abgrunds; ging in Wahrheit dahin, wo sich zuvor noch niemand hinbegeben hat.

Diese Menschen sind Schätze, so wie wir alle. Doch anders als manche von uns entschieden sie sich, von ihrem Schatz des Selbst enorm viel abzugeben; sich sehr weit aus dem Fenster zu lehnen; alles zu riskieren; ihre Privatsphäre zu verlieren und ihre persönliche Welt in ständige Unruhe zu versetzen, um von dem zu geben, was sie wirklich sind. Sie wußten nicht einmal, ob das Geschenk, das sie zu geben hatten, auch angenommen werden würde. Doch sie gaben es.

Dafür spreche ich ihnen meine Anerkennung aus. Ich danke euch allen. Mein Leben wurde durch euch bereichert.

Einleitung

Dies ist ein außergewöhnliches Dokument.

Es ist eine wichtige Botschaft von Gott, und darin schlägt er eine soziale, sexuelle, erzieherische, politische, ökonomische und theologische Revolution auf diesem Planeten vor, wie wir sie noch nie gesehen und uns selten ausgemalt haben.

Dieser Vorschlag wird im Kontext der Aussagen über unsere eigenen Wünsche als Bewohner dieses Planeten gemacht. Wir haben gesagt, daß wir uns entscheiden, ein besseres Leben für alle zu schaffen, unser Bewußtsein anzuheben und eine neuere Welt anzustreben. Gott wird uns nicht verurteilen oder verdammen, ganz gleich, wofür wir uns entscheiden, aber wenn wir uns so entscheiden, ist er oder sie bereit, uns den Weg zu zeigen. Sie wird uns jedoch nicht dazu zwingen, ihre Vorschläge anzunehmen. Weder jetzt noch sonst irgendwann.

Ich finde die Texte in diesem Buch fesselnd, beunruhigend, provokant und erhebend zugleich. Sie fesseln mich insofern, als mir angesichts ihrer

Bedeutung und ungeheuren Tragweite der Atem stockt. Sie beunruhigen mich insofern, als sie mir mich selbst – und auch die Menschheit – auf eine sehr erschütternde Weise zeigen. Sie stellen eine Provokation dar insofern, als sie mich herausfordern wie sonst niemand und nichts je zuvor. Sie fordern mich heraus, besser zu sein, größer zu sein, als ich es je war, sie fordern mich dazu heraus, die Quelle für eine Welt zu sein, in der Wut, kleinliche Eifersucht, sexuelles Fehlverhalten, ökonomische Ungerechtigkeit, ein unsinniges und einfältiges Erziehungswesen, soziale Ungleichheit und politische Heimlichkeiten, Schikanen und Machtspiele niemals wieder Bestandteil der menschlichen Erfahrung sind. Sie sind erhebend insofern, als sie die Hoffnung enthalten, daß dies alles möglich ist.

Können wir wirklich eine solche Welt aufbauen? Gott sagt ja und daß dazu nur erforderlich ist, daß wir uns wirklich dafür entscheiden, es zu tun.

Dieses Buch gibt einen wirklichen Dialog mit Gott wieder. Es ist der zweite Band einer Trilogie, die eine Unterhaltung mit Gott zum Inhalt hat; eine Unterhaltung, die sich über gut fünf Jahre erstreckte – und bis auf den heutigen Tag andauert.

Sie glauben vielleicht nicht, daß dieses Material tatsächlich von Gott kommt, und es ist für mich auch nicht wesentlich, daß Sie es glauben. Mir ist nur wichtig, daß diese Texte überhaupt irgendeinen Wert haben, irgendwelche Einsichten mit sich bringen, zu irgendeinem Erwachen führen, ein neues Verlangen entfachen oder eine fruchtbare Veränderung in unserem Alltagsleben auf Erden befördern. Gott weiß, daß sich irgend etwas ändern muß. Wir können nicht so weitermachen wie bisher.

Die Trilogie der *Gespräche mit Gott* begann, als Band 1 dieser Reihe im Mai 1995 in den USA herauskam. Dieses Buch befaßte sich hauptsächlich mit persönlichen Belangen und veränderte mein Leben. Es veränderte eine Menge Leben. Binnen Wochen verkaufte es sich erstaunlich rasch und fand eine überraschend hohe Verbreitung. Am Ende des ersten Jahres wurden monatlich 12 000 Exemplare verkauft mit steigender Tendenz. Natürlich war der »Autor« des Buches nicht unbekannt. Und das machte das Dokument so faszinierend und einflußreich.

Ich bin zutiefst dankbar, Teil dieses Prozesses sein zu dürfen, ein Prozeß, durch den Tausende von Menschen wieder einmal an einige der größten Wahrheiten erinnert werden. Und ich bin persönlich erfreut und glücklich, daß so viele den Wert dieser Arbeit sehen.

Sie müssen wissen, daß ich zunächst ungeheure Angst hatte. Mir kam in den Sinn, daß andere mich für verrückt und größenwahnsinnig halten könnten. Oder daß sie, wenn sie glaubten, diese Texte seien von Gott inspiriert, tatsächlich seinem Rat folgen würden. Und warum hatte ich davor Angst? Ganz einfach. Ich wußte, daß alles, was ich geschrieben hatte, falsch sein konnte.

Dann begannen die Briefe einzutreffen. Briefe von Menschen aus aller Welt. Und dann wußte ich es. Tief im Innern wußte ich es. Es war richtig. Es war genau das, was der Welt not tat zu hören, zum genau richtigen Zeitpunkt!

(Natürlich gibt es kein »richtig« oder »falsch«, außer in unserer relativen Existenzerfahrung. Ich meine also damit, daß angesichts dessen, was und wer wir unserer Aussage nach auf diesem Planeten sein wollen, dieses Buch »gerade richtig kam«.)

Nun ist also Band 2 da, und ich merke, daß mich wieder all diese Ängste überfallen. Dieses Buch handelt von größeren Aspekten unseres Lebens sowie von geophysischen und geopolitischen Betrachtungen mit weltweiten Implikationen. Als solcher wird dieser Band, wie ich vermute, sehr viel mehr enthalten, dem der Durchschnittsleser nicht zustimmen mag. Und so habe ich Angst. Ich habe Angst, daß Ihnen nicht gefallen wird, was Sie hier lesen. Ich habe Angst, daß Sie mir in einigem »unrecht« geben werden. Ich habe Angst, daß ich in ein Wespennest steche, einen Sturm heraufbeschwöre, Wellen schlage. Und wieder einmal habe ich Angst, daß alles hier falsch sein könnte.

Natürlich sollte ich es besser wissen und diese Ängste nicht haben. Habe ich denn schließlich nicht mein eigenes erstes Buch gelesen? Nun, da haben Sie's. Wieder meine Menschlichkeit. Sehen Sie, mit der Veröffentlichung dieser Aufzeichnungen verfolge ich nicht das Ziel, die Menschen aufzurütteln. Ich möchte Ihnen nur ehrlich und geradeheraus weitergeben, was Gott mir in Antwort auf meine Fragen übermittelt hat. Ich habe Gott versprochen, das zu tun – diese Gespräche zu veröffentlichen –, und kann dieses Versprechen nicht brechen.

Sie können Ihr Versprechen auch nicht brechen. Offensichtlich haben Sie das Versprechen gegeben, zuzulassen, daß Ihre Gedanken, Ideen und Überzeugungen beständig in Frage gestellt werden. Ganz eindeutig sind Sie eine tiefe Verpflichtung zu beständigem Wachstum und kontinuierlicher Weiterentwicklung eingegangen. Nur ein Mensch, der eine solche Verpflichtung eingegangen ist, nimmt ein Buch wie dieses zur Hand.

Es sieht also so aus, als säßen wir gemeinsam in diesem Boot. Und es gibt nichts zu fürchten. Wir sind, was wir sind, und wir tun als Folge davon das, was wir tun, und wir brauchen nichts weiter zu tun, als dem treu zu bleiben, und es gibt nichts zu fürchten. Ich sehe nun, daß ich vermutlich immer wußte, daß wir Boten sind, Sie und ich. Wenn wir es nicht wären, würde ich das hier nicht schreiben, und Sie würden es ganz gewiß nicht lesen. Wir sind Boten, und wir haben Arbeit zu tun. Erstens müssen wir sichergehen, daß wir die Botschaft, die uns in den *Gesprächen mit Gott* übermittelt wird, klar verstehen. Zweitens müssen wir die Botschaft in unser Leben so integrieren, daß sie wirksam und zur Praxis wird. Und drittens müssen wir diese Botschaft zu anderen weitertragen, ihre Wahrheit durch das einfache und hervorragende Mittel unseres eigenen Beispiels all jenen überbringen, deren Leben wir berühren.

Ich bin glücklich, daß Sie sich dazu entschieden haben, diese Reise mit mir zu unternehmen. Mit Ihnen ist sie sehr viel leichter und macht viel mehr Spaß als ohne Sie. Lassen Sie uns nun gemeinsam diese Seiten durchwandern. Es könnte ab und zu ein wenig unbequem werden. Es ist nicht so wie im ersten Band; dieser war Gottes Umarmung; ein großes, herzliches Umarmen. Band 2 ist Gottes gleichermaßen liebevolles und sanftes, aber doch unangenehmes Rütteln an unseren Schultern. Ein Weckruf. Eine Herausforderung, uns zur nächsten Ebene zu begeben.

Wie Sie wissen, gibt es immer eine nächste Ebene. Ihre Seele – die hierherkam, um die reichste und nicht die ärmste Erfahrung zu machen – möchte nicht, daß Sie sich ausruhen. Und obgleich es immer Ihre freie Entscheidung ist, möchte Ihre Seele doch, daß Sie nie selbstgefällig oder selbstzufrieden werden und ganz sicher nie in Apathie verfallen. Denn es gibt zuviel in Ihrer Welt zu verändern, es gibt zuviel in Ihnen, was es noch zu erschaffen gilt. Es gibt immer einen neuen Berg zu erklimmen, einen neuen Grenzbereich zu erforschen, eine neue Angst zu besiegen. Es gibt immer einen noch großartigeren Ort, eine noch größere Idee, eine noch größere Vision.

So mag dieses Buch also ein bißchen unbequemer sein als der erste Band. Bleiben Sie bei diesem Unbehagen, falls und wenn Sie es verspüren. Halten Sie sich am Boot fest, wenn es zu schaukeln beginnt. Und leben Sie dann innerhalb eines neuen Paradigmas. Besser noch, helfen Sie, durch das

Wunder und Beispiel Ihres eigenen gelebten Lebens, eines zu erschaffen.

Neale Donald Walsch
Ashland, Oregon

1

Danke, daß Sie gekommen sind. Danke, daß Sie hier sind. Stimmt, Sie sind aufgrund einer Verabredung hier; aber trotzdem, Sie hätten es ja versäumen können, sich einzufinden. Sie hätten es sich anders überlegen können. Statt dessen haben Sie sich entschieden, hier zu sein, zur festgesetzten Stunde, am festgesetzten Ort, damit dieses Buch in Ihre Hände gelangt. Deshalb danke ich Ihnen.

Wenn Sie das alles unbewußt unternommen haben, ohne im geringsten zu ahnen, was Sie da tun und warum, mögen Ihnen diese Worte etwas rätselhaft erscheinen, und somit ist vielleicht eine kleine Erklärung angebracht.

Fangen wir damit an, daß wir Sie darauf hinweisen, daß dieses Buch zum perfekt richtigen Zeitpunkt in Ihrem Leben eingetroffen ist. Vielleicht vermögen Sie das jetzt noch nicht zu erkennen, aber wenn Sie mit der hier auf Sie wartenden Erfahrung fertig sind, wird es Ihnen vollkommen klar sein. Alles geschieht innerhalb einer perfekten

Ordnung, und die Ankunft dieses Buches in Ihrem Leben bildet da keine Ausnahme.

Was Sie hier vor sich haben, ist das, wonach Sie schon sehr lange gesucht, wonach Sie sich schon sehr lange gesehnt haben. Was Sie hier haben, ist Ihr neuester – und für einige vielleicht Ihr erster – wirklicher Kontakt mit Gott.

Dies *ist* ein Kontakt, und er ist sehr real.

Gott wird jetzt, durch mich, tatsächlich ein Gespräch mit Ihnen führen. Noch vor ein paar Jahren hätte ich dergleichen nicht geäußert; ich sage es jetzt, weil ich bereits einen solchen Dialog führte und von daher weiß, daß so etwas möglich ist. Es ist nicht nur möglich, es geschieht ständig. So wie es nun auch hier und jetzt geschieht.

Wichtig ist, daß Sie verstehen, daß Sie dies zum Teil bewirkt haben, so wie Sie auch bewirkt haben, daß Sie in diesem Moment dieses Buch in Händen halten. Wir alle sind die Urheber der Ereignisse unseres Lebens, und wir alle sind bei der Erschaffung der Umstände, die zu diesen Ereignissen führen, Mitschöpfer im Verein mit dem einen großen Schöpfer.

Es geschah in den Jahren 1992/93, daß ich zum ersten Mal in Ihrem Auftrag mit Gott sprach. Ich hatte einen zornigen Brief an ihn geschrieben und ihn gefragt, warum mein Leben zu einem solchen

Monument der Mühsal und des Scheiterns geworden war. In allen Lebensbereichen, angefangen bei meiner Liebesbeziehung, über meine Arbeit, den Umgang mit meinen Kindern bis hin zu meiner Gesundheit – in *allem* erlebte ich nichts als Probleme und Fehlschläge. Ich verlangte von Gott zu wissen, warum das so war und was es brauchte, damit mein Leben funktionierte. Zu meiner Überraschung wurde der Brief beantwortet.

Aus dem Wie und Was dieser Antworten wurde ein Buch, das im Mai 1995 als *Conversations with God, Book 1* veröffentlicht wurde. Die deutsche Übersetzung erschien 1997 unter dem Titel *Gespräche mit Gott. Ein ungewöhnlicher Dialog.* Vielleicht haben Sie davon gehört oder es sogar gelesen. Wenn das der Fall sein sollte, bedarf es für Sie keiner weiteren einleitenden Worte.

Sollten Sie aber mit jenem ersten Buch nicht vertraut sein, dann hoffe ich, daß Sie es bald sein werden, denn darin wird sehr viel detaillierter erläutert, wie alles begann; zudem werden viele Fragen in bezug auf unser persönliches Leben beantwortet – Fragen zum Thema Geld, Liebe, Sex, Gott, Gesundheit und Krankheit, Essen, Beziehungen, die »richtige Arbeit« und zu vielen anderen Aspekten unseres Alltagslebens, die in diesem Buch nicht angesprochen werden.

Wenn ich Gott um ein Geschenk an die Welt in dieser Zeit bitten würde, wären es die in Band 1 enthaltenen Informationen. Sich an die Regeln haltend *(»Noch ehe ihr fragt, habe ich geantwortet«)*, hat Gott die Bitte bereits erfüllt.

Ich hoffe also, daß Sie sich, nachdem Sie dieses Buch gelesen haben (oder vielleicht noch bevor Sie damit fertig sind), dazu entschließen werden, das erste Buch zu lesen. Es ist alles eine Sache der Wahl, so wie auch die reine Wahl Sie in diesem Augenblick zu diesen Sätzen gebracht hat. (Ein Grundgedanke, der in jenem ersten Buch erläutert wird.)

Diese ersten Absätze von Band 2 wurden im März 1996 geschrieben, um den folgenden Informationen eine kurze Einleitung voranzustellen. Wie im ersten Band war die Prozedur des »Eintreffens« dieser Informationen außerordentlich einfach. Ich schrieb auf ein leeres Blatt Papier eine Frage – irgendeine Frage ... gewöhnlich die, die mir als erste in den Sinn kam, und kaum war sie aufgeschrieben, formulierte sich die Antwort in meinem Kopf, so als ob sie mir jemand ins Ohr flüsterte. Ich nahm ein Diktat auf!

Abgesehen von diesen wenigen einleitenden Sätzen wurde das gesamte Material dieses Buches zwischen Frühjahr 1993 und etwas über einem

Jahr später zu Papier gebracht. Ich möchte es Ihnen hier nun vorlegen, so wie es von mir kam und mir gegeben wurde …

Es ist Ostersonntag 1993, und ich bin hier – wie angewiesen. Ich bin hier, Bleistift in der Hand, Schreibblock vor mir, bereit anzufangen.

Ich sollte Ihnen wohl sagen, daß mich Gott bat, hier zu sein. Wir hatten eine Verabredung. Wir werden heute mit Band 2 anfangen, dem zweiten Band einer Trilogie, eine Erfahrung, die Gott und ich und Sie gemeinsam machen.

Ich habe keine Ahnung, was dieses Buch aussagen wird oder auf welche spezifischen Themen wir zu sprechen kommen werden. Ich habe für dieses Buch keinen Plan im Kopf. Ich kann ihn gar nicht haben. Nicht ich bin es, der entscheidet, was in dieses Buch hineinkommt – Gott entscheidet es.

Am Ostersonntag 1992 – heute vor einem Jahr – fing Gott einen Dialog mit mir an. Ich weiß, das klingt lächerlich, aber so ist es geschehen. Dieser Dialog wurde vor nicht allzu langer Zeit beendet. Ich wurde angewiesen, mir eine Ruhepause zu gönnen …, aber mir wurde auch gesagt, daß ich eine »Verabredung« für den heutigen Tag habe, um dieses Gespräch wieder aufzunehmen.

Auch Sie haben eine Verabredung. Sie halten sie gerade jetzt ein. Mir ist klar, daß dieses Buch nicht nur für mich geschrieben wird, sondern auch *durch mich* für Sie. Offensichtlich haben Sie schon seit sehr langer Zeit nach Gott Ausschau gehalten – und nach einem Wort *von* Gott.

Heute werden wir gemeinsam Gott finden. Das ist immer der beste Weg, um Gott zu finden: gemeinsam. Isoliert und voneinander getrennt werden wir Gott nie finden. Das meine ich im doppelten Sinn. Ich meine, wir werden Gott nie finden, solange *wir* voneinander getrennt sind. Denn der erste Schritt zur Erkenntnis, daß wir nicht von Gott getrennt sind, besteht in der Erkenntnis, daß wir untereinander nicht getrennt sind. Und solange wir nicht begreifen und uns klarmachen, daß *wir* alle eins sind, können wir auch nicht begreifen und uns klarmachen, daß wir und Gott eins sind.

Gott existiert nicht getrennt von uns, niemals; wir *denken* nur, daß wir von ihm getrennt sind.

Und das ist ein weitverbreiteter Irrtum. Wir denken auch, daß wir Menschen voneinander getrennt sind. So ist, wie ich entdeckte, der schnellste Weg, »Gott zu finden«, der, daß wir einander finden; daß wir aufhören, uns voreinander zu verstecken. Und daß wir natürlich auch aufhören, uns vor uns selbst zu verstecken.

Der schnellste Weg zur Beendigung dieses Versteckspiels ist der, daß wir die Wahrheit sagen. Zu jedermann. Immer. Fangen Sie jetzt an, die Wahrheit zu sagen, und hören Sie nie damit auf. Fangen Sie damit an, daß Sie sich selbst die Wahrheit über sich selbst sagen. Sagen Sie dann einem anderen die Wahrheit über Sie selbst. Sagen Sie dann diesem anderen die Wahrheit über ihn selbst. Sagen Sie dann schließlich zu jedermann die Wahrheit über alles.

Das sind *die fünf Ebenen des Sprechens der Wahrheit.* Das ist der fünffache Pfad zur Freiheit. Die Wahrheit *wird* Sie befreien.

Dieses Buch handelt von der Wahrheit. Nicht meiner Wahrheit, sondern Gottes Wahrheit.

Unser anfänglicher Dialog – zwischen Gott und mir – wurde vor einem Monat beendet. Ich nehme an, dieser neue Dialog wird so vonstatten gehen wie der erste. Das heißt, ich stelle Fragen, und Gott antwortet. Ich denke, ich höre nun auf und frage Gott gleich jetzt.

Gott – wird es so vonstatten gehen?

JA.

Das dachte ich mir.

AUSSER DASS ICH in diesem Buch, ohne dich zu

fragen, selbst ein paar Themen anspreche. Das habe ich im ersten Buch kaum getan, wie du weißt.

Ja. Warum bringst du diesen Punkt zur Sprache?

WEIL DIESES BUCH auf mein Verlangen hin geschrieben wird. Ich habe dich hergebeten – wie du dargelegt hast. Das erste Buch war ein Projekt, das du von dir aus gestartet hast. Bei deinem ersten Buch hattest du ein Anliegen. Bei diesem Buch hast du kein Anliegen außer dem, meinem Willen zu entsprechen.

Ja. Das ist richtig.

DAS, NEALE, IST ein sehr guter Standort. Ich hoffe, du – und andere – werden ihn oft aufsuchen.

Aber ich dachte, dein Wille sei mein Wille. Wie kann ich *nicht* deinem Willen entsprechen, wenn er derselbe ist wie der meine?

DAS IST EINE verzwickte Frage – und kein schlechter Ausgangspunkt; kein schlechter Ausgangspunkt für uns alle, um mit dem Dialog zu beginnen.

Laß uns ein paar Schritte zurückgehen. Ich habe nie gesagt, daß mein Wille dein Wille ist.

Doch, das hast du gesagt! Im letzten Buch hast du ganz klar zu mir gesagt: »Dein Wille ist mein Wille.«

RICHTIG – DOCH DAS ist nicht dasselbe.

Nicht? Vielleicht hältst du mich zum Narren.

WENN ICH SAGE: »Dein Wille ist mein Wille«, so ist das nicht dasselbe, wie wenn du sagst: Mein Wille ist dein Wille.

Wenn du stets meinem Willen entsprechen würdest, müßtest du nichts mehr tun, um Erleuchtung zu erlangen. Dieser Prozeß wäre vorbei. Du hättest sie schon erlangt. Wenn du einen einzigen *Tag* nichts anderes tätest als meinen Willen, brächte dir das die Erleuchtung. Wenn du all die Jahre deines Lebens meinen Willen getan hättest, brauchtest du dich jetzt wohl kaum mit diesem Buch zu befassen.

Somit ist klar, daß du nicht meinen Willen getan hast. Tatsache ist, daß du zumeist meinen Willen gar nicht *kennst.*

Nein?

NEIN, ALLERDINGS NICHT.

Warum sagst du mir dann nicht, worin er besteht?

Das tu ich. Du hörst nur nicht zu. Und wenn du zuhörst, hörst du nicht wirklich hin. Und wenn du tatsächlich hinhörst, glaubst du nicht, was du hörst. Und wenn du glaubst, was du hörst, folgst du doch nicht den Anweisungen.

Die Aussage, daß mein Wille dein Wille ist, ist also nachweislich falsch.

Andererseits *ist* dein Wille mein Wille. Erstens, weil ich ihn kenne. Zweitens, weil ich ihn akzeptiere. Drittens, weil ich ihn lobe. Viertens, weil ich ihn liebe. Fünftens, weil er mir zu eigen ist, und *ich ihn mein eigen nenne.*

Das bedeutet, daß *du* den *freien* Willen hast zu tun, was du wünschst – und daß ich, durch bedingungslose Liebe, deinen Willen zu dem meinen *mache.*

Wenn du nun meinen Willen zu dem deinen machen wolltest, müßtest du dasselbe tun.

Erstens müßtest du ihn kennen. Zweitens müßtest du ihn akzeptieren. Drittens müßtest du ihn loben. Viertens müßtest du ihn lieben. Und schließlich müßtest du *ihn dein eigen nennen.*

Im Verlauf der gesamten Menschheitsgeschichte haben nur sehr wenige von euch das konsequent getan. Ein paar mehr haben es fast immer getan. Viele haben es zum großen Teil getan. Sehr viele haben es ab und zu getan. Und praktisch jedermann hat es zu seltenen Anlässen getan – obschon manche es überhaupt nie getan haben.

In welche Kategorie falle ich?

SPIELT DAS EINE Rolle? In welcher Kategorie möchtest du denn *von jetzt an* sein? Ist das nicht die eigentliche Frage?

Doch.

UND DEINE ANTWORT?

Ich würde gerne der ersten Kategorie zugehören. Ich würde gerne immer deinen Willen kennen und tun.

DAS IST LÖBLICH, empfehlenswert und wahrscheinlich unmöglich.

Warum?

WEIL DU NOCH viel zuviel wachsen mußt, bevor du das von dir behaupten kannst. Doch ich sage dir:

Du *könntest* dies für dich in Anspruch nehmen, du könntest, in diesem *Moment,* zur Göttlichkeit gelangen, wenn du dich dazu entscheidest. Dein Wachstum braucht nicht unbedingt soviel Zeit in Anspruch zu nehmen.

Warum *hat* es dann soviel Zeit gebraucht?

JA, WARUM WOHL? Worauf wartest du? Du glaubst doch sicher nicht, daß ich dich zurückhalte?

Nein. Mir ist klar, daß ich mich selbst zurückhalte.

GUT. KLARHEIT IST der erste Schritt zur Meisterschaft.

Ich würde gerne Meisterschaft erlangen. Wie komme ich dahin?

LIES DIESES BUCH. Genau dahin werde ich dich führen.

2

Ich bin mir nicht sicher, ob ich weiß, welche Richtung dieses Buch nimmt. Ich bin mir nicht sicher, wo ich anfangen soll.

Wir wollen uns Zeit nehmen.

Wieviel Zeit müssen wir uns nehmen? Ich habe bereits *fünf Monate* gebraucht, um vom ersten Kapitel bis hierher zu kommen. Ich weiß, die Leute lesen das und meinen, ich bringe alles in einem gleichmäßigen, ununterbrochenen Fluß zu Papier. Ihnen ist nicht bewußt, daß zwischen dem 32. und 33. Absatz dieses Buches *20 Wochen* lagen. Sie wissen nicht, daß zwischen diesen Momenten der Inspiration manchmal ein *halbes Jahr* verstreichen kann. Wieviel Zeit müssen wir uns nehmen?

Das habe ich nicht gemeint. Laß uns die »Zeit« als erstes Thema nehmen, als einen Anfang.

Oh. Okay. Aber wenn wir schon bei diesem Thema sind: Warum braucht es denn manchmal Monate, um einen einfachen Absatz zu Ende zu bringen? Warum bist du manchmal so lange abwesend zwischen diesen Besuchen?

MEIN LIEBER UND wunderbarer Sohn, ich bin nicht lange abwesend zwischen diesen »Besuchen«. Ich bin nie *abwesend.* Du nimmst mich einfach nur nicht immer *wahr.*

Warum? Warum nehme ich dich nicht immer wahr, wenn du immer hier bist?

WEIL SICH DEIN Leben in anderen Dingen verfängt. Seien wir doch mal ehrlich; das waren reichlich geschäftige fünf Monate für dich.

Ja, stimmt. Es war eine Menge los.

UND DIESE DINGE waren dir wichtiger als ich.

Das empfinde ich nicht so.

ICH LADE DICH ein, dir deine Handlungen anzuschauen. Du warst zutiefst mit deinem materiellen Leben beschäftigt. Du hast deiner Seele sehr wenig Aufmerksamkeit geschenkt.

Es war eine schwierige Zeit.

JA. UM SO mehr Grund, deine Seele in den Prozeß einzubeziehen. Diese letzten Monate wären mit meiner Hilfe sehr viel glatter verlaufen. Darf ich dir also vorschlagen, darauf zu achten, daß du den Kontakt nicht verlierst?

Ich versuche dabeizubleiben, scheine mich aber zu verlieren – mich in anderen Dingen zu verfangen, wie du sagst. Und dann finde ich irgendwie keine Zeit für dich. Ich meditiere nicht. Ich bete nicht. Und ich schreibe selbstverständlich auch nicht.

ICH WEISS. Es ist eine Ironie des Schicksals, daß du dann, wenn du unsere Verbindung am meisten brauchst, dich von ihr entfernst.

Wie kann ich damit aufhören?

DAMIT AUFHÖREN.

Das habe ich doch gerade gesagt. Aber wie?

DU HÖRST DAMIT auf, indem du damit aufhörst.

So einfach ist das nicht.

Es ist so einfach.

Ich wollte, es wäre so.

Dann wird es auch *wirklich* so sein, denn dein Wunsch ist mir Befehl. Denk daran, mein Lieber, deine Wünsche sind meine Wünsche. Dein Wille ist mein Wille.

In Ordnung. Okay. Dann wünsche ich mir, daß dieses Buch bis März beendet wird. Jetzt ist es Oktober. Ich wünsche in bezug auf seine Aufzeichnung keine weiteren fünfmonatigen Unterbrechungen.

So wird es sein.

Gut.

Es sei denn, es ist anders.

O Mann. Müssen wir diese Spielchen spielen?

Nein. Aber bislang hast du dich entschieden, dein Leben in dieser Weise zu leben. Du änderst ständig deine Meinung. Denk daran, das Leben ist ein fortwährender Schöpfungsprozeß. Du erschaffst jede Minute deine Realität. Die Entscheidung, die du heute fällst, ist oft nicht diejenige, die du morgen triffst. Doch hier ist ein Geheimnis aller Meister: *Triff immer dieselbe Entscheidung.*

Immer und immer wieder? Ist einmal nicht genug?

IMMER UND IMMER wieder, bis dein Wille sich in deiner Realität manifestiert hat.

Bei manchen kann das Jahre dauern. Bei manchen Monate. Bei manchen Wochen. Bei jenen, die sich der Meisterschaft nähern, Tage, Stunden oder auch Minuten. Bei *Meistern* manifestiert sich die Schöpfung *sofort.*

Bist du auf dem Weg zur Meisterschaft, kannst du das daran erkennen, daß sich die Kluft zwischen Wille und Erleben allmählich schließt.

Du sagtest, daß die Entscheidung, die ich heute fälle, oft nicht diejenige ist, die ich morgen treffe. Ja und? Willst du damit sagen, daß wir uns nie eine Sinnesänderung gestatten sollten?

ÄNDERE DEINEN SINN, soviel zu willst. Doch denk daran, daß mit jeder Sinnesänderung eine Richtungsänderung des ganzen Universums einhergeht.

Wenn du dich für etwas entscheidest, wenn du »deinen Sinn auf etwas richtest«, setzt du das Universum in Bewegung. Hier sind dein Begriffsvermögen übersteigende Kräfte – subtilere und komplexere Kräfte, als du dir vorstellen kannst – an einem Prozeß beteiligt, an einer komplizierten Dynamik, die ihr gerade erst zu verstehen beginnt.

Diese Kräfte und dieser Prozeß sind alle Bestandteil des außergewöhnlichen Netzwerks interaktiver Energien, das die Gesamtheit der Existenz ausmacht, die ihr das Leben nennt. In ihrer Essenz sind sie ich.

Ich mache es also schwierig für dich, wenn ich meinen Sinn ändere, ist es das?

FÜR MICH IST nichts schwierig, aber du könntest die Dinge für dich selbst schwierig machen. Richte deshalb deinen Geist voll und ganz auf ein Ziel. Und laß nicht davon ab, bis du es in der Realität manifestiert hast. Bleib fokussiert. Bleib zentriert.

Das ist mit Zielstrebigkeit gemeint. Wenn du dich für etwas entscheidest, entscheide dich mit aller Kraft und aus ganzem Herzen dafür. Sei nicht halbherzig. Bleib dabei! Beweg dich stetig darauf zu. Sei entschlossen.

Laß kein *Nein* als Antwort gelten.

GENAU.

Aber was ist, wenn *nein* tatsächlich die richtige Antwort ist? Wenn das, was wir wollen, nicht für uns bestimmt ist – wenn es nicht unserem Wohl, unserem eigenen Interesse, dient? Dann gibst du es uns nicht, richtig?

FALSCH. ICH »GEBE« euch, was immer ihr herbeiruft, ob es nun »gut« oder »schlecht« für euch ist. Hast du in letzter Zeit mal einen Blick auf dein Leben geworfen?

Aber ich wurde gelehrt, daß wir nicht immer haben können, wonach wir verlangen – daß Gott es uns nicht gibt, wenn es nicht unserem höchsten Wohl dient.

DAS IST ETWAS, was dir die Leute erzählen, wenn sie nicht wollen, daß du von einem bestimmten Ergebnis enttäuscht bist. Laß uns erstens hinsichtlich unserer Beziehung noch einmal etwas klären.

Ich »gebe« dir nicht irgend etwas – du rufst es herbei. Im ersten Band wird ziemlich detailliert erklärt, wie man das macht. Zweitens fälle ich kein Urteil über das, was du herbeirufst. Ich nenne nichts »gut« oder »schlecht«. (Und du würdest gut daran tun, das auch nicht zu tun.)

Du bist ein schöpferisches Wesen – nach dem Ebenbild Gottes geschaffen. Du kannst alles haben, wofür du dich entscheidest. Aber du kannst nicht alles haben, was du dir wünschst. In der Tat wirst du nie *irgend etwas* bekommen, was du zu stark wünschst.

Ich weiß. Auch das hast du im ersten Band erklärt. Du hast gesagt, daß der Akt des Wünschens oder Wollens das von uns wegdrängt, was wir wollen.

JA, UND WEISST du noch, warum?

Weil Gedanken schöpferisch sind und weil der Gedanke, daß ich ein Ding haben will, eine Aussage gegenüber dem Universum – die Proklamation einer Wahrheit – ist, die das Universum dann in meiner Realität herbeiführt.

GENAU! RICHTIG! DU *hast* gelernt. Du verstehst tatsächlich. Das ist großartig.

Ja, so funktioniert es. In dem Augenblick, in dem du sagst: »Ich will etwas«, sagt das Universum: »Ganz recht, das tust du«, und liefert dir präzise diese Erfahrung – *die Erfahrung, daß du es »willst« !*

Das, was du hinter das Wort »ich« setzt, wird zu deinem schöpferischen Befehl. Der Geist in der Flasche – der ich bin – existiert, um zu gehorchen.

Ich bringe hervor, was du herbeirufst! Du rufst genau das herbei, was du denkst, fühlst und sagst. So einfach ist das.

Sag mir also noch mal – warum brauche ich so lange, um die von mir gewählte Realität zu erschaffen?

Aus einer Reihe von Gründen. Weil du nicht glaubst, daß du haben kannst, was du wählst. Weil du nicht weißt, *was* du wählst. Weil du ständig herauszufinden versuchst, was das »Beste« für dich ist. Weil du schon vorab Garantien dafür haben willst, daß alle deine Entscheidungen »gut« sind. Und weil du dauernd deinen Sinn änderst.

Laß mich sehen, ob ich verstehe. Ich sollte also nicht versuchen, herauszufinden, was das Beste für mich ist?

Das »Beste« ist ein relativer Begriff, der von hundert Variablen abhängt. Das macht die Entscheidung schwierig. Wenn du eine Entscheidung triffst, sollte es nur eine Überlegung geben: Ist das eine Aussage über mein wahres Selbst, über was und wer ich wirklich bin? Ist dies eine Verkündung dessen, wer zu sein ich mich entscheide?

Das ganze Leben sollte eine solche Verkündung sein. Tatsächlich *ist* das ganze Leben eine solche Verkündung. Es liegt an dir, ob sie aus *Zufall* oder aus der *Entscheidung* heraus geschieht.

Ein auf die Wahl, auf die Entscheidung, gegründetes Leben ist ein Leben bewußten Handelns. Ein auf Zufall gegründetes Leben ist ein Leben unbewußter Reaktion.

Reaktion ist eben genau das – eine Aktion, die du schon einmal unternommen hast. Wenn du »re-agierst«, beurteilst und bewertest du die hereinkommenden Daten, suchst in deinem Erinnerungsspeicher nach einer gleichen oder sehr ähnlichen Erfahrung und *handelst genau wie zuvor.* Das alles ist die Arbeit deines Verstandes, nicht die deiner Seele.

Deine Seele würde dich veranlassen, ihr »Gedächtnis« zu erforschen, um zu sehen, wie du eine wirklich *echte Erfahrung deines Selbst im Moment des Jetzt* erschaffen kannst. Das ist die Erfahrung der »Seelenerforschung«, von der ihr so oft gehört habt, aber um sie zu machen, müßt ihr buchstäblich »den Verstand verlieren«.

Wenn du deine Zeit mit dem Versuch verbringst, herauszufinden, was das »Beste« für dich ist, tust du genau das: *Du verbringst, du vergeudest sie.* Besser, du *sparst* deine Zeit, als daß du sie vergeudest.

Du sparst dir ungeheuer viel Zeit, wenn du »den Verstand verlierst«. Du gelangst schneller zu Entscheidungen, und Wahlmöglichkeiten werden rasch aktiviert, weil deine Seele nur aus der gegenwärtigen Erfahrung heraus erschafft, ohne Überprüfung, Analyse und kritische Beurteilung vergangener Begebenheiten.

Denk daran: Die Seele erschafft, der Verstand reagiert.

Die Seele in ihrer Weisheit weiß, daß dir deine im Moment gemachte Erfahrung von Gott geschickt wurde, noch bevor du dir dessen bewußt wurdest. Das ist damit gemeint, wenn man sagt, daß etwas »auf dich zukommt«. Die Gegenwart ist schon zu dir unterwegs, während du sie noch anstrebst – denn noch bevor du fragst, habe ich dir geantwortet. Jeder Moment des Jetzt ist ein herrliches Geschenk von Gott.

Die Seele strebt intuitiv die perfekten Umstände

und Situationen an, deren es jetzt bedarf, um falsches Denken zu heilen und dir die rechtmäßige Erfahrung dessen, wer du wirklich bist, zukommen zu lassen.

Es ist der Wunsch der Seele, dich zu Gott zurückzuführen – dich zu mir nach Hause zu bringen.

Die Absicht der Seele besteht darin, sich selbst *über die Erfahrung* kennenzulernen – und so mich kennenzulernen und zu erkennen. Denn die Seele begreift, daß du und ich eins sind, auch wenn der Verstand diese Wahrheit leugnet und der Körper dieser Leugnung entsprechend handelt.

Deshalb sollst du in den Augenblicken einer großen Entscheidung »den Verstand verlieren«, »ver-rückt« sein und etwas Seelenerforschung betreiben.

Die Seele begreift, was der Verstand nicht zu erfassen vermag.

Wenn du deine Zeit mit dem Versuch verbringst, herauszufinden, was das »Beste« für dich ist, werden deine Entscheidungen von Vorsicht bestimmt sein, wirst du ewig brauchen, um dich überhaupt zu entscheiden, und du wirst deine Reise in einem Meer von Erwartungen beginnen.

Wenn du nicht aufpaßt, wirst du in deinen Erwartungen *ertrinken.*

Wow! Diese Antwort ist ein ziemlicher Brocken! Aber wie höre ich auf meine Seele? Wie kann ich verstehen, was ich da höre?

Die Seele spricht in Gefühlen zu dir. Höre auf deine Gefühle. Folge deinen Gefühlen. Achte und ehre deine Gefühle.

Warum habe ich den Eindruck, daß eben diese Achtung meiner Gefühle mich in Schwierigkeiten gebracht hat?

Weil du persönliches Wachstum mit dem Etikett »Schwierigkeiten« und Stillstand mit dem Etikett »Sicherheit« versehen hast.

Ich sage dir dies: Deine Gefühle werden dich *nie* in »Schwierigkeiten« bringen, denn deine Gefühle sind deine *Wahrheit.*

Wenn du ein Leben führen willst, in dem du nie deinen Gefühlen folgst, sondern jedes Gefühl durch den Filter deiner Verstandesmaschinerie laufen läßt, dann nur zu. Triff deine Entscheidungen auf der Grundlage der Situationsanalyse deines Verstandes. Aber erwarte keine Freude bei dieser Vorgehensweise und kein Feiern dessen, der du wirklich bist.

Denk daran: Echtes Feiern ist unbekümmert, bedenkenlos.

Wenn du auf deine Seele hörst, wirst du wissen, was das »Beste« für dich ist, denn das beste für dich ist das, was für dich wahr ist.

Wenn du nur aus dem heraus agierst, was wahr für dich ist, beschleunigst du die Reise. Wenn du eine Erfahrung *erschaffst,* die sich auf deine jetzige Wahrheit gründet, statt auf eine Erfahrung zu *reagieren,* die auf einer vergangenen Wahrheit basiert, bringst du ein neues Ich hervor.

Warum brauchst du so lange, um die von dir gewählte Realität zu erschaffen? Eben darum: Weil du deine Wahrheit bisher nicht gelebt hast.

Erkenne die Wahrheit, und die Wahrheit wird dich frei machen.

Doch wenn du die Wahrheit erst einmal erkennst, dann *ändere nicht ständig deine Meinung darüber.* Hier spricht dein Verstand, der herauszufinden versucht, was das »Beste« ist. Hör auf damit! Begib dich heraus aus deinem Verstand. Komm wieder zu *Sinnen!*

Das ist mit »wieder zu Sinnen kommen« gemeint. Es geht um eine Rückkehr zu dem, was du fühlst, nicht was du *denkst.* Deine Gedanken sind einfach nur das – Gedanken, mentale Konstruktionen. »Erfundene« Schöpfungen deiner Verstandeskraft. Aber deine *Gefühle sind real, wirklich und wahr.*

Gefühle sind die Sprache der Seele. Und deine Seele ist deine Wahrheit.

Nun, setzt das für dich das Puzzle zusammen?

Heißt das, daß wir jedem Gefühl Ausdruck geben sollen – ganz gleich, wie negativ oder zerstörerisch es ist?

Gefühle sind weder negativ noch zerstörerisch. Sie sind einfach Wahrheiten. Was zählt, ist, wie du deiner Wahrheit Ausdruck verleihst.

Wenn du deiner Wahrheit mit Liebe Ausdruck gibst, hat das selten negative und zerstörerische Folgen, und wenn doch, dann gewöhnlich deshalb, weil jemand anders beschlossen hat, deine Wahrheit auf negative oder zerstörerische Weise zu erleben. In einem solchen Fall kannst du wahrscheinlich nichts tun, um dieses Ergebnis zu verhindern.

Unterläßt du es, deiner Wahrheit Ausdruck zu geben, ist das bestimmt kaum die angemessene Handlungsweise. Doch das ist es, was die Leute ständig tun. Sie haben solche Angst davor, Unannehmlichkeiten zu verursachen oder mit ihnen konfrontiert zu werden, daß sie ihre Wahrheit ganz und gar verstecken.

Denk daran: Es ist nicht so wichtig, wie gut eine

Botschaft aufgenommen wird, wichtiger ist, wie gut sie übermittelt wird.

Du kannst nicht die Verantwortung dafür übernehmen, wie gut ein anderer deine Wahrheit akzeptiert; du kannst nur Sorge dafür tragen, wie gut sie übermittelt wird. Und mit »wie gut« meine ich nicht nur das Maß an Klarheit; ich meine wie liebevoll, wie mitfühlend, wie sensibel, wie mutig und wie vollständig.

Das läßt keinen Raum für Halbwahrheiten, auch nicht für die »brutale Wahrheit« oder die »nackte Wahrheit«. Es bedeutet einfach die Wahrheit, die ganze Wahrheit und nichts als die Wahrheit, so wahr dir Gott hilft.

Dieses »so wahr dir Gott hilft« bringt die göttlichen Qualitäten der Liebe und des Mitgefühls herein – denn wenn du mich darum bittest, helfe ich dir immer, auf diese Weise zu kommunizieren.

Also ja, bring das, was du deine »negativsten« Gefühle nennst, zum Ausdruck, aber nicht auf zerstörerische Art.

Wenn du es unterläßt, deine negativen Gefühle zu »äußern« (das heißt, nach außen zu bringen), bringst du sie damit nicht zum Verschwinden, sondern du *behältst sie in dir.* Im Innern behaltene Negativität schädigt den Körper und belastet die Seele.

Aber wenn ein anderer Mensch alle negativen Gedanken, die man über ihn hegt, zu hören bekommt, wird sich das auf die Beziehung auswirken, ganz gleich, wie liebevoll man diese Gedanken übermittelt.

Ich sagte, äussere deine negativen Gefühle (bring sie nach außen) – ich sagte nicht, wie oder wem gegenüber.

Du mußt nicht die ganze Negativität mit der Person teilen, der gegenüber du sie empfindest. Du mußt ihr diese Gefühle nur dann mitteilen, wenn dich ein Unterlassen in deiner Integrität gefährdete oder diese andere Person dazu veranlassen würde, eine Unwahrheit zu glauben.

Negativität ist nie ein Zeichen letzter Wahrheit, selbst wenn sie im Moment deine Wahrheit zu sein scheint. Sie kann aus einem ungeheilten Aspekt deiner selbst entstehen. In der Tat *entsteht sie immer daraus.*

Deshalb ist es so wichtig, diese negativen Dinge rauszulassen, sie aus dir zu entlassen. Nur wenn du sie losläßt – sie nach außen bringst, sie vor dich hinstellst, kannst du sie klar genug erkennen, um zu wissen, ob du sie wirklich glaubst.

Du hast alle möglichen Dinge gesagt – häßliche Dinge –, nur um zu entdecken, daß du sie, nachdem du sie einmal geäußert hast, nicht länger als »wahr« empfindest. Du hast alle möglichen Gefühle zum Ausdruck gebracht – von Angst bis Zorn und Wut –, nur um zu entdecken, daß sie, nachdem sie einmal zum Ausdruck gebracht wurden, nicht länger enthüllen, was du *wirklich* fühlst.

So gesehen können Gefühle eine knifflige Sache sein. Gefühle *sind* die Sprache der Seele, aber du mußt sichergehen, daß du auf deine *wahren Gefühle* hörst und nicht auf ein falsches Modell, das sich dein Verstand zurechtgebastelt hat.

O Mann, jetzt kann ich nicht einmal mehr meinen *Gefühlen* trauen. Großartig! Ich dachte, das wäre der Weg zur Wahrheit! Ich dachte, das wäre es, was du mich *lehrst.*

DAS *IST ES. Das tue ich.* Aber hör zu, denn es ist komplexer, als du gegenwärtig begreifen kannst. Manche Gefühle sind *wahre Gefühle* – das heißt in der Seele geborene Gefühle –, und manche Gefühle sind falsche Gefühle. Sie werden von deinem Verstand konstruiert.

Mit anderen Worten, sie sind gar keine »Gefühle« – sie sind *Gedanken.* Gedanken, die sich als Gefühle *maskieren.*

Diese Gedanken gründen sich auf deine vormaligen Erfahrungen und auf die beobachteten Erfahrungen anderer. Du siehst jemanden eine Grimasse schneiden, wenn ihm ein Zahn gezogen wird, also schneidest du eine Grimasse, wenn *dir* ein Zahn gezogen wird. Es tut dir vielleicht nicht einmal *weh,* aber du verziehst trotzdem das Gesicht. Deine Reaktion hat nichts mit der Realität zu tun, sondern damit, wie du die Realität *wahrnimmst,* gegründet auf die Erfahrung anderer oder auf etwas, das *dir* in der Vergangenheit passiert ist.

Die größte Herausforderung für den Menschen besteht darin, im Hier und Jetzt zu sein, damit aufzuhören, sich die Dinge auszudenken und auszumalen! Aufzuhören, Gedanken über einen zukünftigen Moment zu erzeugen. *Sei im Moment.* Denk daran, du hast deinem Selbst diesen Moment zum Geschenk gemacht. Der Moment enthielt das Samenkorn einer gewaltigen Wahrheit. Eine Wahrheit, an die du dich erinnern wolltest. Doch wenn der Moment dann kam, hast du sofort Gedanken um ihn herum aufgebaut. Statt *im* Moment zu sein, hast du *außerhalb* des Moments gestanden und ihn beurteilt. Dann hast du re-agiert. Das heißt, du hast gehandelt, wie du es *schon einmal zuvor getan hast.* Schau dir jetzt diese beiden Worte an:

REAKTIV
KREATIV

Die beiden Worte sind praktisch *identisch,* nur das »K« ist an einer anderen Stelle! Wenn du die Dinge *richtigstellst,* wirst du kreativ statt reaktiv.

Das ist sehr clever.

NUN, DAS IST Gott nun mal.

Aber schau, worauf ich hinauswill, ist folgendes: Wenn du jedem Moment ganz frisch und unvoreingenommen begegnest, *ohne dir vorher Gedanken darüber gemacht zu haben,* kannst du den, der du bist, erschaffen, statt den *wieder-zu-inszenieren,* der du *einst warst.*

Das Leben ist ein Schöpfungsprozeß, aber du lebst es so, als wäre es ein Prozeß der Wieder-Inszenierung!

Aber wie kann ein rationaler Mensch im Moment eines Geschehens die eigenen früheren Erfahrungen ignorieren? Ist es nicht normal, alles aufzurufen, was wir zu diesem Thema wissen, um dann aus diesem Wissen heraus zu handeln?

ES MAG NORMAL sein, ist aber nicht *natürlich.* »Normal« ist das, was man gewöhnlich tut. Du bist »natürlich«, wenn du nicht versuchst, »normal« zu sein!

Natürlich und normal sind nicht dasselbe. Du kannst in jedem gegebenen Moment das tun, was du normalerweise tust, oder du kannst tun, was sich natürlicherweise ergibt. Ich sage dir: *Nichts ist natürlicher als die Liebe.*

Wenn du liebevoll handelst, wirst du auf natürliche Weise handeln. Wenn du angstvoll, feindselig, wütend reagierst, handelst du vielleicht *normal,* aber nie *natürlich.*

Wie kann ich liebevoll handeln, wenn mir meine ganze frühere Erfahrung zuschreit, daß ein bestimmter »Moment« sehr wahrscheinlich schmerzlich sein wird?

Ignoriere deine früheren Erfahrungen, und *begib dich in den Moment hinein.* Sei im Hier und Jetzt. Schau dir an, womit du *jetzt sofort* arbeiten kannst, um dich *neu zu erschaffen.*

Denk daran, aus *diesem Grund bist du hier.*

Du bist in dieser Weise, zu dieser Zeit, an diesem Ort, in diese Welt gekommen, um zu erfahren, wer du wirklich bist – und um den zu erschaffen, der du sein möchtest.

Das ist der Zweck und das Ziel allen Lebens.

Das Leben ist ein fortwährender, nie endender Prozeß der Wieder-Er-Schaffung. Ihr erschafft euer Selbst ständig nach dem Bild eurer nächsten höchsten Vorstellung von euch selbst.

Aber ist das nicht mit dem Mann zu vergleichen, der sich in der Gewißheit, fliegen zu können, vom höchsten Gebäude herabstürzte? Er ignorierte seine »früheren Erfahrungen« *und* die »beobachteten Erfahrungen anderer«, verkündete: »Ich bin Gott!« und sprang hinunter. Das scheint mir nicht gerade sehr intelligent zu sein.

Und ich sage dir dies: Menschen haben viel großartigere Leistungen vollbracht als Fliegen. Menschen haben Krankheiten geheilt. Menschen haben Tote auferstehen lassen.

Ein Mensch hat das getan.

Glaubst du, dass nur einem Menschen solche Kräfte über das physische Universum verliehen wurden?

Nur ein Mann hat sie vorgeführt.

Das stimmt nicht. Wer teilte das Rote Meer?

Gott.

Richtig, aber wer bat Gott, dies zu tun?
Moses.

Genau. Und wer bat mich, die Kranken zu heilen und die Toten auferstehen zu lassen?

Jesus.

Ja. Und glaubst du, daß du *nicht tun kannst,* was Moses und Jesus taten?

Aber sie haben es nicht *getan!* Sie baten *dich,* es zu tun. Das ist etwas anderes.

Okay. Lassen wir uns mal auf deinen Gedankengang ein. Glaubst du, daß *du* mich nicht um die gleichen wunderbaren Dinge bitten kannst?

Ich nehme an, ich könnte es. Und würde ich sie dir gewähren? Ich weiß nicht.

Das ist der Unterschied zwischen dir und Moses! Das ist es, was dich von Jesus trennt!

Viele Menschen glauben, daß du es ihnen gewähren *wirst,* wenn sie etwas im Namen Jesu erbitten.

Ja, viele Menschen glauben das. Sie glauben, daß sie keine Macht haben, aber sie haben die Macht Jesu *gesehen* (oder glauben anderen, die sie gesehen haben) und bitten daher in seinem Namen. Und das, obwohl er sagte: »Warum seid ihr so überrascht? Diese Dinge und mehr werdet ihr auch tun.« Doch die Menschen konnten das nicht glauben. Viele können es bis auf den heutigen Tag nicht glauben.

Ihr alle glaubt, daß ihr unwürdig seid. Daher bittet ihr im Namen Jesu. Oder der heiligen Jungfrau Maria. Oder dieses oder jenes »Schutzheiligen«. Oder des Sonnengottes. Oder des Geistes des Ostens. Ihr bedient euch eines *jeglichen* Namens – außer eurem eigenen!

Ich sage dir dies: *Bittet, und euch wird gegeben werden. Sucht, und ihr werdet finden. Klopft an, und es wird euch aufgetan.*

Springt vom Gebäude, und ihr werdet fliegen.

Es gibt Menschen, die levitieren. Glaubst du das?

Ja, ich habe davon gehört.

Und es gibt Menschen, die durch Mauern gingen. Und Menschen, die ihren Körper verließen.

Ja, ja. Aber ich habe nie jemanden durch Mauern gehen *sehen* – und ich würde auch nicht vorschlagen, es zu versuchen. Und ich denke auch nicht, wir sollten von Gebäuden hüpfen. Das ist wahrscheinlich nicht gut für die Gesundheit.

Dieser Mann stürzte sich nicht zu Tode, weil er aus dem richtigen Seinszustand heraus nicht hätte fliegen können, sondern weil er *niemals* Göttlichkeit hätte demonstrieren können, solange er sich als von euch getrennt zu zeigen versuchte.

Bitte erkläre das.

Der Mann auf dem Gebäude lebte in einer Welt der Selbsttäuschung, in der er sich vorstellte, *anders zu sein als alle anderen.* Indem er erklärte: »Ich bin Gott«, *begann* er seine Demonstration mit einer Lüge. Er hoffte, sich selbst zu einem von anderen gesonderten Menschen zu machen. Größer. Mächtiger.

Es war ein Akt des Egos.

Das Ego – das, was vereinzelt, getrennt, individuell ist – kann nie das, was das Eine ist, nachvollziehen, kopieren oder demonstrieren.

Indem er vorführen wollte, daß er Gott sei, führte der Mann auf dem Gebäude nur sein Getrenntsein vor, nicht seine Einheit mit allen Dingen. So versuchte er Göttlichkeit durch eine Demonstration von Ungöttlichkeit vorzuführen und scheiterte.

Jesus hingegen bezeugte Göttlichkeit, indem er Einheit demonstrierte – indem er die Einheit und Ganzheit in allem, was (und wen) er erblickte, sah. Darin waren sein Bewußtsein und mein Bewußtsein eins, und in diesem Zustand manifestierte sich alles, was er herbeirief, in seiner göttlichen Wirklichkeit in diesem heiligen Moment.

Ich verstehe. Es bedarf also nur eines »Christus-Bewußtseins«, um Wunder zu vollbringen! Nun, das sollte die Dinge einfach machen …

Das tut es in der Tat. Einfacher, als du denkst. Und viele haben ein solches Bewußtsein erlangt. Viele wurden zu einem Christus, nicht nur Jesus von Nazareth.

Auch *du* kannst zu einem Christus werden.

Wie denn?

Indem du danach strebst. Indem du dich dafür entscheidest. Aber es ist eine Wahl, für die du dich jeden Tag, jede Minute entscheiden mußt. Sie muß zum *absoluten Ziel und Zweck deines Lebens* werden.

Sie *ist* Ziel und Zweck deines Lebens – du weißt es nur nicht. Und selbst, wenn du es weißt, selbst wenn du dich an diesen tiefsten Grund für deine Existenz erinnerst, scheinst du nicht zu wissen, wie du von da, wo du bist, *dorthin gelangst.*

Ja, so ist es. Wie *kann* ich also von da, wo ich bin, dorthin gelangen, wo ich sein will?

Ich sage dir noch einmal: *Sucht, und ihr werdet finden. Klopft an, und es wird euch aufgetan.*

Seit 35 Jahren »suche« ich und »klopfe an«. Du wirst mir verzeihen, wenn ich sage, daß mich dieser Spruch mittlerweile ein bißchen langweilt.

Um nicht zu sagen, du bist desillusioniert, nicht wahr? Nun, ich muß dir zwar gute Noten für deinen Versuch geben – eine Eins für den guten Willen sozusagen –, aber ich kann nicht sagen, ich kann dir nicht beipflichten, daß du seit 35 Jahren suchst und anklopfst.

Einigen wir uns darauf, daß du seit 35 Jahren mal suchst und anklopfst und mal nicht – meistens nicht.

In der Vergangenheit, als du sehr jung warst, kamst du nur dann zu mir, wenn du in Schwierigkeiten stecktest, wenn du etwas brauchtest. Als du älter und reifer wurdest, wurde dir klar, daß das wahrscheinlich nicht die *lichtige Beziehung* zu Gott ist, und du bemühtest dich, etwas Bedeutungsvolleres daraus zu machen. Doch auch dann war ich für dich kaum mehr als *etwas, mit dem man sich gelegentlich befaßte.*

Noch etwas später gelangtest du zur Einsicht, daß diese *Einheit* mit Gott nur durch eine *Kommunion,* eine innige Verbindung mit Gott erreicht werden kann, und übtest dich in Praktiken und einem Verhalten, durch die sich eine innige Verbindung herstellen ließ, doch du tatest dies lediglich sporadisch und inkonsequent.

Du meditiertest, führtest Rituale durch, riefst mich im Gebet und Gesang an, beschworst meinen Geist in dir, aber nur dann, wenn es dir paßte, nur dann, wenn du dich dazu inspiriert fühltest.

Und so herrlich deine Erfahrung von mir bei diesen Anlässen auch war, hast du doch 95 Prozent deines Lebens in der Illusion des *Getrenntseins* verbracht und nur mal hier mal da in Momenten aufflackernder Erkenntnis in der *höchsten Wirklichkeit.*

Du denkst immer noch, es ginge in deinem Leben um Autoreparaturen und Telefonrechnungen und um das, was du von Beziehungen willst, um die *Dramen,* die du dir erschaffen hast, statt um den *Schöpfer* dieser Dramen.

Du mußt noch herausfinden, *warum* du dir ständig deine Dramen erschaffst. Du bist mit ihrem Ausagieren zu sehr beschäftigt.

Du sagst, daß du den Sinn des Lebens verstehst, aber du lebst deine Einsicht nicht. Du sagst, du kennst den Weg zur Kommunion mit Gott, aber du nimmst diesen Weg nicht.

Du behauptest, auf dem *Weg* zu sein, aber du gehst ihn nicht.

Dann kommst du zu mir und sagst, daß du seit 35 Jahren suchst und anklopfst.

Ich möchte dir nicht deine Illusionen rauben, aber …

Es ist Zeit, daß du aufhörst, von mir enttäuscht zu sein, und anfängst, *dich* zu sehen, wie du wirklich bist. Ich sage dir dies: Du willst zu einem »Christus« werden? *Handle in jeder Minute eines jeden Tages* wie Christus. (Es ist nicht so, daß du nicht wüßtest, wie. Er hat dir den Weg gezeigt.) Sei in jeder Situation und unter allen Umständen wie Christus. (Es ist nicht so, daß du das nicht kannst. Er hat dir *Anweisungen* hinterlassen.)

Wenn du danach strebst, wirst du nicht ohne Hilfe dastehen. Ich gebe dir in jeder Minute eines jeden Tages Geleit. Ich bin die stille sanfte Stimme in dir, die weiß, welche Richtung du einschlagen, welchen Weg du nehmen, welche Antwort du geben, welche Handlung du durchführen, welches Wort du sagen – welche *Realität du erschaffen* sollst, wenn du wirklich die innige Verbindung und Einheit mit mir suchst.

Hör einfach auf mich.

Ich glaube, ich weiß nicht, wie ich das machen soll.

ACH, UNSINN! *Du machst es ja gerade jetzt!* Mach es einfach *die ganze Zeit.*

Ich kann nicht jeden Augenblick des Tages mit einem Notizblock herumrennen. Ich kann nicht alles stehen- und liegenlassen und anfangen, Nachrichten an dich zu schreiben in der Hoffnung, daß du da bist und mir eine deiner brillanten Antworten zukommen läßt.

DANKE. SIE SIND brillant! Und hier kommt noch so eine brillante Antwort: *Ja doch, das kannst du!*

Ich meine, wenn dir jemand sagte, daß du eine direkte Verbindung zu Gott haben kannst, und du nichts weiter zu tun brauchtest, als dafür zu sorgen, daß du immer Papier und Bleistift parat hast, würdest du das dann tun?

Ja, *natürlich.*

DOCH GERADE HAST du gesagt, daß du das *nicht würdest.* Oder »nicht könntest«. Also, was ist mit dir los? Was sagst du nun? Was *ist* deine Wahrheit?

Die gute Nachricht ist die, daß du noch nicht einmal Papier und Bleistift brauchst. *Ich bin immer bei dir.* Ich wohne nicht im Bleistift. *Ich wohne in dir.*

Das *ist* die Wahrheit, nicht wahr … Ich meine, das kann ich wirklich glauben, oder?

NATÜRLICH KANNST DU das glauben. Ich habe dich von Anfang an *gebeten,* das zu glauben. Es ist das, was dir jeder Meister, Jesus eingeschlossen, sagte. Das ist der Kern der Lehre. Das ist die letzte Wahrheit.

Ich bin immer bei dir, bis ans Ende der Zeit.

Glaubst du das?

Ja, jetzt glaube ich es. Ich meine, ich glaube es mehr als je zuvor.

GUT. DANN *MACH* von mir *Gebrauch.* Wenn es dir passend erscheint, daß du Notizblock und Bleistift hervorholst, (und ich muß sagen, es scheint ziemlich passend für dich zu sein), dann *hole Notizblock und Bleistift hervor. Öfter.* Jeden Tag. Jede Stunde, wenn es sein muß.

Komm mir nahe. *Komm mir nahe!* Tu, was du kannst. Tu, was du dazu tun mußt, was dazu nötig ist.

Bete einen Rosenkranz. Küß einen Stein. Verbeug dich nach Osten. Singe. Laß das Pendel schwingen. Teste einen Muskel.

Oder schreib ein Buch.

Tu, was dazu nötig ist.

Jeder von euch hat seine eigene Struktur. Jede von euch hat mich auf ihre eigene Weise verstanden – mich erschaffen. Für manche von euch bin ich ein Mann. Für manche von euch bin ich eine Frau. Für manche bin ich beides. Für manche bin ich keines von beidem.

Für manche von euch bin ich reine Energie. Für manche bin ich dieses höchste Gefühl, das ihr Liebe nennt. Und manche von euch haben keine Ahnung, was ich bin. Ihr wißt nur einfach, daß *ICH BIN.*

Und so ist es.

ICH BIN.

Ich bin der Wind, der dir durchs Haar streicht. Ich bin die Sonne, die deinen Körper wärmt. Ich bin der Regen, der auf deinem Gesicht herumtanzt. Ich bin der in der Luft schwebende Duft der Blumen, und ich bin die Blumen, die ihren Wohlgeruch nach oben verströmen. Ich bin die Luft, die den Duft *dahinträgt.*

Ich bin der Anfang deines ersten Gedankens. Ich bin das Ende deines letzten Gedankens. Ich bin die Idee, die den Funken deines brillantesten Augenblicks entzündet. Ich bin die Herrlichkeit seiner Erfüllung. Ich bin das Gefühl, das die liebevollste Tat nährte, die du je ausgeführt hast. Ich bin der Teil in dir, der sich immer und immer wieder nach diesem Gefühl sehnt.

Was immer für dich funktioniert, was immer es geschehen läßt, *was immer du brauchst,* um dich »wiederzuverbinden« – Ritual, Zeremonie, Vorführung, Meditation, Besinnung, Gesang, Wort oder Tat –, *tu's.*

Tu es in Erinnerung an mich.

3

Wenn ich also Rückschau halte und zusammenfasse, was du mir sagst, so scheine ich auf folgende Hauptpunkte zu kommen.

- Das Leben ist ein fortwährender Schöpfungsprozeß.
- Ein Geheimnis aller Meister besteht darin, daß sie keinem Sinneswandel mehr unterliegen; daß sie sich immer für dasselbe entscheiden.
- Laß kein *Nein* als Antwort gelten.
- Das, was wir denken, fühlen und sagen, das »rufen wir hervor«.
- Das Leben kann ein Schöpfungsprozeß sein oder Reaktion.
- Die Seele *erschafft,* der Verstand *reagiert.*
- Die Seele versteht, was der Verstand nicht begreifen kann.
- Hör mit dem Versuch auf, herausfinden zu wollen, was das »Beste« für dich ist (wie du am meisten gewinnen, am wenigsten verlieren kannst, wie du bekommen kannst, was du möchtest),

und fang an, dem Gefühl Folge zu leisten, das dir innerlich sagt, wer du wirklich bist.

- Deine Gefühle sind deine Wahrheit. Das beste ist für dich das, was für dich wahr ist.
- Gedanken sind *keine* Gefühle; sie sind vielmehr Vorstellungen davon, was du fühlen »solltest«.
- Kehr zurück zu deinen Gefühlen, laß *den Verstand weg,* und *komm wieder zu deinen Sinnen.*
- Hast du deine Wahrheit erkannt, dann *lebe* sie.
- Negative Gefühle sind eigentlich keine wahren Gefühle; sie sind vielmehr Gedanken, die sich auf deine eigenen vormaligen Erfahrungen und die Erfahrungen anderer Menschen gründen.
- Vormalige Erfahrungen sind kein Kriterium für die Wahrheit, da die reine Wahrheit hier und jetzt erschaffen und nicht wiederinszeniert, zum wiederholten Mal ausagiert wird.
- Ändere deine Reaktion auf die Dinge, lebe im gegenwärtigen Moment – so wie er »auf dich zukommt«, noch bevor du dir auch nur einen Gedanken darüber gemacht hast ... Mit anderen Worten, sei im Hier und Jetzt, lebe nicht in der Vergangenheit oder Zukunft.
- Vergangenheit und Zukunft können nur in Gedanken existieren. Der gegenwärtige Moment ist die einzige Realität. *Bleib darin!*
- Sucht, und ihr werdet finden.

– Tu alles, was nötig ist, um mit Gott/der Göttin/ der Wahrheit in Verbindung zu bleiben. Hör nicht mit deiner Praxis auf, den Gebeten, den Ritualen, den Meditationen, dem Lesen, dem Schreiben, *was immer passend für dich ist,* um mit Allem-Was-Ist in Berührung zu bleiben.

Wie findest du das soweit?

GROSSARTIG! SO WEIT, SO gut. Du hast es kapiert. Doch kannst du es auch leben?

Ich werde es versuchen.

GUT.

Ja. Können wir nun da weitermachen, wo wir aufgehört haben? Erzähl mir etwas über die Zeit.

Es *GIBT* KEINE andere Zeit als die der Gegenwart. Ich bin sicher, das hast du schon mal gehört. Aber du hast es nicht verstanden. Jetzt verstehst du. Es gibt keine Zeit außer *dieser* Zeit.

Es gibt keinen Augenblick außer diesem Augenblick. Das »Jetzt« ist alles, was es gibt.

Was ist mit »gestern« und »morgen«?

Produkte deiner Phantasie und Einbildungskraft, Konstruktionen deines denkenden Bewußtseins. In der letzten Wirklichkeit nicht existent.

Alles, was jemals geschah, geschieht und jemals geschehen wird, geschieht *jetzt.*

Das verstehe ich nicht.

Und das kannst du auch nicht. Nicht zur Gänze. Aber du kannst *anfangen* zu verstehen. Und ein anfängliches Begreifen, ein Verstehen im Ansatz, ist alles, was hier nötig ist. Also … hör einfach nur zu.

»Zeit« ist kein Kontinuum. Sie ist ein Element der Relativität, und zwar in der Vertikalen, nicht in der Horizontalen. Denk sie dir nicht als etwas, das sich »von links nach rechts« bewegt – als eine sogenannte Zeitschiene, die bei einem Individuum von der Geburt bis zum Tod und im Universum *von* irgendeinem endlichen Punkt *bis* zu irgendeinem endlichen Punkt verläuft.

»Zeit« ist etwas, das sich »hinauf und hinunter« bewegt! Stell sie dir als eine Spindel vor, die den ewigen Moment des Jetzt darstellt.

Stell dir nun Papierblätter auf der Spindel vor, eines über dem anderen. Dies sind die Elemente der Zeit. Jedes Element ist gesondert und verschieden, doch ein jedes existiert *simultan mit allen anderen.* Das ganze Papier auf der Spindel ist auf einmal da! So viel, wie je *dasein wird* – so viel, wie je *da war* …

Es gibt nur einen Moment – *diesen* Moment – den ewigen Moment des Jetzt.

Im *Jetzt* geschieht alles – und werde ich verherrlicht. Es gibt kein Warten auf die Herrlichkeit Gottes. Ich erschuf alles so, weil *ich nicht warten konnte!* Ich war so glücklich zu sein, Wer-Ich-Bin, daß ich es einfach nicht abwarten konnte, dies in meiner Realität zu manifestieren. Also *BUMM,* hier ist es – gleich hier, gleich jetzt –, und zwar *ALLES!*

Dies hat keinen Anfang, und dies hat kein Ende. Es – das Alles-von-Allem – IST einfach.

In diesem SEIN liegt eure Erfahrung – und euer größtes Geheimnis. In diesem *SEIN* kannst du innerhalb deines Bewußtseins in jede »Zeit« oder an jeden »Ort« reisen, die du dir aussuchst.

Du meinst, wir können Zeitreisen unternehmen?

So IST ES – und viele von euch haben sie auch unternommen. Tatsache ist, ihr *alle* habt das getan – und tut es routinemäßig, und zwar gewöhnlich in eurem sogenannten Traumzustand. Die meisten von euch sind sich dessen nicht bewußt. Ihr könnt das Bewußtsein davon nicht bewahren. Aber die Energie klebt an euch wie Leim, und manchmal bleiben genügend Restbestände zurück, daß andere – die für diese Energie empfänglich sind – Dinge über eure »Vergangenheit« oder »Zukunft« auffangen können. Sie erfühlen oder »lesen« diese Restbestände, und ihr nennt sie Seher und Medien. Manchmal bleibt so viel Restbestand zurück, daß ihr euch sogar mit eurem begrenzten Bewußtsein gewahr werdet, daß ihr »schon einmal hier« wart. Euer ganzes Wesen wird plötzlich von der Erkenntnis durchzuckt, daß ihr »das alles schon mal getan habt«!

Déjà vu!

JA. ODER WENN du einem Menschen begegnest und dieses wunderbare Gefühl hast, daß *du ihn schon dein ganzes Leben lang kennst* – ihn in alle *Ewigkeit* kennst!

Das ist ein sensationelles Gefühl. Das ist ein herrliches Gefühl. Und es ist ein *wahres* Gefühl. Du *kennst* diese Seele schon *immer und ewig!*

Immer und ewig sind eine Sache von gerade jetzt!

So hast du also oft von deinem »Blatt Papier« auf der Spindel nach oben oder nach unten geschaut und all die anderen Papierblätter gesehen! Und du hast dich selbst dort gesehen – weil sich ein *Teil von dir auf jedem Blatt befindet!*

Wie ist das möglich?

ICH SAGE DIR dies: Du bist immer gewesen, bist jetzt und wirst immer sein. Es gab *nie* eine Zeit, in der du nicht warst – und es wird auch nie eine solche Zeit geben.

Aber warte mal! Was ist mit der Vorstellung von *alten Seelen!* Sind nicht manche Seelen »älter« als andere?

NICHTS IST »ÄLTER« als *irgend etwas anderes.* Ich habe *ALLES AUF EINMAL* geschaffen, und *ALLES existiert jetzt.*

Die von dir angesprochene Erfahrung von »älter« und »jünger« hat mit der *Bewußtheitsstufe* einer Seele oder mit einem Aspekt des Seins zu tun. Ihr seid alle Aspekte des Seins, ganz einfach Teile Dessen-Was-Ist. Jeder Teil birgt das Bewußtsein vom Ganzen in sich. Jedes Element ist mit dieser Prägung versehen.

»Bewußtheit« ist die Erfahrung dieses erweckten Bewußtseins. Der individuelle Aspekt des *AL-*

LEN wird sich seiner selbst bewußt. Er wird, ganz buchstäblich, *selbst-bewußt.*

Dann wird er sich nach und nach aller anderen bewußt und schließlich auch der Tatsache, daß es *keine* anderen gibt – daß Alles das Eine ist.

Und ganz zuletzt wird er sich meiner bewußt. Meiner in meiner Großartigkeit und Herrlichkeit!

Junge, Junge, du *magst* dich wirklich, was?

Du MICH NICHT –?

Doch ja! Ich halte dich für großartig!

ICH STIMME DIR ZU. Und ich halte *dich* für großartig! Das ist der einzige Punkt, in dem wir beide uns nicht einig sind. *Du hältst dich nicht für großartig!*

Wie kann ich mich für großartig halten, wenn ich all meine Schwächen, all meine Fehler sehe – all das Böse in mir?

ICH SAGE DIR: Das Böse *gibt es nicht!*

Ich wollte, das wäre wahr. Du BIST VOLLKOMMEN, so wie du bist.

Ich wollte, auch das wäre wahr.

Es *IST* WAHR! Ein Baum ist nicht deshalb weniger vollkommen, weil er ein Samenkorn ist. Ein kleines Kind ist nicht weniger vollkommen als ein Erwachsener. Es ist die *Vollkommenheit selbst.* Weil es nichts *tun* kann, nichts *weiß,* das es irgendwie weniger vollkommen machte.

Ein Kind macht Fehler. Es steht, es watschelt, es fällt. Es steht wieder auf, ein bißchen wacklig, klammert sich an die Beine seiner Mutter. Macht das ein Kind unvollkommen? Ich sage dir, das Gegenteil ist der Fall! Dieses Kind ist die *Vollkommenheit an sich,* ganz und gar anbetungswürdig. Und *du* bist es auch.

Aber das Kind hat kein Unrecht begangen! Das Kind war nicht absichtlich ungehorsam, hat niemanden verletzt, nicht sich selbst geschädigt.

DAS KIND *WEISS gar nicht,* was recht und unrecht ist.

Genau.

UND DU WEISST es auch nicht.

Aber ich weiß es doch. Ich weiß, daß es unrecht ist, Menschen zu töten, und daß es richtig ist, sie zu lieben. Ich weiß, daß es unrecht ist, jemanden zu verletzen, und daß es richtig ist, zu heilen und die Dinge zum Besseren zu wenden. Ich weiß, daß es unrecht ist, mir etwas zu nehmen, was mir nicht gehört, jemanden auszunutzen, unehrlich zu sein.

Ich könnte dir Beispiele aufzeigen, wo all dieses »Unrecht« das *Rechte* wäre.

Jetzt spielst du mit mir.

Überhaupt nicht. Sieh nur mal den Tatsachen ins Auge.

Wenn du sagen willst, daß es Ausnahmen von der Regel gibt, dann stimme ich dir zu.

Wenn es *Ausnahmen* von einer Regel gibt, dann ist es keine *Regel.*

Willst du mir damit sagen, daß es *kein* Unrecht ist, zu töten, zu verletzen, zu stehlen?

Das hängt davon ab, was du zu *tun* versuchst.

Okay, okay, ich kapiere. Aber das macht diese Dinge nicht zu etwas *Gutem*. Manchmal muß man etwas Schlechtes tun, um ein gutes Ziel zu erreichen.

DANN IST ES nichts »Schlechtes« mehr, oder? Es ist einfach ein Mittel zum Zweck.

Willst du damit sagen, daß der Zweck die Mittel heiligt?

WAS DENKST DU?

Nein. Absolut nicht.

SO SOLL ES sein.

Siehst du nicht, was du hier machst? Du *erfindest auf deinem Weg die Regeln!*

Und siehst du nicht noch etwas? *Das ist vollkommen okay.* Du *sollst* das tun!

Das ganze Leben ist ein Prozeß der Entscheidung darüber, wer-du-wirklich-bist, um dies dann praktisch zu erleben. Und während du deine Vision immer weiter ausdehnst, schaffst du dir neue Regeln zur Abdeckung der neuen Bereiche.

Und während du deine Vorstellung von deinem Selbst zunehmend erweiterst, schaffst du dir neue Gebote und Verbote, Jas und Neins, um sie einzukreisen. Das sind die Schranken, die etwas »in Grenzen halten«, was *nicht* in Grenzen gehalten werden *kann.*

Du kannst »dich« nicht in Grenzen halten, weil du so grenzenlos bist wie das Universum. Doch du kannst dir einen *Begriff* von deinem grenzenlosen Selbst schaffen, indem du dir *Schranken* vorstellst und sie dann akzeptierst.

In gewissem Sinn ist das die einzige Möglichkeit, wie du dich selbst als irgend etwas im besonderen *erkennen* kannst. Was unbegrenzt ist, ist unbegrenzt. Was grenzenlos ist, ist grenzenlos. Es kann nicht irgendwo existieren, weil es überall ist. Und wenn es *überall* ist, ist es *nirgendwo im besonderen.*

Gott ist überall. Deshalb ist Gott nirgendwo im besonderen, denn Gott müßte, um irgendwo im besonderen zu sein, *irgendwo anders nicht sein* – was *Gott nicht möglich ist.* Für Gott ist nur eines »nicht möglich« – Gott kann nicht *nicht Gott sein.* Gott kann nicht »nicht sein«. Und Gott kann auch nicht nicht sich selbst gleichen. Gott kann sich nicht selbst »ent-gotten«.

Ich bin überall, und damit hat es sich. Und da ich überall bin, bin ich nirgendwo. Und wenn ich *NIRGENDWO, NOWHERE,* bin, wo bin ich?

Das gefällt mir! Du hast diesen Punkt schon im ersten Buch zur Sprache gebracht, aber er gefällt mir sehr, also laß ich dich weitermachen.

DAS IST SEHR freundlich von dir. Und verstehst du es jetzt besser? Begreifst du jetzt, daß du dir deine Vorstellungen von »Recht« und »Unrecht« geschaffen hast, um ganz einfach zu *definieren, wer-du-bist?*

Erkennst du, daß du ohne diese Definitionen – Grenzen – nichts bist?

Und siehst du ein, daß du, wie ich, mit deinen sich wandelnden Vorstellungen darüber, wer-du-bist, auch deine Grenzen ständig veränderst?

Ja, ich kapiere, was du sagst, aber mir scheint es nicht so, daß ich die Grenzen – meine persönlichen Grenzen – sehr verändert habe. Jemanden zu töten war für mich immer unrecht. Es war immer unrecht, zu stehlen. Es war immer unrecht, jemand anders zu verletzen. Die Grundprinzipien, nach denen wir uns selbst regieren, gibt es schon seit Anbeginn der Zeit, und die meisten Menschen sind mit ihnen einverstanden.

Warum habt ihr dann Kriege?

Weil es immer einige gibt, die die Regeln brechen. In jeder Kiste findet sich ein verfaulter Apfel.

Was ich dir jetzt und in den folgenden Ausführungen sagen werde, mag für manche Menschen sehr schwer zu verstehen und akzeptieren sein. Es widerspricht vielem, was in eurem gegenwärtigen Denksystem als Wahrheit erachtet wird. Doch ich kann euch nicht mit diesen Konstruktionen leben lassen, wenn dieser Dialog euch dienen soll. Wir müssen uns also jetzt, in diesem zweiten Band mit ein paar von diesen Vorstellungen direkt auseinandersetzen. Es wird hier für eine Weile etwas holprig werden. Bist du bereit?

Ich denke schon. Danke für deine Warnung. Was gibt es da so Dramatisches oder Schwerverständliches oder Unakzeptierbares, das du mir erzählen willst?

Ich werde dir dies sagen: Es *gibt* keine »verfaulten Äpfel«. Es gibt nur Menschen, die *eure Sicht von den Dingen nicht teilen,* Menschen, die ein anderes Weltbild aufbauen. Ich sage dir: Kein Mensch tut – an seinem eigenen Weltbild gemessen – irgend etwas Ungehöriges.

Dann ist ihr »Weltbild« völlig in Unordnung geraten. *Ich* weiß, was recht und unrecht ist, und *mich* macht es nicht verrückt, wenn ein paar andere Leute das nicht wissen, denn ich *weiß* es. *Sie sind* diejenigen, die verrückt sind!

Es TUT MIR leid, aber das ist genau die Einstellung, die zu Kriegen führt.

Ich weiß, ich weiß. Ich habe das absichtlich gesagt. Ich habe nur wiederholt, was ich viele andere Menschen habe sagen hören. Aber *wie* kann ich solchen Menschen antworten? Was *könnte* ich sagen.

Du KÖNNTEST IHNEN sagen, daß sich die Vorstellungen der Menschen von dem, was »richtig« und »falsch« ist, immer und immer wieder von Kultur zu Kultur, Zeitalter zu Zeitalter … sogar von Familie zu Familie und Mensch zu Mensch geändert haben. Du könntest ihnen aufzeigen, daß das, was viele Menschen zu einer bestimmten Zeit als »richtig« ansahen – zum Beispiel Menschen auf dem Scheiterhaufen zu verbrennen –, heute als »falsch« betrachtet wird. Du könntest ihnen sagen, daß die Definition von »richtig« und »falsch« nicht nur eine durch die Zeit, sondern auch durch die geographische Gegebenheit bestimmte Definition ist. Du könntest sie darauf aufmerksam machen, daß bestimmte Aktivitäten auf eurem Planeten (zum Beispiel die Prostitution) an einem Ort illegal und nur ein paar Kilometer weiter legal sind. Wenn also eine Person dafür verurteilt wird, daß sie ein »Unrecht« begangen hat, dann ist der Punkt nicht der, was diese Person eigentlich *getan* hat, sondern *wo sie es getan hat.*

Nun werde ich etwas wiederholen, was ich im ersten Band sagte, und ich weiß, daß es für manche sehr, sehr schwer zu begreifen und zu akzeptieren war. *Hitler ging in den Himmel ein.*

Ich bin mir nicht sicher, ob die Menschen dafür bereit sind.

Der Grund für dieses Buch und für alle Bücher dieser Trilogie ist der, Bereitschaft zu schaffen – Bereitschaft für ein neues Paradigma, ein neues Verständnis; eine größere Sicht, ein großartigeres und umfassenderes Denken.

Nun, ich muß hier die Fragen stellen, von denen ich weiß, daß viele Menschen sie im Sinn haben und stellen wollen. Wie kann ein Mensch wie Hitler in den Himmel eingegangen sein? Jede Religion in der Welt … ich würde meinen, *jede,* hat ihn verurteilt und würde ihn schnurstracks in die Hölle schicken.

ERSTENS KONNTE ER nicht in die Hölle kommen, weil es keine Hölle gibt. Von daher bleibt nur ein Ort übrig, wohin er hätte gehen können.

Aber damit bleibe ich die Antwort auf die Frage schuldig. Der Kern der Frage ist der, ob die Taten Hitlers »falsch« oder »unrecht« waren. Doch ich habe immer und immer wieder gesagt, daß es im Universum kein »richtig« oder »falsch« gibt. Ein Ding ist nicht an und für sich richtig oder falsch. Es *ist* einfach.

Dein Gedanke, daß Hitler ein Monster war, gründet sich auf die Tatsache, daß er Millionen von Menschen ermorden ließ, richtig?

Ganz offensichtlich, ja.

DOCH WAS, WENN ich dir sagte, daß das, was ihr den »Tod« nennt, *das Großartigste ist, was irgend jemandem passieren kann* – was dann?

Ich finde das schwer zu akzeptieren.

DU GLAUBST, DASS das Leben auf Erden besser ist

als das Leben im Himmel? Ich sage dir dies: Im Augenblick deines Todes wirst du die größte Freiheit, den größten Frieden, die größte Freude und die größte Liebe erfahren, die du je kennengelernt hast.

Du läßt dabei eines außer acht: Wie wundervoll das Leben nach dem Tod auch sein mag, unser Leben hier sollte nicht gegen unseren Willen beendet werden. Wir sind hierher gekommen, um etwas zu erreichen, um etwas zu erfahren, um etwas zu lernen, und es ist nicht recht, wenn unser Leben durch irgendeinen wahnsinnigen Ganoven mit irrsinnigen Vorstellungen vorzeitig beendet wird.

Erstens einmal seid ihr nicht hier, um *irgend etwas zu lernen.* (Lies den ersten Band noch einmal!) Das Leben ist keine Schule, und euer Ziel ist nicht, hier zu lernen; ihr seid hier, um euch zu erinnern. Und was deinen wesentlicheren Punkt angeht, so wird das Leben oft durch viele Dinge »vorzeitig beendet« … einen Orkan, ein Erdbeben …

Das ist etwas anderes. Du sprichst von »höherer Gewalt«.

JEDES EREIGNIS IST »höhere Gewalt«.

Denkst du, daß sich irgend etwas ereignen könnte, das ich nicht will? Glaubst du, du könntest auch nur deinen kleinen Finger heben, wenn ich entscheide, daß du das nicht tun sollst? Du kannst *nichts* tun, wenn ich dagegen bin.

Doch laß uns weiter gemeinsam dieser Vorstellung von einem »unrechtmäßigen« Tod nachgehen. Ist es »falsch«, wenn ein Leben vorzeitig durch Krankheit beendet wird?

»Falsch« ist hier nicht das richtige Wort. Das sind natürliche Ursachen. Das ist nicht dasselbe wie ein Mensch wie Hitler, der Menschen ermordet.

WAS IST MIT einem Unfall? Einem dummen Unfall –?

Dasselbe. Das ist bedauerlich, tragisch, aber das ist der Wille Gottes. Wir können Gottes Gedanken nicht lesen und herausfinden, warum diese Dinge passieren. Wir sollten es gar nicht versuchen, weil Gottes Wille unveränderlich und unbegreiflich ist. Gottes Rätselhaftigkeit ergründen zu wollen bedeutet, nach einem Wissen zu verlangen, das uns nicht zusteht. Das ist Sünde.

WOHER WEISST DU das?

Weil, wenn Gott wollte, daß wir das alles verstehen, wir es verstehen *würden.* Die Tatsache, daß wir es *nicht tun – nicht können* –, ist der Beweis, daß es Gottes *Wille* ist, daß wir es nicht verstehen.

AHA. DIE TATSACHE, daß ihr es nicht *versteht,* ist der Beweis für Gottes Wille. Die Tatsache, daß es *geschieht,* ist *kein* Beweis für Gottes Wille. Hmmm …

Ich vermute, ich kann das alles nicht sehr gut erklären, aber ich weiß, was ich glaube.

GLAUBST DU AN Gottes Willen, daß Gott allmächtig ist?

Ja.

AUSSER WENN ES um Hitler geht. Was da passierte, war *nicht* Gottes Wille.

Nein.

WIE KANN DAS sein?

Hitler wandte sich gegen den Willen Gottes.

WIE, DENKST DU, konnte er das tun, wenn mein Wille allmächtig ist?

Du hast es ihm gestattet.

WENN ICH ES ihm *gestattet* habe, dann war es mein *Wille,* daß er dies tun sollte.

So scheint es zu sein … aber was für einen *Grund* könntest du dafür haben? Nein. Es war dein Wille, daß er die freie Wahl hat. Es war *sein* Wille, das zu tun, was er getan hat.

DU BIST so nah dran. So nah.

Du hast natürlich recht. Es war mein Wille, daß Hitler – daß ihr *alle* – die freie Wahl habt. Aber es ist *nicht* mein Wille, daß ihr unaufhörlich, endlos bestraft werdet, wenn ihr nicht die meinem Wunsch entsprechende Wahl trefft. Wie »frei«, wenn das der Fall wäre, wäre dann *eure* Wahl? Wärt ihr wirklich frei zu tun, was ihr wollt, wenn ihr wüßtet, daß ihr unaussprechlich leiden werdet, wenn ihr nicht das tut, was *ich* will? Was für eine Art von Wahl wäre das?

Das ist keine Frage der Bestrafung. Es ist einfach Naturgesetz. Es ist ganz simpel eine Frage der Konsequenzen.

Ich sehe, du bist in all den theologischen Konstruktionen gut geschult, die dir erlauben, mich für einen rachelüsternen Gott zu halten – ohne mich dafür verantwortlich zu machen.

Aber wer hat diese Naturgesetze *geschaffen?* Und wenn wir uns darauf einigen können, daß *ich* sie eingesetzt haben muß, dann fragt sich, warum ich solche Gesetze eingesetzt haben sollte – und euch dann die Macht gebe, euch über sie hinwegzusetzen?

Warum sollte ich, wenn ich nicht gewollt hätte, daß sie sich auf euch auswirken – wenn es mein Wille wäre, daß meine wunderbaren Wesen nie leiden –, die *Möglichkeit* schaffen, daß ihr doch leidet?

Und warum würde ich euch ständig, Tag und Nacht, in Versuchung führen, diese Gesetze, die ich erlassen habe, zu brechen?

Du führst uns nicht in Versuchung. Der Teufel tut es.

Jetzt machst du es schon wieder, du nimmst mir die Verantwortung.

Siehst du nicht, daß du deine Theologie einzig dadurch rational erklären kannst, daß du mir die Macht absprichst? Begreifst du nicht, daß deine Konstruktionen nur dann einen Sinn ergeben, wenn die meinen es *nicht tun?*

Kannst du dich wirklich mit einer Vorstellung von einem Gott anfreunden, der ein Wesen erschafft, dessen Handlungen er nicht unter Kontrolle halten kann?

Ich habe nicht gesagt, daß du den Teufel nicht unter Kontrolle halten kannst. Du kannst über *alles* die Kontrolle haben. Du bist *Gott!* Es ist nur so, daß du dich dazu *entscheidest, es nicht zu tun.* Du *erlaubst* dem Teufel, uns in Versuchung zu führen, den Versuch zu machen, unsere Seelen zu gewinnen.

ABER *WARUM?* WARUM sollte ich das *tun,* es sei denn, ich wollte *nicht,* daß ihr zu mir zurückkehrt?

Weil du willst, daß wir aus eigener Wahl zu dir kommen, und nicht, weil wir gar keine andere Wahl haben. Du hast den Himmel und die Hölle erschaffen, damit eine Wahl möglich ist. Damit wir aus der Wahl heraus handeln können und nicht nur einfach einem Weg folgen, weil es gar keinen anderen gibt.

ICH KANN ERKENNEN, wie ihr zu dieser Vorstellung gelangt seid. So habe ich das in eurer Welt eingerichtet, und deshalb denkt ihr, daß es auch in der *meinen* so sein muß.

In eurer Realität kann das Gute nicht ohne das Schlechte existieren. Also glaubt ihr, daß es in der meinen auch so sein muß.

Doch ich sage dir: Dort, wo ich bin, gibt es *kein* »schlecht«.

Und es gibt nicht das Böse. Es gibt nur das Alles-in-Allem. Das Einssein. Und die Bewußtheit, die Erfahrung, davon.

Mein Reich ist das Reich des Absoluten, wo nicht ein Ding in Relation zu einem anderen, sondern ganz unabhängig von irgend etwas existiert.

Mein Ort ist der Ort, wo Alles-Was-Ist Liebe ist.

Und alles, was wir auf Erden denken, sagen oder tun, hat keine Konsequenzen?

OH, ES *HAT* Konsequenzen. Schau dich um.

Ich meine, nach dem Tod.

ES GIBT KEINEN »Tod«. Das Leben geht immer und ewig weiter. Das Leben *ist.* Ihr ändert nur einfach die Form.

In Ordnung, ganz wie du willst – nachdem wir »die Form geändert haben«.

Nach der Änderung der Form existieren Konsequenzen nicht mehr. Da ist nur Wissen.

Konsequenzen sind ein Element der Relativität. Sie haben keinen Platz im Absoluten, weil sie von linearer »Zeit« und abfolgenden Ereignissen abhängig sind. Diese existieren nicht im Reich des Absoluten.

In jenem Reich gibt es nichts als Friede und Freude und Liebe.

In jenem Reich werdet ihr schließlich die gute Nachricht erfahren, daß euer »Teufel« nicht existiert, daß ihr das seid, was ihr immer zu sein gedacht habt – Güte und Liebe. Eure Vorstellung, daß ihr möglicherweise etwas anderes seid, entstand aus einer irrsinnigen äußeren Welt, die euch zu irrsinnigem Handeln veranlaßt. Eine äußere Welt der Verurteilung und Verdammung. Andere haben Urteile über euch gefällt, und auf der Grundlage ihrer Urteile habt ihr über euch selbst gerichtet.

Nun wollt ihr, daß Gott über euch richtet, aber ich werde es nicht tun.

Und weil ihr einen Gott, der nicht wie die Menschen handelt, nicht verstehen könnt, findet ihr euch nicht mehr zurecht.

Eure Theologie ist euer Versuch, euch selbst wiederzufinden.

Du bezeichnest unsere Theologien als irrsinnig – aber wie kann irgendeine Theologie ohne ein System der Belohnung und Bestrafung funktionieren?

ALLES – UND SOMIT auch die Grundlage der Theologie – hängt davon ab, was ihr als den Sinn des Lebens anseht.

Wenn ihr glaubt, daß das Leben ein Test, eine Prüfung, eine Probezeit darstellt, in der ihr auf Herz und Nieren geprüft werdet, um festzustellen, ob ihr »würdig« seid, dann ergeben eure Theologien einen gewissen Sinn.

Wenn ihr glaubt, daß das Leben als eine *Gelegenheit,* als Prozeß existiert, durch den ihr entdeckt – euch erinnert –, daß ihr würdig *seid* (und es *immer* wart), dann scheinen eure Theologien hirnrissig zu sein.

Wenn ihr glaubt, daß Gott ein egoerfüllter Gott ist, der Aufmerksamkeit, Anbetung, Wertschätzung und Zuneigung verlangt – *und tötet, um sie zu bekommen* –, dann haben eure Theologien einen gewissen Zusammenhang.

Wenn ihr glaubt, daß Gott ohne Ego oder Bedürfnis ist, sondern die *Quelle* aller Dinge und der Sitz aller Weisheit und Liebe, dann fallen eure Theologien auseinander.

Wenn ihr glaubt, daß Gott ein rachedurstiger Gott ist, eifersüchtig in seiner Liebe und grimmig in seinem Zorn, dann sind eure Theologien perfekt.

Wenn ihr glaubt, daß Gott ein friedvoller Gott ist, voller Freude in ihrer Liebe und leidenschaftlich in ihrer Ekstase, dann sind eure Theologien nutzlos.

Ich sage dir dies: Der Sinn des Lebens besteht nicht darin, daß ihr Gott erfreut und gefällig seid. Der Sinn des Lebens besteht darin, daß ihr die, die-ihr-seid, erkennt und wiedererschafft.

Und wenn ihr das tut, *erfreut* ihr Gott und verherrlicht *sie* auch.

Warum sprichst du von einer »Sie«? Bist du eine Sie?

Ich bin weder ein »Er« noch eine »Sie«. Ich benutze nur gelegentlich das weibliche Pronomen, um euch aus eurem engstirnigen Denken herauszureißen.

Wenn ihr denkt, Gott ist das eine, dann denkt ihr, Gott ist nicht das andere. Und das ist ein großer Fehler.

Hitler ging aus folgenden Gründen in den Himmel ein:

Es gibt keine Hölle, also gibt es auch keinen anderen Ort für ihn, wo er hätte hingehen können.

Seine Handlungen waren das, was ihr als Fehler bezeichnen würdet – die Handlungen eines unentwickelten Wesens –, und Fehler sind nicht durch Verdammung zu bestrafen, sondern durch die Chance zur Berichtigung, zur Evolution. Die Fehler, die Hitler machte, haben die, deren Tod er verursachte, nicht beschädigt oder zerstört. Ihre Seelen wurden von ihren irdischen Fesseln befreit, so wie Schmetterlinge aus einem Kokon schlüpfen.

Die Hinterbliebenen betrauern die Toten nur deshalb, weil sie die Freude nicht kennen, in die diese Seelen eintreten. Keiner, der den Tod erfahren hat, *betrauert je den Tod von irgend jemandem.*

Deine Aussage, daß ihr Tod dennoch verfrüht war und damit irgendwie »unrecht«, setzt voraus, daß irgend etwas im Universum geschehen kann, *das nicht geschehen sollte.* Doch das ist angesichts dessen, Was-und-Wer-Ich-Bin, unmöglich.

Alles, was sich im Universum ereignet, ereignet sich in vollkommener Weise. Gott hat schon sehr lange keinen Fehler gemacht.

Wenn du die absolute Vollkommenheit in allem siehst – nicht nur in den Dingen, die deine Zustimmung finden, sondern auch (und vielleicht vor allem) in jenen, die nicht deine Zustimmung finden – erlangst du Meisterschaft.

Natürlich weiß ich das alles. Wir haben das alles in Band 1 durchgesprochen. Aber ich hielt es für wichtig, schon frühzeitig in diesem Buch jenen ein Grundverständnis zu übermitteln, die Band 1 nicht gelesen haben. Deshalb waren mir diese Fragen und Antworten wichtig. Ich würde aber nun, bevor wir weitermachen, gerne noch über ein paar Punkte der sehr komplexen Theologien sprechen, die wir Menschen erschaffen haben. Zum Beispiel wurde mir als Kind beigebracht, daß ich ein Sünder bin, daß alle Menschen Sünder sind, daß wir nicht anders können; wir sind so geboren. Wir sind *in die Sünde hineingeboren.*

Eine ziemlich interessante Idee. Wie konnte dich irgend jemand dazu bringen, das zu glauben?

Sie haben uns die Geschichte von Adam und Eva erzählt. Sie haben uns im Religionsunterricht erzählt, daß wir, nun ja, vielleicht nicht gesündigt haben, jedenfalls sicher nicht als *Babys,* daß aber Adam und Eva *gesündigt haben,* und wir ihre Nachkommen sind und somit ihre Schuld wie auch ihr sündiges Wesen geerbt haben.

Schau, Adam und Eva haben von der verbotenen Frucht gegessen – hatten Teil am Wissen von Gut und Böse –, und sie haben damit alle ihre Erben und Nachkommen bei ihrer Geburt zur Trennung von Gott verurteilt. Wir alle werden mit dieser unsere Seele belastenden »Erbsünde« geboren. Wir alle teilen diese Schuld. Also wird uns die freie Wahl gegeben, um festzustellen, wie ich vermute, ob wir dasselbe machen wie Adam und Eva und Gott nicht gehorchen oder ob wir unsere angeborene, ererbte Neigung, »Schlechtes zu tun«, überwinden und statt dessen, trotz aller weltlichen Versuchungen, das Richtige tun.

UND WENN IHR »Schlechtes« tut? Dann schickst du uns in die Hölle.

TATSÄCHLICH.

Ja, es sei denn, wir bereuen und tun Buße.

Ich verstehe.

Wenn wir sagen, daß es uns leid tut, rettest du uns vor der Hölle, aber nicht vor *allem* Leiden. Wir müssen immer noch eine Weile ins Fegefeuer, um uns von allen unseren Sünden zu reinigen.

Wie lange müsst ihr im »Fegefeuer« verweilen?

Je nachdem. Unsere Sünden müssen weggebrannt werden. Das ist nicht sehr vergnüglich, das kann ich dir sagen. Und je mehr Sünden wir haben, um so länger dauert ihr Ausbrennen und um so länger müssen wir bleiben. So wurde es mir erzählt.

Ich verstehe.

Aber wenigstens kommen wir nicht in die Hölle, denn die ist für alle Ewigkeit. Wenn wir aber mit einer Todsünde sterben, kommen wir *schnurstracks* in die Hölle.

Todsünde?

Im Gegensatz zu einer läßlichen Sünde. Wenn unsere Seele mit einer läßlichen Sünde behaftet ist, kommen wir nur ins Fegefeuer. Todsünden bringen uns geradewegs in die Hölle.

Kannst du mir Beispiele für die verschiedenen Sündenkategorien nennen, über die du unterrichtet wurdest?

Klar. Todsünden sind gravierend. Religiöse Schwerverbrechen. Dinge wie Mord, Vergewaltigung, Diebstahl. Läßliche Sünden sind nicht so gravierend. Religiöse Vergehen. Eine läßliche Sünde wäre es zum Beispiel, wenn man es versäumt, am Sonntag in die Kirche zu gehen, oder früher, wenn man am Freitag Fleisch gegessen hat.

Warte mal einen Moment! Dieser Gott da von euch hat euch ins Fegefeuer geschickt, wenn ihr freitags Fleisch gegessen habt?

Ja, aber das macht er jetzt nicht mehr. Nicht mehr seit Anfang der 60er Jahre. Aber wehe, wenn du *vor* Anfang der 60er Jahre am Freitag Fleisch gegessen hast.

Tatsächlich?

Absolut.

Und was passierte Anfang der 60er Jahre, so daß diese »Sünde« nun keine Sünde mehr ist?

Der Papst sagte, daß es keine Sünde mehr sei.

Aha. Und dieser Gott von euch – er *zwingt* euch, ihn anzubeten, an Sonntagen in die Kirche zu gehen? Sonst werdet ihr bestraft?

Das Versäumen der Messe ist eine Sünde, ja. Und wenn sie nicht gebeichtet wird – wenn man mit dieser Sünde stirbt –, muß man ins Fegefeuer.

Aber – wie ist das mit einem Kind? Wie steht es mit einem unschuldigen kleinen Kind, das gar nicht all die »Regeln« kennt, nach denen Gott liebt?

Wenn ein Kind stirbt, bevor es getauft worden ist, kommt es in die Vorhölle.

Wohin?

Vorhölle. Das ist kein Ort der Bestrafung, aber es ist auch kein Himmel. Es ist ... nun ... *die Vorhölle.* Du kannst nicht bei Gott sein, aber du brauchst wenigstens nicht »zum Teufel zu gehen«.

Aber warum kann dieses schöne unschuldige Kind nicht bei Gott sein? Das Kind hat nichts *Unrechtes* getan ...

Das stimmt, aber das Kind wurde nicht getauft. Ganz gleich, wie untadelig oder unschuldig Babys – oder irgendwelche anderen Personen – sind, sie müssen getauft werden, um in den Himmel zu kommen. Sonst kann sie Gott nicht akzeptieren.

Deshalb ist es so wichtig, daß die Kinder schnell getauft werden, bald nach ihrer Geburt.

Wer hat dir all das erzählt?

Gott. Durch seine Kirche.

Welche Kirche?

Die heilige römisch-katholische Kirche natürlich. Das *ist* Gottes Kirche. Tatsächlich ist es auch eine Sünde, wenn man ein Katholik ist und zufällig den Gottesdienst einer *anderen* Kirche besucht.

Ich dachte, es sei eine Sünde, *nicht* zur Kirche zu gehen.

Das ist es. Aber es ist auch eine Sünde, in die *falsche* Kirche zu gehen.

Was ist eine »falsche« Kirche?

Jede Kirche, die nicht römisch-katholisch ist. Man darf nicht in der falschen Kirche getauft werden, man darf nicht in der falschen Kirche heiraten – man darf noch nicht einmal eine *falsche* Kirche besuchen. Ich weiß, daß das eine Tatsache ist, weil ich einmal mit meinen Eltern zur Hochzeit eines Freundes gehen wollte, aber die Nonnen sagten mir, ich solle diese Einladung nicht annehmen, weil es eine Hochzeit in der *falschen Kirche* war.

HAST DU IHNEN gehorcht?

Den Nonnen? Nein. Ich dachte mir, Gott – du – würdest in der anderen Kirche ebenso willig auftauchen wie in der meinen, also ging ich hin. Ich stand in meinem Smoking vor dem Altar und fühlte mich wohl.

GUT. NUN LASS uns mal sehen: Da haben wir den Himmel, wir haben die Hölle, das Fegefeuer, die Vorhölle, wir haben die Todsünde, die läßliche Sünde – sonst noch was?

Ja, da gibt es noch die Konfirmation und die Kommunion und die Beichte – da gibt es den Exorzismus und die Letzte Ölung. Dann sind da –

HÖR AUF –

– sind da die Schutzheiligen und die heiligen strengen Fasttage –

JEDER TAG IST geheiligt. Jede *Minute ist heilig. Dies, jetzt, ist ein heiliger Moment.*

Ja gut, aber manche Tage sind *wirklich* heilig – die heiligen Fasttage –, und an diesen Tagen müssen wir auch zur Kirche gehen.

HIER HABEN WIR wieder das »muß«. Und was passiert, wenn ihr es nicht tut?

Es ist eine Sünde.

ALSO KOMMT IHR in die Hölle.

Ja, man kommt ins Fegefeuer, wenn man mit dieser Sünde stirbt. Deshalb ist es gut, zur Beichte zu gehen. Wirklich, man soll gehen, sooft man kann. Manche Leute gehen jede Woche. Manche Leute *jeden* Tag. Auf diese Weise können sie reinen Tisch machen – können ihn rein halten für den Fall, daß sie sterben sollten …

Wow – EIN LEBEN in ständiger Angst.

Ja, schau, das ist der Zweck der Religion – uns Gottesfurcht einzupflanzen. Dann tun wir das Rechte und widerstehen der Versuchung.

AHA. ABER WAS ist, wenn du zwischen den Beichten eine »Sünde« begehst und dann einen Unfall hast oder so etwas und stirbst?

Das ist okay. Keine Panik. Zeig nur vollkommene Reue. »Oh, mein Gott, es tut mir aufrichtig leid, mich gegen dich versündigt zu haben…«

OKAY, OKAY – GENUG.

Aber warte. Das ist nur eine der Weltreligionen. Willst du dir nicht noch ein paar andere anschauen?

NEIN, ICH BIN im Bilde.

Ich hoffe, daß die Leute nicht meinen, ich würde mich nur über ihren Glauben lustig machen.

DU MACHST DICH über niemanden lustig, du sagst nur, wie es ist. Es ist so, wie euer amerikanischer

Präsident Harry Truman zu sagen pflegte. »Mach ihnen die Hölle heiß, Harry!« schrien die Leute. Und Harry sagte: »Ich mach ihnen nicht die Hölle heiß. Ich zitiere sie nur wortwörtlich, und das gibt ihnen das *Gefühl* von heißer Hölle.«

4

Junge, Junge, wir sind wirklich ganz schön abgeschweift. Wir haben beim Thema Zeit angefangen und sind bei der institutionalisierten Religion gelandet.

JA, SO IST es eben, wenn man mit Gott spricht. Der Dialog läßt sich nur schwer begrenzt halten.

Laß mich sehen, ob ich die von dir in Kapitel 3 angesprochenen Punkte zusammenfassen kann.

- Es gibt keine Zeit außer *dieser* Zeit; es gibt keinen Augenblick außer *diesem* Augenblick.
- Die Zeit ist kein Kontinuum. Sie ist ein Aspekt der Relativität und existiert in einem »vertikal verlaufenden« Paradigma, wobei die »Momente« oder »Ereignisse« sozusagen übereinandergestapelt sind und zu gleicher »Zeit« geschehen oder stattfinden.
- Wir bereisen, gewöhnlich im Schlaf, ständig Realitäten in diesem Reich der Zeit-Nichtzeit-

Allzeit. Das *Déjà-vu* ist eine Form, wie uns dies bewußtgemacht wird.

- Es gab nie eine Zeit, in der wir »nicht« waren – noch wird es je eine solche Zeit geben.
- Die Vorstellung von einem auf die Seelen bezogenen »Alter« hat mit den Bewußtheitsebenen zu tun, nicht mit der Länge der »Zeit«.
- Das Böse oder den Teufel gibt es nicht.
- Wir sind vollkommen, so wie wir sind.
- »Falsch« ist eine verstandesmäßige Vorstellung, die sich auf die relative Erfahrung gründet.
- Wir schaffen uns auf unserem Weg die Regeln und ändern sie, um sie an unsere gegenwärtige Realität anzupassen, und das ist vollkommen in Ordnung. So sollte es sein, so *muß* es sein, wenn wir uns weiterentwickeln wollen.
- Hitler ging in den Himmel ein(!).
- Alles, was geschieht, ist Gottes Wille – *alles.* Das schließt nicht nur Orkane, Wirbelstürme und Erdbeben, sondern auch Hitler mit ein. Das Geheimnis des Verstehens liegt in der Erkenntnis des *Sinns und Zwecks* hinter all den Ereignissen.
- Es gibt keine »Bestrafungen« nach dem Tod, und alle Konsequenzen existieren nur im Reich der relativen Erfahrung, nicht im Reich des Absoluten.

- Die von Menschen erdachten Theologien sind der verrückte Versuch der Menschheit, einen verrückten Gott zu erklären, den es gar nicht gibt.
- Diese Theologien ergeben nur Sinn, wenn wir einen Gott akzeptieren, der überhaupt keinen Sinn ergibt.

Wie findest du das? Ist das wieder eine gute Zusammenfassung?

AUSGEZEICHNET.

Gut, denn nun habe ich eine Million Fragen. Die beiden Punkte über Hitler zum Beispiel bedürfen einer weiteren Klärung. Warum *ist* Hitler in den Himmel eingegangen? (Ich weiß, du hast das gerade zu erklären versucht, aber irgendwie reicht es mir noch nicht.) Und worin *besteht* der Sinn und Zweck hinter allen Ereignissen? Und in welchem Bezug steht dieser größere Sinn zu Hitler und anderen Despoten?

LASS UNS ALS erstes auf den Sinn und Zweck zu sprechen kommen.

Der Zweck aller Ereignisse, aller Erfahrungen, ist das Schaffen von *Gelegenheiten.* Ereignisse und

Erfahrungen sind Gelegenheiten, nicht mehr und nicht weniger.

Es wäre ein Fehler, sie als »Werk des Teufels«, »Strafe Gottes«, »Lohn des Himmels« oder irgend etwas dazwischen anzusehen. Sie sind einfach Ereignisse und Erfahrungen –Dinge, die passieren.

Ihre Bedeutung erhalten sie durch das, was ihr darüber *denkt,* was ihr mit ihnen *tut,* wie ihr in eurer Reaktion auf sie seid.

Ereignisse und Erfahrungen sind Gelegenheiten, die ihr anzieht – die *ihr* durch euer Bewußtsein individuell oder kollektiv erschafft. Bewußtsein erschafft Erfahrung. Ihr versucht, euer Bewußtsein zu erweitern und zu steigern. Ihr habt diese Gelegenheiten angezogen, um sie als Werkzeug bei der Erschaffung und Erfahrung dessen, wer-ihr-wirklich-seid, zu nutzen. Das, was-ihr-wirklich-seid, ist ein Wesen von höherem Bewußtsein, als ihr gegenwärtig an den Tag legt.

Da es mein Wille ist, daß ihr erkennt und erfahrt, wer-ihr-wirklich-seid, erlaube ich euch, jedwedes Ereignis oder jedwede Erfahrung zu euch heranzuziehen, die zu erschaffen ihr euch entscheidet, um euch zu erkennen und zu erfahren. Von Zeit zu Zeit schließen sich euch andere Spieler in diesem universellen Spiel an – entweder in Form von kurzen Begegnungen, als Teilnehmer am Rande, zeitweilige Teamgefährten oder als langfristige Einflüsse, Verwandte und Familienangehörige, sehr geliebte Menschen oder als Partner auf dem Lebensweg.

Diese Seelen werden *von* euch zu euch hingezogen. Ihr werdet *von* ihnen zu ihnen hingezogen. Es handelt sich um eine schöpferische Erfahrung auf beiden Seiten, die die Entscheidungen und Wünsche beider Beteiligten zum Ausdruck bringt.

Niemand kommt aus bloßem Zufall zu euch.
So etwas wie Zufall gibt es nicht.
Nichts geschieht zufällig.
Das Leben ist kein Produkt des Zufalls.

Ereignisse werden, wie auch Menschen, von euch für eure eigenen Zwecke zu euch hingezogen. Größere globale Erfahrungen und Entwicklungen sind das Resultat des Gruppenbewußtseins. Sie werden als Folge der Entscheidungen und Wünsche der Gruppe als Ganzes zu eurer Gruppe als Ganzes hingezogen.

Was meinst du mit dem Begriff »eure Gruppe«?

Gruppenbewusstsein ist etwas, das gemeinhin nicht verstanden wird. Es ist jedoch außerordentlich machtvoll und kann oft, wenn ihr nicht achtsam seid, über das individuelle Bewußtsein siegen.

Daher müßt ihr stets, wohin ihr auch geht und was immer ihr tut, bemüht sein, ein Gruppenbewußtsein herzustellen, wenn ihr wollt, daß eure umfassendere Lebenserfahrung auf dem Planeten harmonisch abläuft.

Wenn du dich in einer Gruppe befindest, deren Bewußtsein nicht das deine reflektiert, und wenn es dir zu diesem gegebenen Zeitpunkt nicht möglich ist, das Gruppenbewußtsein wirksam zu verändern, dann ist es klug, wenn du die Gruppe verläßt, weil sie sonst *dich* führen wird. Sie wird sich dahin bewegen, wo *sie* hin will, ungeachtet dessen, wo du hin willst.

Wenn du keine Gruppe finden kannst, deren Bewußtsein dem deinen gleichkommt, dann sei der *Urheber* einer Gruppe. Andere mit vergleichbarem Bewußtsein werden sich zu dir hingezogen fühlen.

Individuen und kleinere Gruppen müssen größere Gruppen – und letztlich die größte aller Gruppen, nämlich die *GANZE* Menschheit – beeinflussen, wenn es eine dauerhafte und bedeutsame Veränderung auf eurem Planeten geben soll.

Eure Welt und der Zustand, in dem sie sich befindet, ist ein Spiegelbild des gesamten vereinten Bewußtseins aller dort Lebenden.

Wenn du dich umschaust, kannst du sehen,

daß noch viel Arbeit zu tun bleibt. Es sei denn natürlich, du bist mit eurer Welt, so wie sie ist, zufrieden.

Überraschenderweise *sind das die meisten Menschen.* Deshalb verändert sich die Welt auch nicht.

Die meisten Menschen *sind* mit einer Welt zufrieden, in der die Unterschiede und nicht die Gemeinsamkeiten hochgehalten und Zwistigkeiten durch Kämpfe und Kriege entschieden werden.

Die meisten Menschen sind mit einer Welt zufrieden, in der das Überleben den Leistungsfähigsten vorbehalten ist, in der Macht mit Recht gleichgesetzt, Konkurrenz gefordert und das Gewinnen als das höchste Gut bezeichnet wird.

Wenn so ein System auch »Verlierer« produziert, dann soll es so sein – solange du nicht zu ihnen gehörst.

Die meisten Menschen *sind* zufrieden, auch wenn ein solches Modell dazu führt, daß Menschen oft aufgrund eines »Fehlurteils« getötet werden, hungern und obdachlos werden, wenn sie »Verlierer« sind, unterdrückt und ausgebeutet werden, wenn sie nicht »stark« sind.

Die meisten Menschen definieren »falsch« als das, was anders ist als sie. Vor allem religiöse Unterschiede werden nicht toleriert, und viele soziale, ökonomische und kulturelle Unterschiede ebenso nicht.

Die Ausbeutung der Unterschicht wird von der Oberschicht mit Selbstbeglückwünschungen und Erklärungen gerechtfertigt, daß ihre Opfer doch jetzt viel besser dran seien als vor der Zeit ihrer Ausbeutung. Damit kann die Oberschicht die Frage ignorieren, wie, wäre man wirklich *fair,* alle Menschen behandelt werden *sollten,* statt eine schreckliche Lage nur ein winziges bißchen zu verbessern – und bei diesem Handel auf obszöne Weise Profite herauszuschlagen.

Die meisten Menschen *lachen,* wenn man den Vorschlag zu irgendeinem anderen System als dem gegenwärtig herrschenden macht, und sagen, ein solches Verhalten wie das Konkurrieren und Töten und das Einheimsen der Beute durch den Sieger sei das, was ihre Zivilisation *groß* mache! Die meisten Menschen denken sogar, daß es gar keine andere natürliche *Seinsweise* gäbe, daß diese Verhaltensweise die *Natur* des Menschen sei und daß eine andere Handlungsweise das innere Feuer lösche, das den Menschen zum Erfolg antreibt. (Niemand fragt: »Erfolg in *was!*«)

So schwer dies auch für wahrhaft erleuchtete Wesen zu begreifen ist, die meisten Menschen auf eurem Planeten glauben an diese Philosophie, und deshalb *bekümmern* sie sich nicht um das Leiden der Massen, um die Unterdrückung der Minderheiten, die Wut der Unterschicht oder die *Überlebens-Notwendigkeiten* von irgend jemandem außer denen ihrer eigenen Person und ihrer unmittelbaren Familienangehörigen.

Die meisten Menschen sehen nicht, daß sie ihre Erde zerstören – den Planeten, der ihnen *Leben* gibt –, weil sie mit ihrem Tun nur nach der Verbesserung ihrer Lebensqualität streben. Erstaunlicherweise sind sie nicht weitsichtig genug, um wahrzunehmen, daß ihre kurzfristigen Gewinne zu langfristigen Verlusten führen können und oft dazu führen – auch in Zukunft.

Die meisten Menschen fühlen sich vom Gruppenbewußtsein *bedroht,* von Vorstellungen wie der von einem Kollektivwohl, von einer geeinten Weltsicht oder von einem Gott, der in Einheit mit aller Schöpfung existiert.

Diese Angst vor allem, was zu einer Vereinigung führen könnte, und die Glorifizierung auf eurem Planeten von allem, was trennt, führt zu Teilung, Disharmonie, Zwietracht – doch scheint ihr nicht die Fähigkeit zu besitzen, aus euren eigenen Erfahrungen zu lernen, und so macht ihr mit eurem Verhalten weiter, mit denselben Resultaten.

Die Unfähigkeit, das Leiden eines anderen als eigenes Leiden zu erfahren, führt dazu, daß sich solches Leiden fortsetzt.

Trennung gebiert Gleichgültigkeit, ein falsches Überlegenheitsgefühl. Einheit führt zu Mitgefühl, zu echter Gleichberechtigung.

Die Ereignisse auf eurem Planeten – die sich seit 3000 Jahren regelmäßig abspielen – sind, wie ich schon sagte, ein Spiegelbild des kollektiven Bewußtseins »eurer Gruppe« – der Gesamtgruppe auf eurem Planeten.

Diese Bewußtseinsstufe läßt sich bestenfalls als primitiv beschreiben.

Hmm. Ja. Aber wir scheinen von der ursprünglichen Frage abgekommen zu sein.

NICHT WIRKLICH. DU hast nach Hitler gefragt. Die Hitler-Erfahrung wurde als ein Resultat des Gruppenbewußtseins möglich.

Viele Leute sagen gerne, daß Hitler eine Gruppe manipulierte – in diesem Fall seine Landsleute –, und zwar durch seine gerissene und meisterhafte Rhetorik. Aber das bürdet bequemerweise alle Schuld Hitler auf – und genau dort will sie die Masse der Menschen auch haben.

Hitler konnte jedoch nichts ohne die Kooperation und Unterstützung und die bereitwillige Unterwerfung von Millionen von Menschen tun. Die Untergruppe, die sich selbst Deutsche nennt, muß eine enorme Last der Verantwortung für den Holocaust auf sich nehmen. Und das muß bis zu einem gewissen Grad auch die größere Gruppe namens Menschen tun, die, wenn schon nichts anderes, sich erlaubte, gegenüber dem Leiden in Deutschland gleichgültig und apathisch zu bleiben, bis es ein so enormes Ausmaß annahm, daß selbst die kaltherzigsten Isolationisten es nicht länger ignorieren konnten.

Du siehst, es war das *kollektive Bewußtsein,* das den fruchtbaren Boden für die Ausbreitung der Nazibewegung bereitete. Hitler ergriff die Gelegenheit, aber er hat sie nicht geschaffen.

Es ist wichtig, daß hier die *Lektion* verstanden wird. Ein Gruppenbewußtsein, das ständig von Trennung und Überlegenheit spricht, bewirkt einen massiven Schwund an Mitgefühl, und dem Schwund an Mitgefühl folgt unweigerlich ein Gewissensschwund.

Eine in striktem Nationalismus verwurzelte, kollektiv getragene Anschauung und Absicht ignoriert das Los anderer, macht jedoch jeden anderen für *dein* Los verantwortlich und rechtfertigt so Vergeltung, »Berichtigung« und Krieg. Auschwitz war die Nazi-Lösung des »Judenproblems« – ihr Versuch zur »Berichtigung«.

Der Horror der Hitler-Erfahrung bestand nicht nur darin, daß er dieses Verbrechen an der Menschheit beging, sondern auch darin, daß *die Menschheit es ihm gestattete.* Das Erstaunliche ist nicht nur, daß ein Hitler daherkam, sondern auch, daß so viele andere *mitmachten.* Die Schande ist nicht nur, daß Hitler Millionen Juden umbrachte, sondern auch, daß Millionen Juden umgebracht werden *mußten,* bevor Hitler gestoppt wurde. Der Zweck der Hitler-Erfahrung bestand darin, die Menschheit sich selbst vorzuführen.

Im Laufe der Geschichte hattet ihr bemerkenswerte Lehrer, die euch alle außergewöhnliche Gelegenheiten boten, euch daran zu erinnern, wer-ihr-wirklich-seid. Diese Lehrer haben euch das Höchste und Niedrigste an menschlichem Potential aufgezeigt.

Sie haben lebendige, atemberaubende Beispiele vorgeführt, was es bedeuten kann, ein Mensch zu sein – wohin der Mensch es mit dieser Menschseinserfahrung bringen kann, wohin *ihr alle angesichts eures Bewußtseins* es bringen könnt und *werdet.*

Woran es sich zu erinnern gilt, ist dies: Bewußtsein ist alles und erschafft deine Erfahrung. *Grup-*

penbewußtsein ist machtvoll und produziert Ergebnisse von unbeschreiblicher Schönheit oder Häßlichkeit. Es ist immer deine Wahl. Wenn du nicht mit dem Bewußtsein deiner Gruppe einverstanden bist, dann trachte danach, es zu verändern.

Und am besten kannst du das Bewußtsein anderer durch dein Beispiel verändern.

Wenn dein Beispiel nicht ausreicht, bilde deine eigene Gruppe – sei *du* die *Quelle* des Bewußtseins, das andere deinem Wunsch nach erfahren sollen. Sie *werden* es tun – wenn du es tust.

Alles beginnt mit *dir.* Alles. Alle Dinge.

Du möchtest, daß sich die Welt ändert? Ändere die Dinge in deiner eigenen Welt.

Hitler gab euch eine goldene Gelegenheit, das zu tun. Die Hitler-Erfahrung ist – wie die Christus-Erfahrung – tiefgründig in ihren Implikationen und in den Wahrheiten, die sie euch *über* euch enthüllte. Doch diese größeren Bewußtheiten leben – im Fall von Hitler *oder* Buddha, Dschingis Khan *oder* Hare Krishna, Attila dem Hunnenkönig *oder* Jesus Christus – nur so lange, wie eure Erinnerungen an sie lebendig sind.

Deshalb errichten die Juden Gedächtnisstätten an den Holocaust und bitten euch, ihn nie zu vergessen. Denn in euch allen steckt ein bißchen was von einem Hitler – es ist nur eine Sache des Ausmaßes.

Das Auslöschen eines Volkes ist ein Auslöschen eines Volkes, ob in Auschwitz oder Wounded Knee.

Also wurde Hitler uns geschickt, um uns eine Lektion über die Greueltaten, die der Mensch begehen, die Ebenen, auf die der Mensch absinken kann, zu erteilen?

HITLER WURDE EUCH nicht geschickt. Hitler wurde *von* euch erschaffen. Er erstand aus eurem Kollektivbewußtsein und hätte ohne es nicht existieren können. *Das* ist die Lektion.

Das Bewußtsein von Trennung, Absonderung, Spaltung, Überlegenheit – von »wir« gegen »sie«, von »uns« und »denen« – ist es, was die Hitler-Erfahrung erschafft. Das Bewußtsein von göttlicher Bruderschaft, von Einheit, von Einssein, von »unser« statt »dein/mein« ist es, was die Christus-Erfahrung erschafft.

Wenn der Schmerz der »unsere« ist, nicht nur der »deine«, wenn die ganze Lebenserfahrung die unsere ist, dann ist sie schließlich wirklich das – eine ganzheitliche Lebenserfahrung.

Warum ging Hitler in den Himmel ein?

Weil Hitler nichts »Falsches« getan hat. Hitler hat einfach getan, was er tat. Ich möchte dich noch einmal daran erinnern, daß Millionen viele Jahre lang dachten, er täte das »Richtige«. Wie konnte er da selbst etwas anderes glauben?

Wenn du eine wahnwitzige Idee verbreitest und zehn Millionen Menschen dir zustimmen, hältst du dich vielleicht gar nicht für so wahnwitzig.

Die Welt hat schließlich entschieden, daß Hitler »falsch« war. Das heißt, die Menschen der Erde nahmen eine neue Bewertung davon vor, wer-sie-sind und wer-sie-sein-wollten in bezug auf die Hitler-Erfahrung. Er hat einen Maßstab gesetzt! Er hat Parameter gesetzt, eine Grenzlinie gezogen, an der die Menschen ihre Vorstellungen über sich selbst messen und ihnen Beschränkung auferlegen konnten. Christus tat, am anderen Ende des Spektrums, dasselbe.

Es gab andere Christusse und andere Hitler. Und es wird sie wieder geben. Seid also immer wachsam. Denn unter euch wandeln Wesen von sowohl hohem wie niedrigem Bewußtsein – so wie auch *ihr* unter anderen wandelt. Welches Bewußtsein nehmt ihr mit euch?

Ich verstehe immer noch nicht, wie Hitler in den

Himmel eingehen konnte; wie kann er für das, was er tat, *belohnt* worden sein?

Erstens musst du begreifen, daß der Tod kein Ende, sondern ein Beginn ist; kein Schrecken, sondern Freude. Er bedeutet keinen Abschluß, sondern eine Eröffnung. Der glücklichste Moment deines Lebens wird der Moment sein, in dem es »endet«.

Das deshalb, weil es *nicht* endet, sondern auf so herrliche Weise weitergeht, so voller Friede und Weisheit und Freude, daß es sich schwer beschreiben läßt, und ihr es unmöglich begreifen könnt.

Also mußt du – wie ich dir bereits erklärte – als erstes verstehen, daß Hitler niemandem *schadete*. In gewissem Sinn hat er nicht Leiden *zugefügt*, er hat es *beendet*. Buddha hat gesagt: »Das Leben ist Leiden.« Buddha hatte recht.

Aber selbst wenn ich das akzeptierte, so *wußte* Hitler doch nicht, daß er im Grunde *Gutes* tat. Er dachte, er täte etwas *Schlechtes!*

Nein, er hat nicht gedacht, daß er etwas »Schlechtes« tut. Er dachte wirklich, er helfe seinem Volk. Und das ist es, was du nicht verstehst.

Niemand tut innerhalb des Kontexts seiner Modellvorstellung von der Welt *irgend etwas*, das

»falsch« ist. Wenn du denkst, daß Hitlers Tun wahnsinnig war und er bei allem *wußte,* daß er wahnsinnig war, dann verstehst du nichts von der Komplexität menschlicher Erfahrung. Hitler dachte, daß er für sein Volk *Gutes* tue. Und sein Volk dachte das auch! *Das war der Wahnsinn!* Der größte Teil der Nation *stimmte ihm zu!*

Ihr habt erklärt, daß Hitler »falsch« war. Gut. Dadurch habt ihr euch selbst definiert und wißt nun mehr über euch selbst. Gut. Aber verdammt Hitler nicht dafür, daß er *euch das gezeigt hat.*

Jemand mußte das tun.

Ihr könnt die Kälte nicht kennen ohne die Hitze, nicht das Oben ohne das Unten, nicht das Linke ohne das Rechte. Verdammt nicht das eine und segnet das andere. Wenn ihr das tut, versteht ihr nicht.

Viele Jahrhunderte lang haben die Menschen Adam und Eva verdammt. Sie sollen die Ursünde begangen haben. Ich sage dir dies: Es war der Ursegen. Denn ohne diese Begebenheit, das Teilhaben am Wissen von Gut und Böse, würdet *ihr* nicht einmal wissen, daß es diese beiden Möglichkeiten gibt! Tatsächlich *existierten* vor diesem sogenannten Sündenfall Adams diese beiden Möglichkeiten *gar nicht.* Es gab kein »Böses«. Alles und jedes existierte in einem Zustand fortwährender

Vollkommenheit. Es war buchstäblich das Paradies. Aber ihr *wußtet* nicht, daß es das Paradies war – ihr konntet es nicht als Vollkommenheit *erfahren* –, weil ihr *nichts anderes kanntet.*

Sollst du also Adam und Eva verdammen oder ihnen danken?

Und was, sagst du, soll ich mit Hitler tun?

Ich sage dir dies: Gottes Liebe und Gottes Mitgefühl, Gottes Weisheit und Gottes Vergebung, Gottes Absicht und Gottes *Ziel* sind umfassend genug, um auch das abscheulichste Verbrechen und den abscheulichsten Verbrecher mit einzuschließen.

Du magst damit nicht einverstanden sein, aber das spielt keine Rolle. Du hast gerade erfahren, was zu entdecken du hierher gekommen bist.

5

Du hast im ersten Buch versprochen, in Band 2 über eine lange Reihe von umfassenderen Themen zu sprechen, Themen wie Raum und Zeit, Liebe und Krieg, Gut und Böse sowie planetarische, geopolitische Belange der höchsten Ordnung. Und du hast auch versprochen, eingehender die menschliche sexuelle Erfahrung zu erklären.

JA, ALLES DIES habe ich versprochen.

Band 1 befaßte sich mit persönlicheren Fragen; mit dem Leben als Individuum. Band 2 befaßt sich mit eurem kollektiven Leben auf dem Planeten. Band 3 beschließt die Trilogie mit den umfassendsten Wahrheiten: der Kosmologie, dem Gesamtbild, der Reise der Seele. Zusammengenommen umfaßt das meine gegenwärtig besten Ratschläge und Informationen über alles, angefangen beim Zubinden der Schuhe bis hin zum Verständnis eures Universums.

Hast du alles über die Zeit gesagt, was du sagen wolltest?

Ich habe alles gesagt, was ihr wissen müßt.

Es gibt keine Zeit. Alle Dinge existieren simultan. Alle Ereignisse finden auf einmal statt.

Dieses Buch wird geschrieben, und während es geschrieben wird, ist es *bereits* geschrieben; es existiert bereits. Tatsächlich beziehst du all diese Informationen daraus – aus dem Buch, das bereits existiert. Das ist gemeint mit: »Noch ehe ihr fragt, habe ich geantwortet.«

Diese ganze Information über die Zeit scheint … nun, interessant, aber ziemlich esoterisch zu sein. Läßt sie sich auch irgendwie auf das reale Leben anwenden?

Ein echtes Verständnis von Zeit läßt dich sehr viel friedvoller in deiner Realität der Relativität leben, in welcher Zeit als Bewegung, als Fluß und nicht als Konstante erfahren wird.

Du bist es, der sich bewegt, nicht die Zeit. Die Zeit *hat* keine Bewegung. Es gibt nur den *einen* Moment.

Auf einer bestimmten Ebene versteht ihr das zutiefst. Deshalb sagt ihr oft, wenn sich etwas wirklich Wunderbares oder Bedeutsames in eurem Leben ereignet, daß die »Zeit stillzustehen« scheint.

Sie *tut es.* Und wenn *ihr das auch tut,* erlebt ihr

oft einen dieser lebensbestimmenden Augenblikke.

Das kann ich kaum glauben. Wie soll das möglich sein?

Eure Wissenschaft hat es bereits mathematisch *bewiesen.* Es wurden Formeln aufgezeichnet, die darlegen, daß du, wenn du dich in ein Raumschiff begibst und *schnell* genug weit genug fliegst, wieder zur Erde zurückfliegen und *dich selber beim Abfliegen beobachten* könntest.

Das zeigt, daß die Zeit keine *Bewegung,* sondern ein Feld ist, durch das *ihr* euch – in diesem Fall auf dem Raumschiff Erde – bewegt.

Ihr sagt, 365 »Tage« ergeben ein Jahr. Doch was ist ein »Tag«? Ihr habt beschlossen, daß ein »Tag« die Zeit ist, die euer Raumschiff für eine ganze Umdrehung um seine eigene Achse braucht.

Woher wißt ihr, daß es eine solche Umdrehung gemacht hat? (Ihr könnt die Bewegung nicht *fühlen!)* Ihr habt einen Bezugspunkt am Himmel ausgewählt – die Sonne. Ihr sagt, der Teil des Raumschiffs, auf dem ihr euch befindet, braucht einen ganzen »Tag«, um der Sonne entgegenzusehen, sich dann von ihr abzuwenden und ihr dann wieder entgegenzusehen.

Dann habt ihr diesen »Tag« in 24 »Stunden« unterteilt – auch wieder ziemlich willkürlich. Ihr hättet genausogut auch »10« oder »73« sagen können!

Dann habt ihr jede »Stunde« in »Minuten« unterteilt. Ihr habt gesagt, jede Stundeneinheit beinhaltet 60 kleinere Einheiten, »Minuten« genannt – und jede *dieser* Einheiten enthält 60 winzige Einheiten, »Sekunden« genannt.

Eines Tages habt ihr bemerkt, daß die Erde sich nicht nur dreht, sondern auch *fliegt!* Ihr habt beobachtet, daß sie sich durch den Raum *um die Sonne* bewegt.

Ihr habt sorgfältig berechnet, daß die Erde sich 365mal um sich selbst drehen muß, um sich einmal um die Sonne zu drehen. Diese Zahl der Erdumdrehungen nanntet ihr ein »Jahr«.

Die Dinge gerieten ein bißchen in Unordnung, als ihr beschlossen habt, daß ihr ein »Jahr« in Einheiten unterteilen wollt, die kleiner sind als ein »Jahr«, aber größer als ein »Tag«.

Ihr habt die »Woche« und den »Monat« eingeführt und es fertiggebracht, dieselbe Anzahl von Monaten in jedem Jahr unterzubringen, aber nicht dieselbe Anzahl von *Tagen in jedem Monat.*

Ihr konntet keine Möglichkeit finden, eine ungerade Anzahl von Tagen (365) durch eine gerade Zahl von Monaten (12) zu teilen, also habt ihr einfach entschieden, daß *manche Monate mehr Tage aufweisen als andere!*

Ihr hattet das Gefühl, bei der Zwölf als Unterteilungsfaktor für das Jahr bleiben zu müssen, weil das die Zahl der von euch beobachteten Mondzyklen ist, die der Mond innerhalb eines »Jahres« durchläuft. Um diese drei räumlichen Faktoren – die Umdrehungen um die Sonne, die Drehungen der Erde um ihre eigene Achse und die Mondzyklen – miteinander in Einklang zu bringen, habt ihr einfach die Zahl der »Tage« in jedem Monat danach ausgerichtet.

Selbst dieses Mittel löste nicht alle Probleme, weil eure früheren Erfindungen weiterhin immer wieder zu einem »Überhang« an Zeit führten, von dem ihr nicht wußtet, was ihr damit machen solltet. Also habt ihr beschlossen, daß es immer mal wieder ein Jahr geben sollte, das einen *ganzen Tag mehr* aufweist! Das nanntet ihr ein Schaltjahr und machtet darüber eure Witze, aber ihr *lebt* tatsächlich nach einer solchen Konstruktion – und dann bezeichnest du *meine* Erklärung von Zeit als »unglaublich«!

Ihr habt ebenso willkürlich »Jahrzehnte« und »Jahrhunderte« (die interessanterweise auf der Zahl 10 und *nicht* auf der 12 basieren) als Maß des

Vergehens von »Zeit« eingeführt – aber in Wirklichkeit habt ihr nur eine Methode ersonnen, um *Bewegungen durch den Raum* zu messen.

Wir sehen also, daß hier nicht die Zeit »vergeht«, sondern *Objekte* sich *durch* und *in* einem statischen Feld bewegen, das ihr *Raum* nennt. Die »Zeit« ist einfach nur eine Methode, um *Bewegungen zu berechnen!*

Die Wissenschaftler verstehen diese Verbindung zutiefst und sprechen daher vom »Raum-Zeit-Kontinuum«.

Euer Dr. Einstein und andere erkannten, daß die Zeit ein mentales Konstrukt ist, eine *Relativitätstheorie.* »Zeit« ist das, was sie *in Relation zum Raum* ist, der zwischen Objekten existiert! (Wenn sich das Universum ausdehnt – was es tut –, braucht die Erde heute für ihre Umkreisung der Sonne »länger« als vor einer Milliarde Jahren. Es ist mehr Raum zu durchmessen.)

Von daher brauchen all die zyklischen Ereignisse nunmehr mehr Minuten, Stunden, Tage, Wochen, Monate, Jahre, Dekaden und Jahrhunderte, als sie es 1492 taten! (Wann ist ein »Tag« kein Tag mehr? Wann ist ein »Jahr« kein Jahr mehr?)

Eure neuen hochentwickelten Zeitmeßinstrumente verzeichnen nun mehr diese »Zeit«-Diskrepanz, und weltweit werden jetzt jedes Jahr die Uhren auf ein Universum abgestimmt, das einfach nicht stillhalten will!

Einstein stellte die folgende Theorie auf: Wenn nicht die »Zeit«, sondern *er* sich mit einer bestimmten Geschwindigkeit durch den Raum bewegte, mußte er, um die Zeit zu »verändern«, nur die Menge an Raum zwischen den Objekten oder das Maß der *Geschwindigkeit,* mit der er sich durch den Raum von einem Objekt zum andern bewegte, verändern.

Seine allgemeine Relativitätstheorie erweiterte euer modernes Verständnis von der Wechselbeziehung, der Korrelation, zwischen Zeit und Raum.

Ihr könnt jetzt vielleicht ansatzweise verstehen, warum ihr, wenn ihr euch auf eine lange Reise durch den Weltraum begebt und dann zurückkehrt, möglicherweise nur zehn Jahre gealtert seid, während eure Freunde auf der Erde um dreißig Jahre älter geworden sind! Je weiter ihr reist, desto stärker beeinflußt ihr die Krümmung von Raum und Zeit und desto geringer sind eure Chancen, bei eurer Rückkehr auf die Erde noch jemanden von denen am Leben vorzufinden, die bei eurer Abreise dort lebten!

Wenn jedoch die Wissenschaftler auf eurem Planeten in irgendeiner »künftigen« Zeit eine Methode zur *schnelleren* Fortbewegung durch den Weltraum entwickelten, könnten sie das Universum »austricksen« und mit der »realen Zeit« auf der Erde synchron bleiben. Dann würden sie bei ihrer Rückkehr zur Erde feststellen, daß ebensoviel Zeit auf der Erde vergangen ist wie in ihrem Raumschiff.

Wenn sich diese Geschwindigkeit noch weiter erhöhen ließe, könnte man ganz offensichtlich auf die Erde zurückkehren, bevor man sie überhaupt verlassen hat! Das heißt, die Zeit auf der Erde würde *langsamer* verstreichen als die Zeit im Raumschiff. Ihr könntet nach zehn eurer »Jahre« zurückkehren, und die Erde wäre nur um vier Jahre »gealtert«! Erhöhe die Geschwindigkeit, und zehn Jahre im Weltraum könnten zehn Minuten auf der Erde bedeuten.

Stoßt ihr nun in der Struktur des Raums auf eine »Subraumspalte« (Einstein und andere glaubten, daß solche »Subraumspalten« existieren – und sie hatten recht!), werdet ihr plötzlich in einem einzigen unendlich winzigen »Moment« durch den »Raum« expediert. Könnte ein solches Raum-Zeit-Phänomen euch buchstäblich in die »Zeit« zurückschleudern?

Es sollte nunmehr nicht ganz so schwer zu begreifen sein, daß die »Zeit« nur als eine von eurem Denken errichtete Konstruktion existiert. Alles, was sich jemals ereignet hat – und jemals ereignen *wird* –, ereignet sich *jetzt.* Die Fähigkeit, dies zu beobachten, hängt lediglich von eurem Standpunkt, von eurem »Ort im Raum« ab.

Wenn du dich an *meiner* Stelle befändest, könntest du es Alles sehen – *gleich jetzt!*

Kapiert?

Wow! Ja – theoretisch *beginne* ich zu verstehen!

GUT. ICH HABE es dir hier sehr einfach erklärt, so daß ein Kind es verstehen könnte. Es ist vielleicht nicht streng wissenschaftlich, aber macht die Sache gut verständlich.

Gegenwärtig sind physische Gegenstände hinsichtlich ihrer Geschwindigkeit einer Beschränkung unterworfen, aber *nichtphysische Gegenstände* – meine Gedanken … meine Seele – könnten sich theoretisch mit unglaublicher Geschwindigkeit durch den Äther bewegen.

RICHTIG! *GENAU!* UND das ist es, was oft in Träumen und bei anderen außerkörperlichen Erfahrungen und medialen Erlebnissen geschieht.

Jetzt verstehst du das *Déjà-vu.* Wahrscheinlich *warst* du schon einmal da!

Aber … wenn sich alles bereits *ereignet* hat, dann folgt daraus, daß ich nicht die Macht habe, meine Zukunft zu ändern. Ist das Vorherbestimmung?

NEIN! DAS SOLLST du nicht glauben! Das ist nicht richtig. Tatsache ist, daß dir diese »gedankliche Konstruktion« *dienen* und nicht *schaden* soll!

Ihr befindet euch immer an einem Ort des freien Willens und der absoluten Wahlfreiheit. Wenn du in der Lage bist, einen Blick in die »Zukunft« zu werfen (oder andere das für dich tun läßt), sollte dies dein Leben nicht einengen, sondern deine Fähigkeit steigern, das Leben zu leben, das du leben willst.

Wie? Hier brauche ich Hilfe.

WENN DU EIN künftiges Ereignis oder Erlebnis voraussiehst, das dir nicht gefällt, dann *wähle* es nicht! Wähle noch einmal! Such dir ein anderes aus!

Ändere dein Verhalten, um das *unerwünschte Ergebnis zu vermeiden.*

Aber wie kann ich etwas vermeiden, das sich schon ereignet hat?

Es IST DIR noch nicht zugestoßen – noch nicht! Du befindest dich an einem Ort im Raum-Zeit-Kontinuum, wo du dir dieser Begebenheit nicht auf *bewußte* Weise *gewahr* bist. Du hast sie noch nicht als »geschehen« erkannt und erfahren. Du hast deine Zukunft noch nicht »erinnert«!

(Diese Vergeßlichkeit ist das *Geheimnis von aller Zeit.* Das ist es, was es euch möglich macht, dieses große Spiel des Lebens zu spielen! Ich werde das später erklären!)

Was du nicht »weißt«, ist nicht »so«. Da »du« deine Zukunft nicht »erinnerst«, ist sie »dir« noch nicht »geschehen«! Ein Ding »geschieht« nur, wenn es »erfahren« wird. Ein Ding wird nur »erfahren«, wenn es »erkannt« ist.

Sagen wir nun mal, daß dir ein kurzer Einblick in deine »Zukunft«, ein momentanes bruchstückhaftes »Wissen«, zuteil wurde. Hier hat dein Geist – der nichtphysische Teil von dir – sich ganz einfach flugs an einen anderen Ort im Raum-Zeit-Kontinuum begeben und einen Restbestand an Energie – einige Bilder oder Eindrücke – von diesem Moment oder Ereignis zurückgebracht.

Diese kannst du »fühlen« – manchmal kann auch eine andere Person, die eine metaphysische Begabung entwickelt hat, diese um dich herumschwirrenden Bilder und Energien »fühlen« oder »sehen«.

Wenn dir das, was du da hinsichtlich deiner »Zukunft« erspürst, nicht gefällt, dann tritt zurück. Nimm einfach Abstand davon! In diesem Moment veränderst du deine Erfahrung – und alles in dir stößt einen Seufzer der Erleichterung aus.

Warte mal! Wie war das?

Ihr müsst wissen, und ihr seid nun bereit, dies zu erfahren, daß ihr auf jeder Ebene des Raum-Zeit-Kontinuums *simultan* existiert.

Das heißt, eure Seele war-immer, ist-immer und wird-immer-sein – eine Welt ohne Ende – Amen.

Ich »existiere« an mehr Orten als nur an einem?

Natürlich! Du existierst *überall* – und zu allen Zeiten!

Es gibt ein »Ich« von mir in der Zukunft und ein »Ich« von mir in der Vergangenheit?

»Zukunft« und »Vergangenheit« existieren nicht, wie wir gerade mühevoll zu verstehen suchten – aber wenn wir diese Begriffe so gebrauchen, wie ihr sie immer gebraucht, dann ja.

Es gibt mehr als nur ein »Ich« von mir?

Es GIBT *NUR* ein »Du« von dir, aber du bist sehr viel *umfassender,* als du denkst.

Wenn also das »jetzt« existierende »Ich« etwas an seiner »Zukunft«, das ihm nicht gefällt, ändert, dann ist dies nicht mehr Bestandteil dessen, was das in der »Zukunft« existierende »Ich« an Erfahrung macht?

IM GRUNDE JA. Das ganze Mosaik verändert sich. Aber es verliert nie die Erfahrung, die es sich selbst gegeben hat. Es ist nur erleichtert und glücklich, daß »du« sie nicht durchmachen mußt.

Aber das »Ich« in der »Vergangenheit« muß diese »Erfahrung« doch noch machen, also begibt es sich geradewegs in sie hinein?

IN GEWISSEM SINN ja. Aber »du« kannst »ihm« natürlich helfen.

Das *kann* ich?

SICHER. WENN DU das änderst, was das »Du« *vor* dir erfahren hat, muß das »Du« *hinter* dir diese

Erfahrung vielleicht nie *machen!* Durch diese Methode entwickelt sich deine Seele.

Auf dieselbe Weise bekam das *künftige Du* Hilfe von seinem eigenen künftigen Selbst und half so dir, das zu vermeiden, was *es selbst* nicht vermieden hat. Kannst du dem folgen?

Ja. Und es ist faszinierend. Aber nun habe ich eine andere Frage. Was ist mit den vergangenen Leben? Wenn ich immer – in der »Vergangenheit« und in der »Zukunft« – »ich« gewesen bin, wie kann ich dann in einem vergangenen Leben jemand *anders,* eine andere Person, gewesen sein?

Du BIST EIN göttliches Wesen, zu mehr als einer Erfahrung zu gleicher »Zeit« fähig – und imstande, dein Selbst in so viele verschiedene »Selbste« zu unterteilen, wie dir beliebt. Du kannst das »gleiche Leben« immer und immer wieder leben, auf verschiedene Weise – wie ich gerade erklärt habe. Und du kannst auch verschiedene Leben zu verschiedenen »Zeiten« im Kontinuum leben.

Du kannst also, während du im Hier und Jetzt bist, auch andere »Selbste« in anderen »Zeiten« und an anderen »Orten« sein – und warst es auch.

Du meine Güte – das wird ja immer komplizierter!

Ja – und wir haben im Grunde bislang nur ein bißchen an der Oberfläche gekratzt.

Du mußt einfach nur wissen: Du bist ein Wesen von göttlichen Ausmaßen, das keine Begrenzung kennt. Ein Teil von dir trifft die Wahl, dich selbst in deiner gegenwärtig erlebten Identität kennenzulernen. Aber das ist bei weitem nicht die Grenze deines Wesens, obgleich du *denkst, daß es so ist.*

Warum?

Du *MUSST* das denken, sonst kannst du nicht tun, was in diesem Leben zu tun du dir selbst aufgegeben hast.

Und was ist das? Du hast es mir schon einmal gesagt, aber sag es mir nochmal, »hier« und »jetzt«.

Du nutzt alles Leben – all die *vielen* Leben –, um zu *sein* und zu *entscheiden,* wer-du-wirklich-bist; um zu wählen und zu erschaffen, wer-du-wirklich-bist; um deine gegenwärtige Vorstellung von dir selbst zu erfahren und zu erfüllen.

Du existierst in einem ewigen Moment der

Selbst-Schöpfung und Selbst-Erfüllung durch den Prozeß des Selbst-Ausdrucks.

Du hast Menschen, Ereignisse und Umstände als Werkzeuge in dein Leben gezogen, mit deren Hilfe du die großartigste Form der herrlichsten Vision, die du jemals von dir hattest, gestaltest.

Dieser immer neue Schöpfungsprozeß setzt sich ständig fort, endet nie und hat viele Schichten. Es geschieht alles »jetzt« und auf vielen Ebenen.

In eurer linearen Realität erlebt ihr das als Erfahrung der Vergangenheit, Gegenwart und Zukunft. Ihr stellt euch vor, nur ein Leben oder vielleicht auch viele Leben zu haben, aber jedenfalls immer nur eines *zu einer Zeit.*

Aber was wäre, wenn es gar keine »Zeit« gäbe? Dann lebtet ihr *alle eure »Leben« auf einmal!*

Und das tut ihr.

Du lebst *dieses* Leben, dein gegenwärtig verwirklichtes Leben, in deiner Vergangenheit, deiner Gegenwart, deiner Zukunft, alles auf einmal! Hast du jemals eine »seltsame Ahnung« in bezug auf irgendein künftiges Ereignis gehabt, ein so starkes Gefühl, daß es dich eine Kehrtwendung machen ließ?

In eurer Sprache nennt ihr das eine Vorahnung. Von meinem Standpunkt aus handelt es sich einfach um ein plötzliches Gewahrsein von etwas, das du gerade in deiner »Zukunft« erlebt hast.

Dein »künftiges Du« sagt: »Hör mal, das hat keinen Spaß gemacht. Tu das nicht!«

Du lebst im gegenwärtigen Moment auch andere Leben – »vergangene Leben«, wie ihr sie nennt – obgleich du sie so erlebst, als hätten sie in deiner »Vergangenheit« stattgefunden (wenn du sie überhaupt erlebst), und das ist genauso in Ordnung. Es wäre sehr schwer für euch, dieses wundervolle Spiel des Lebens zu spielen, wenn ihr euch dessen, was sich da abspielt, *voll bewußt* wäret. Selbst diese Beschreibung kann euch dieses Bewußtsein nicht vermitteln. Wenn sie es täte, wäre das »Spiel« aus und vorbei! Der Prozeß *hängt davon ab,* daß er vollständig ist, so wie er ist – einschließlich eures Mangels an totaler Bewußtheit in diesem Stadium.

Also segnet den Prozeß und akzeptiert ihn als das großartigste Geschenk des allergütigsten Schöpfers. Nehmt diesen Prozeß in Liebe an und durchlauft ihn in Frieden und Weisheit und Freude. Nutzt den Prozeß und verwandelt ihn von etwas, das ihr *ertragt,* in etwas, dessen ihr euch als Werkzeug zur Erschaffung der wunderbarsten Erfahrung aller Zeit *bedient:* der Erfüllung eures göttlichen Selbst.

Wie? Wie kann ich das am besten machen?

Vergeude nicht die kostbaren Momente deiner gegenwärtigen Realität mit dem Bestreben, alle Geheimnisse des Lebens enthüllen zu wollen.

Daß diese Geheimnisse Geheimnisse sind, hat einen *Grund.* Entscheide dich im Zweifel zugunsten deines Gottes. Nutze deinen Moment des Jetzt für das höchste Ziel – die Schöpfung und den Ausdruck dessen, der-du-wirklichbist.

Entscheide dich, wer-du-bist – wer-du-seinwillst –, und tu dann alles in deiner Macht Stehende, um das zu *sein.*

Nutze innerhalb deines begrenzten Verständnisvermögens das, was ich dir über die Zeit gesagt habe, als Bezugsrahmen, in den du die Konstruktionen deiner großartigsten Vorstellung stellen kannst.

Wenn du einen Eindruck von der »Zukunft« erhältst, dann *achte und ehre* ihn. Wenn dir eine Einsicht über ein »vergangenes Leben« kommt, dann schau, ob sie dir irgendwie nützlich sein kann – ignoriere sie nicht einfach. Und vor allem, wenn du einen Weg erkennst, auf dem du dein göttliches Selbst in noch größerer Herrlichkeit gleich hier und jetzt erschaffen, entfalten, zum Ausdruck bringen und erfahren kannst, dann folge diesem Weg.

Und es *wird* dir ein Weg offenbart werden, weil

du darum gebeten hast. Daß du dieses Buch produzierst, ist ein Zeichen für deine Bitte, denn du könntest es ohne einen offenen Geist, ein offenes Herz und eine für das Wissen bereite Seele nicht hier direkt vor deinen Augen produzieren.

Dasselbe gilt für die Menschen, die es jetzt *lesen.* Denn *auch sie haben es erschaffen.* Wie *sonst* könnten sie nun die *Erfahrung* damit machen?

Jeder und alles erschafft jedes und alles, was nun erfahren wird, was nichts anderes heißt, als daß *ich* alles erschaffe, was nun erfahren wird, denn *ich bin ein jeder und alles.*

Erkennst du die Symmetrie darin? Siehst du die Vollkommenheit?

Es ist alles in einer einzigen Wahrheit enthalten:

WIR ALLE SIND NUR DAS EINE.

6

Erzähl mir etwas über den Raum.

RAUM IST ZEIT … veranschaulichte Zeit.

In Wahrheit gibt es so etwas wie Raum – reinen, »leeren« Raum, in dem sich nichts befindet, nicht. Alles ist *etwas.* Selbst der »leerste« Raum ist mit so dünnen, so unendlich weit ausgedehnten Gasen angefüllt, daß sie nicht vorhanden zu sein scheinen.

Wenn diese Gase verschwinden, ist da noch Energie. Reine Energie. Diese manifestiert sich als Schwingung. Oszillationen. Bewegungen des Allen in einer bestimmten Frequenz.

Unsichtbare »Energie« ist der »Raum«, der die »Materie zusammenhält«.

Einst – ich verwende hier eure lineare Zeit als Modellvorstellung – war alle Materie im Universum in einem winzigen Pünktchen zusammengedrängt. Ihr könnt euch deren Dichte nicht vorstellen – und zwar deshalb nicht, weil ihr die Materie, so wie sie *jetzt* existiert, als dicht betrachtet. Doch das, was ihr nun Materie nennt, ist zumeist Raum. Alle »festen« Gegenstände sind zu 2 Prozent feste »Materie« und zu 98 Prozent »Luft«. Der Raum zwischen den winzigsten Materiepartikeln in allen Gegenständen ist riesig. In etwa so riesig wie die Entfernung zwischen den Himmelskörpern an eurem Nachthimmel. Und doch nennt ihr diese Gegenstände *fest.*

Einmal *war* das gesamte Universum tatsächlich »fest«. Es gab *keinen Raum* zwischen den Materiepartikeln. Aller Materie war der »Raum« entnommen – und diese Materie, aus der dieser riesige »Raum« verschwunden war – nahm weniger Platz ein als eine Nadelspitze.

Es gab tatsächlich eine »Zeit« vor dieser »Zeit«, in der es überhaupt keine Materie gab – nur die reinste Form von höchster Schwingungsenergie, welche ihr *Antimaterie* nennen würdet.

Dies war die Zeit »vor« der Zeit – bevor das physische Universum, wie ihr es kennt, existierte. *Nichts* existierte in Form von Materie. Manche Menschen betrachten dies als das Paradies oder den »Himmel«.

Am Anfang vibrierte, oszillierte reine Energie – *Ich!* – so schnell, daß sich Materie formte – *alle Materie des Universums!*

Auch ihr könnt das zuwege bringen. Und tatsächlich *tut* ihr es auch jeden Tag. *Eure Gedanken sind reine Schwingung* – und sie können physische Materie erschaffen und *machen das auch.* Wenn genügend viele von euch denselben Gedanken hegen, könnt ihr auf Teile eures Universums Einfluß nehmen, ja, ihr könnt sie sogar erschaffen. Dies wurde im Detail im ersten Band erklärt.

Dehnt sich das Universum nun aus?

In einer für euch unvorstellbaren Geschwindigkeit!

Wird es sich ewig ausdehnen?

Nein. Es wird eine Zeit kommen, in der die Energien, die diese Ausdehnung bewirken, versickern, und dann werden die Energien, die die Dinge zusammenhalten, übernehmen und alles wieder »zurückholen«.

Du meinst, das Universum wird sich zusammenziehen?

Ja. Alles wird ganz buchstäblich »an seinen Platz fallen«! Und ihr habt wieder das Paradies. Keine Materie. Reine Energie. Mit anderen Worten – *mich!*

Am Ende wird alles zu mir zurückkommen.

Das heißt, wir werden nicht mehr existieren!

NICHT IN PHYSISCHER Form. Aber ihr werdet *immer existieren.* Ihr könnt nicht *nicht* existieren. Ihr *seid* das-was-ist.

Was wird passieren, nachdem das Universum »kollabiert« ist?

DER GANZE PROZESS wird wieder von vorne anfangen! Es wird wieder einen sogenannten Urknall geben, und ein weiteres Universum wird geboren werden.

Es wird sich ausdehnen und zusammenziehen. Und dann wird es wieder dasselbe machen. Und wieder und wieder. Für immer und ewig. Eine Welt ohne Ende.

Dies ist das Ein- und Ausatmen Gottes.

Das ist ja alles wieder einmal sehr interessant – hat aber sehr wenig mit meinem Alltagsleben zu tun.

WIE ICH SCHON sagte, nutzt du dein Leben wahrscheinlich nicht am effizientesten, wenn du übermäßig viel Zeit auf den Versuch verwendest, die tiefsten Geheimnisse des Universums zu enträtseln. Doch aus diesen einfachen, laienhaften Gleichnissen und Beschreibungen der höheren Prozesse lassen sich nützliche Erkenntnisse gewinnen.

Zum Beispiel?

Zum Beispiel die Erkenntnis, daß alle Dinge zyklischer Natur sind – einschließlich des Lebens selbst.

Ein Verständnis vom Leben des Universums wird dir helfen, das Leben des Universums in *dir* zu verstehen.

Das Leben bewegt sich in Zyklen. Alles ist zyklisch. Alles. Wenn du das verstehst, kannst du den Prozeß mehr genießen – brauchst ihn nicht nur zu erdulden.

Alle Dinge bewegen sich zyklisch. Das Leben hat einen natürlichen Rhythmus, und alles bewegt sich in diesem Rhythmus; alles bewegt sich in diesem Fluß. Und so steht geschrieben: »Ein jegliches hat seine Zeit, und alles Vorhaben unter dem Himmel hat seine Stunde.«

Wer dies versteht, ist weise. Wer sich dies zunutze macht, ist verständig.

Wenige verstehen die Rhythmen des Lebens besser als die Frauen. Frauen leben ihr ganzes Leben nach einem Rhythmus. Sie befinden sich mit dem Leben selbst *im* Rhythmus. Frauen sind fähiger, »im Fluß zu bleiben«, als Männer. Männer wollen anschieben, ziehen, Widerstand leisten, den Fluß *dirigieren.* Frauen *erfahren* ihn – verschmelzen dann mit ihm, um Harmonie herbeizuführen.

Eine Frau hört die Melodie der Blumen im Wind. Sie sieht die Schönheit des Ungesehenen. Sie fühlt das Zupfen und Ziehen und Drängen des Lebens. Sie *weiß,* wann es Zeit ist zu laufen und Zeit zu ruhen; Zeit zu lachen und Zeit zu weinen; Zeit festzuhalten und Zeit loszulassen.

Die meisten Frauen verlassen ihre körperliche Hülle auf würdevolle Weise. Die meisten Männer kämpfen gegen ihre Abreise. Frauen behandeln auch ihren Körper würdevoller, solange sie sich *in* ihm befinden. Männer behandeln ihren Körper schrecklich. Und auf dieselbe Weise behandeln sie auch das Leben.

Natürlich gibt es Ausnahmen von jeder Regel. Ich spreche hier verallgemeinernd. Ich spreche davon, wie die Dinge bislang waren. Ich spreche im weitesten Sinn. Aber wenn du dir das Leben anschaust, wenn du dir eingestehst, was du siehst, gesehen hast, wenn du es zugibst, dann merkst du vielleicht, daß an dieser Verallgemeinerung etwas Wahres ist.

Aber das macht mich traurig. Das gibt mir das Gefühl, Frauen seien irgendwie überlegene Wesen. Als ob sie mehr das »richtige Zeug« in sich hätten als die Männer.

Yin und Yang sind Bestandteil des herrlichen Rhythmus des Lebens. Der eine Aspekt des »Seins« ist nicht »perfekter« oder »besser« als der andere. Beide Aspekte sind ganz einfach und wunderbarerweise eben dies: Aspekte.

Männer verkörpern ganz offensichtlich andere Ausdrucksformen des Göttlichen, die Frauen gleichermaßen mit Neid beäugen.

Doch hat man gesagt, daß eine Existenz als Mann euer Prüffeld oder eure Bewährungsprobe ist. Wenn ihr lange genug ein Mann gewesen seid – wenn ihr durch eure eigene Dummheit genug gelitten habt; wenn ihr durch die von euch selbst geschaffenen Katastrophen genug Schmerz zugefügt habt; wenn ihr andere genug verletzt habt, um schließlich euer Verhalten zu ändern; wenn ihr Aggression durch Vernunft, Verachtung durch Mitgefühl ersetzt, wenn ihr nicht immer nur der Sieger sein wollt, sondern darauf achtet, daß es keine Verlierer gibt – dann werdet ihr vielleicht eine Frau.

Wenn ihr gelernt habt, daß Macht *nicht* gleich

»Recht« ist; daß Stärke *nicht* Macht *über,* sondern Macht *für* bedeutet; daß absolute Macht von anderen absolut nichts fordert; wenn ihr diese Dinge versteht, verdient ihr es vielleicht, im Körper einer Frau zu existieren, denn dann werdet ihr schließlich ihre Essenz, ihr Wesen, verstanden haben.

Dann *ist* eine Frau besser als ein Mann.

NEIN! NICHT »BESSER« – anders! *Ihr* fällt dieses Urteil. So etwas wie »besser« oder »schlechter« gibt es in der objektiven Wirklichkeit nicht. Es gibt nur das, was *IST* – und was ihr zu *SEIN* wünscht.

Heiß ist nicht besser als kalt, oben nicht besser als unten – ein Punkt, den ich schon oft dargelegt habe. Von daher ist weiblich nicht »besser« als männlich. Es *ist* einfach, was es ist. Genauso wie du bist, was du bist.

Doch niemand von euch ist eingeschränkt oder begrenzter. Du kannst *SEIN,* was du sein willst, kannst wählen, was an Erfahrung du machen möchtest. In diesem Leben oder im nächsten oder im übernächsten – so wie du es schon in den Leben zuvor getan hast. Jeder von euch hat stets die Wahl. Jeder von euch besteht aus allem-was-ist. In jedem von euch steckt Männliches und Weibliches. Bringt den Aspekt, den auszudrücken und zu erfahren euch gefällt, zum Ausdruck und erfahrt ihn. Doch wißt, daß jedem von euch *alles* offensteht.

Ich möchte noch nicht zu anderen Themen übergehen. Ich möchte noch ein Weilchen bei diesem Männlich-weiblich-Paradigma bleiben. Du hast am Ende des letzten Buches versprochen, detaillierter auf den sexuellen Aspekt dieser Dualität einzugehen.

JA – ICH GLAUBE, es ist Zeit, daß wir, du und ich, über Sex reden.

7

Warum hast du zwei Geschlechter erschaffen? War das die einzige Möglichkeit zu unserer Fortpflanzung, die dir einfiel? Wie sollten wir mit dieser unglaublichen Erfahrung namens Sexualität umgehen?

Jedenfalls nicht mit Scham, das ist sicher. Und auch nicht mit Schuldgefühl und nicht mit Angst.

Denn Scham bedeutet nicht Tugend, und Schuldgefühl bedeutet nicht, daß du ein guter Mensch bist, und Angst bedeutet nicht Achtung.

Und nicht mit Gier, denn Gier ist nicht Leidenschaft; und nicht mit Hemmungslosigkeit, denn Hemmungslosigkeit ist nicht Freiheit; und nicht mit Aggressivität, denn Aggressivität ist nicht Verlangen.

Und ganz offensichtlich nicht mit Vorstellungen von Kontrolle oder Macht oder Herrschaft, denn diese Dinge haben nichts mit Liebe zu tun.

Aber … darf Sex zum Zweck ganz einfacher

persönlicher Befriedigung benutzt werden? Überraschenderweise lautet die Antwort »ja« – denn »persönliche Befriedigung« ist nur ein anderes Wort für Selbst-Liebe.

Persönliche Befriedigung ist im Laufe der Jahre in Verruf geraten, und das ist der Hauptgrund dafür, daß sich so viele Schuldgefühle mit dem Sex verbinden.

Man sagt euch, daß ihr etwas, das *ausgesprochen persönlich befriedigend* ist, nicht zur persönlichen Befriedigung einsetzen sollt! Dieser Widerspruch ist für euch zwar offensichtlich, doch ihr wißt nicht, was ihr mit den sich daraus ergebenden Konsequenzen anfangen sollt! Also beschließt ihr, daß die Sache wenigstens dadurch in Ordnung kommen kann, daß ihr *Schuld* dafür empfindet, daß ihr euch beim und nach dem Sex gut fühlt.

Das ist so ähnlich wie mit der allseits bekannten Sängerin, deren Namen ich hier nicht nennen will, die mit ihren Songs Millionen Dollar verdient. Als sie gebeten wurde, etwas zu ihrem unglaublichen Erfolg und dem Reichtum, den er ihr einbrachte, zu sagen, erwiderte sie: »Ich fühle mich fast *schuldig,* weil es mir so ungeheuren Spaß macht.«

Die Folgerungen sind klar. Wenn dir etwas Spaß macht, wenn du etwas sehr gerne tust, solltest du nicht überdies noch mit Geld belohnt werden. Die meisten Menschen verdienen ihr Geld mit einer Tätigkeit, *die sie hassen* – oder zumindest durch *harte Arbeit* und nicht durch *endlose Freude!*

Also lautet die allgemeine Botschaft: Wenn du negative Gefühle damit verbindest, *kannst du es genießen!*

Im Versuch, euch *schlecht* bei etwas zu fühlen, bei dem ihr euch an sich *gut* fühlt, setzt ihr oft Schuldgefühle ein – um euch so mit Gott zu versöhnen ... von dem ihr annehmt, daß er nicht will, daß ihr euch bei *irgend etwas* gut fühlt! Vor allem sollt ihr euch nicht gut fühlen, wenn es um die Körperfreuden geht. Und *absolut* nicht beim (wie deine Großmutter zu wispern pflegte) »S-E-X ...«. Also, die gute Nachricht ist die, daß es *in Ordnung* ist, *Sex zu lieben!*

Es ist auch in Ordnung, *dein Selbst zu lieben!*

Tatsächlich ist dies ein Muß.

Nicht dienlich ist es euch, wenn Sex (oder etwas anderes) zur *Sucht* wird. Aber es ist okay, wenn ihr euch in den Sex verliebt!

Übe dich darin, dir zehnmal am Tag zu sagen:

ICH LIEBE SEX.

Übe dich darin, *dies* zehnmal zu sagen:

ICH LIEBE GELD

Und willst du jetzt noch einen wirklich harten Brocken? Versuch, *dies* zehnmal zu sagen:

ICH LIEBE *MICH!*

Hier sind noch ein paar Dinge, die du nicht lieben darfst. Übe dich darin, sie zu lieben:

MACHT
GLANZ
RUHM
ERFOLG
GEWINNEN

Willst du noch mehr? Versuche mal mit den folgenden. Du solltest dich *wirklich* schuldig fühlen, wenn du diese Dinge liebst. Übe dich darin, sie zu lieben:

DAS LOB VON SEITEN ANDERER
BESSER SEIN
MEHR HABEN
WISSEN WIE
WISSEN *WARUM*

Hast du genug? Warte! Hier kommt das *höchste aller Schuldgefühle.* Du solltest dich zutiefst schuldig fühlen, wenn du das Gefühl hast, daß du:

GOTT KENNST.

Ist das nicht interessant? Dein ganzes Leben lang wurden dir Schuldgefühle eingetrichtert in bezug auf

DIE DINGE, DIE DU DIR AM MEISTEN WÜNSCHST.

Doch ich sage dir: Liebe, liebe, *liebe* die Dinge, die du dir wünschst – denn deine Liebe *zieht sie zu dir hin.*

Diese Dinge sind der Stoff des Lebens. Wenn du sie liebst, *liebst du das Leben!* Wenn du erklärst, daß du sie wünschst, verkündest du, daß du all das Gute wählst, das das Leben zu bieten hat.

Also wähle Sex – all den Sex, den du kriegen kannst! Und wähle *Macht* – all die Macht, die du zusammenbringen kannst! Und wähle *Ruhm* – all den Ruhm, den du erlangen kannst! Und wähle *Erfolg* – all den Erfolg, den du erreichen kannst! Und wähle das *Gewinnen* – alles Gewinnen, das du erleben kannst!

Aber wähle nicht Sex statt Liebe, sondern *wähle ihn als ein Feiern der Liebe.* Und wähle nicht Macht über, *sondern Macht für.* Und wähle nicht Ruhm als Endzweck, *sondern als Mittel für ein größeres Ziel.* Und wähle nicht Erfolg auf Kosten anderer, *sondern als Instrument, um anderen helfen zu können.* Und wähle nicht das Gewinnen um jeden Preis, *sondern das Gewinnen, das andere nichts kostet* und *ihnen sogar ebenfalls Gewinn* bringt.

Geh und wähle das Lob von Seiten anderer –

aber sieh alle anderen als Wesen an, über die *du* Lob ausschütten kannst, und *tu* es auch!

Geh und wähle, mehr zu haben, aber nur so, daß du *mehr zu geben hast.*

Und ja, *wähle* »wissen wie« und »wissen warum« – damit du dein Wissen mit anderen teilen kannst. *Und wähle unter allen Umständen, GOTT ZU KENNEN. Ja, WÄHLE DIES AN ERSTER STELLE, und alles andere wird folgen.*

Dein ganzes Leben lang bist du gelehrt worden, daß es besser ist zu geben, statt zu empfangen. *Doch du kannst nicht geben, was du nicht hast.*

Deshalb ist die Befriedigung der eigenen Bedürfnisse so wichtig – und deshalb ist es so unselig, daß dies einen so häßlichen Beiklang bekommen hat.

Ganz offensichtlich sprechen wir hier nicht von der Befriedigung der eigenen Bedürfnisse auf Kosten anderer. Hier geht es nicht um ein Ignorieren der Bedürfnisse anderer. Doch im Leben sollte es auch nicht darum gehen, daß *ihr eure eigenen Bedürfnisse ignoriert.*

Die Meisterinnen und Meister des tantrischen Sex wissen das. Deshalb ermuntern sie zur Masturbation, die einige von euch tatsächlich eine Sünde nennen.

Masturbation? Junge, Junge – jetzt bist du ja wohl wirklich zu weit gegangen. Wie kannst du so etwas zur Sprache bringen – wie kannst du dieses Wort überhaupt nur *aussprechen* – in einer Botschaft, die von Gott kommen soll?

ICH VERSTEHE. DU hast ein Vorurteil, was Masturbation angeht.

Naja, *ich* habe es nicht. Aber eine Menge Leser könnten es haben. Und ich dachte, du hättest gesagt, wir machen dieses Buch, damit andere es lesen können.

DAS TUN WIR auch.

Warum verletzt du dann absichtlich ihre Gefühle?

ICH »VERLETZE NIEMANDEN absichtlich«. Es steht den Menschen frei, sich »verletzt« zu fühlen oder nicht. Es ist ihre Wahl. Aber hältst du es tatsächlich für möglich, daß wir frei über die menschliche Sexualität sprechen, *ohne* daß sich jemand dafür entscheidet, sich »verletzt« zu fühlen?

Nein, aber es gibt so etwas wie zu weit gehen. Ich

glaube nicht, daß die meisten Menschen bereit sind, Gott über Masturbation sprechen zu hören.

Wenn dieses Buch sich auf das beschränken soll, was die meisten Menschen sich von Gott anzuhören bereit sind, dann wird es ein äußerst schmales Bändchen werden. Die meisten Menschen sind nie bereit, sich das anzuhören, worüber Gott redet, wenn er darüber redet. Gewöhnlich warten sie 2000 Jahre ab.

In Ordnung. Sprich weiter. Wir haben unseren ersten Schock hinter uns.

Gut. Ich habe auf diese Lebenserfahrung (einer Tätigkeit, der ihr euch übrigens alle widmet, von der nur niemand sprechen will) nur hingewiesen, um einen wesentlicheren Punkt zu veranschaulichen.

Und dieser Punkt ist der: *Schenkt euch selbst eine Fülle an Vergnügen, und ihr werdet eine Fülle an Vergnügen an andere zu verschenken haben.*

Lehrerinnen und Lehrer des tantrischen Sex, wie ihr ihn nennt, der übrigens eine sehr hohe Ausdrucksform von Sexualität ist, wissen, daß deine Fähigkeit, deiner Partnerin oder deinem Partner Vergnügen zu bereiten und eine lange und freudige Vereinigung von Seelen und Körpern zu erleben – ein außerordentlich tiefer Grund für die Erfahrung von Sexualität –, sehr stark gemindert wird, wenn du dich mit einem *Hunger nach Sex* dem Sex hingibst.

Tantrisch Liebende bereiten sich daher sehr oft selbst Vergnügen, bevor sie einander Vergnügen bereiten. Und sie tun dies sehr häufig in Gegenwart von und gewöhnlich mit der Ermunterung, Hilfe und liebevollen Anleitung des anderen. Wenn dann der anfängliche Hunger gestillt ist, kann der tiefere Durst beider – der Durst nach Ekstase – durch die verlängerte Vereinigung wunderbar und herrlich gestillt werden.

Die gegenseitige Hilfe zum Selbstvergnügen ist Teil dieser Freude, der spielerischen, liebevollen Sexualität, die voll zum Ausdruck gebracht wird. Sie ist nur ein Teil unter mehreren anderen. Die Erfahrung, die ihr Koitus oder Geschlechtsverkehr nennt, mag am Ende einer zweistündigen Begegnung in Liebe stehen. Oder auch nicht. Für die meisten von euch ist sie so ziemlich der *einzige Zweck* einer zwanzigminütigen Übung. Das heißt, zwanzig Minuten, wenn ihr Glück habt!

Ich hatte keine Ahnung, daß dies in einen Leitfaden für Sex ausarten würde.

Tut es nicht. Aber es wäre gar nicht so schlecht, wenn es so wäre. Die meisten Menschen haben eine Menge über Sex und seine wunderbarsten und wohltuendsten Ausdrucksformen zu lernen.

Vor allem möchte ich hiermit einen umfassenderen Punkt veranschaulichen. Je mehr Vergnügen du dir selbst bereitest, desto mehr Vergnügen kannst du einem anderen bereiten. Ebenso kannst du, wenn du dir selbst das Vergnügen der Macht bereitest, auch mehr Macht mit anderen teilen. Dasselbe gilt für Ruhm, Reichtum, Glanz, Erfolg und alles andere, was dir ein gutes Gefühl gibt.

Und übrigens glaube ich, daß es an der Zeit ist, sich anzuschauen, warum dir bestimmte Dinge ein »gutes Gefühl« geben.

Okay – ich gebe auf. Warum?

Durch dieses »gute Gefühl« tut die Seele kund: »Das bin ich!«

Hast du einmal erlebt, daß ein Lehrer die Anwesenheit der Schüler überprüfte und sie namentlich aufrief, und du mußtest »hier« sagen, wenn dein Name aufgerufen wurde?

Ja.

Das »gute Gefühl« ist die Seele, die »hier!« sagt. Allerdings gibt es eine Menge Leute, die sich über den Gedanken, »das zu tun, was einem ein gutes Gefühl gibt«, lustig machen und sagen, das sei der Weg zur Hölle. Doch *ich* sage, das ist der Weg zum *Himmel!*

Natürlich hängt viel davon ab, was dir selbst »ein gutes Gefühl« gibt. Mit anderen Worten, welche Art von Erfahrungen fühlen sich für *dich* gut an? Doch ich sage dir: Nie ereignete sich irgendeine Art von Evolution durch *Verweigerung.* Wenn du dich weiterentwickeln willst, wirst du das nicht tun, weil du dir selbst so erfolgreich die Dinge *verweigern* konntest, von denen du *weißt,* daß sie dir ein »gutes Gefühl« geben, sondern weil du dir diese Freuden *zugestanden* – und etwas noch Größeres gefunden hast. Denn wie kannst du etwas als »größer« erkennen, wenn du nie das »Geringere« erfahren hast?

Die Religion möchte, daß du ihren Worten glaubst. Deshalb scheitern schließlich alle Religionen.

Die *Spiritualität* hingegen wird immer Erfolg haben.

Die Religion verlangt von dir, daß du aus den Erfahrungen anderer lernst. Die Spiritualität drängt dich dazu, nach deinen eigenen Erfahrungen zu streben.

Die Religion kann die Spiritualität nicht ausstehen. Sie kann sich nicht mit ihr abfinden. Denn die Spiritualität kann dich zu einer *anderen Schlußfolgerung* gelangen lassen als zu der einer bestimmten Religion – und das kann keine der bekannten Religionen tolerieren.

Die Religion fordert dich auf, die Gedanken anderer zu erforschen und sie als deine eigenen zu akzeptieren. Die Spiritualität lädt dich dazu ein, die Gedanken anderer beiseite zu schieben und mit eigenen aufzuwarten.

Ein »gutes Gefühl« in dir sagt dir auf deine Weise, daß dein letzter Gedanke *Wahrheit,* dein letztes Wort *Weisheit* und deine letzte Handlung *Liebe* waren.

Wenn du sehen möchtest, wie weit du vorangeschritten bist, wenn du abschätzen möchtest, wie weit du dich entwickelt hast, dann schau einfach, wobei du dich »gut fühlst«.

Aber trachte nicht danach, deine Weiterentwicklung zu *erzwingen* – dich schneller und weiter fortzuentwickeln –, indem du dir *verweigerst,* was dir ein gutes Gefühl gibt, oder indem du davon Abstand nimmst.

Selbst-Verweigerung bedeutet Selbst-Zerstörung.

Aber du sollst auch das wissen: Selbst-Regulierung ist nicht gleich Selbst-Verweigerung. Die

Regulierung des eigenen Verhaltens bedeutet, daß du auf der Grundlage deiner Entscheidung darüber, wer du bist, eine *aktive Wahl* triffst, etwas zu tun oder nicht zu tun. Wenn du dich dazu bekennst, eine Person zu sein, die die Rechte anderer respektiert, wenn du dich dazu entscheidest, andere nicht zu bestehlen oder zu berauben, nicht zu vergewaltigen und zu plündern, dann ist das kaum »Selbst-Verweigerung«. Es ist eine *Selbst-Aussage.* Deshalb sagt man, daß sich an dem, was jemandem ein gutes Gefühl gibt, ablesen läßt, wie weit diese Person entwickelt ist.

Wenn dir unverantwortliches Handeln – ein Verhalten, das anderen Schaden zufügen oder Schwierigkeiten oder Schmerz bereiten kann – ein »gutes Gefühl« gibt, dann hast du dich nicht sehr weit entwickelt.

Der Schlüssel ist hier Bewußtheit. Und es ist die Aufgabe der Älteren in den Familien und Gemeinden, bei den jungen Menschen diese Bewußtheit zu schaffen und zu verbreiten. Und ebenso ist es die Aufgabe der Boten Gottes, in *allen* Menschen diese Bewußtheit zu steigern, so daß sie verstehen, daß das, was für einen getan wird, für alle getan wird – weil wir alle eins sind.

Wenn deine Bewußtseinseinstellung diesem »wir sind alle eins« entspricht, wird es dir praktisch nicht möglich sein, ein »gutes Gefühl« zu haben, wenn du andere verletzt. Das sogenannte »unverantwortliche Verhalten« gibt es dann nicht mehr. Innerhalb dieser Parameter suchen Wesen, die sich entwickeln, das Leben zu erfahren. Und im Rahmen dieser Parameter sage *ich,* daß *ihr euch die Erlaubnis geben sollt, alles* zu haben, was das Leben anzubieten hat – und ihr werdet entdecken, daß es *mehr anzubieten hat, als ihr euch je vorstellen konntet.*

Du bist, was du erlebst. Du erlebst, was du zum Ausdruck bringst. Du bringst zum Ausdruck, was du hast, um es zum Ausdruck zu bringen. Du hast, was du dir selbst zugestehst.

Das gefällt mir sehr – aber können wir auf die anfängliche Frage zurückkommen?

JA. ICH HABE aus dem gleichen Grund zwei Geschlechter erschaffen, aus dem ich alles mit dem »Yin« und dem »Yang« versah – das ganze Universum! Das Männliche und das Weibliche sind *Teil* des Yin und Yang. Sie sind in eurer Welt der höchste lebendige Ausdruck davon.

Sie sind das Yin und Yang ... ausgedrückt *in Form.* In einer von *vielen physischen Formen.*

Das Yin und das Yang, hier und dort ... dieses

und jenes … oben und unten, heiß und kalt, groß und klein, schnell und langsam – die Materie und die Antimaterie …

Alles ist nötig, damit ihr das Leben erfahren könnt, wie ihr es kennt.

Wie können wir am besten dieser Erfahrung namens sexuelle Energie Ausdruck geben?

Liebend. Offen.

Spielerisch. Freudvoll.

Unverschämt. Leidenschaftlich. Geheiligt. Zärtlich. Humorvoll. Spontan. Rührend. Kreativ. Unerschrocken. Sinnlich.

Und natürlich: häufig.

Da gibt es jene, die sagen, daß der einzige legitime Zweck der menschlichen Sexualität die Fortpflanzung sei.

Unsinn. Die Fortpflanzung ist in vielen Fällen die glückliche Folge und nicht die logische Vorausplanung der sexuellen Erfahrung. Die Vorstellung, daß Sex nur dazu da ist, Babys zu machen, ist naiv, und der daraus folgende Gedanke, daß man mit dem Sex aufhören soll, wenn das letzte Kind gezeugt worden ist, ist schlimmer als naiv.

Er ist wider die menschliche Natur – und das ist die Natur, die ich euch *gegeben* habe.

Der Ausdruck von Sexualität ist das unvermeidliche Resultat eines ewigen Prozesses der Anziehung und des rhythmischen Energieflusses, der alles Leben antreibt.

Ich habe alle Dinge mit einer Energie ausgestattet, die ihr Signal in das ganze Universum aussendet. Jede Person, jedes Tier, jede Pflanze, jeder Stein, jeder Baum – *jedes* physische Ding – sendet Energie aus, wie ein Radiosender.

Du sendest in diesem Moment aus dem Zentrum deines Wesens Energie in alle Richtungen aus – du strahlst sie aus. Diese Energie – die *du* bist – bewegt sich in Wellenmustern nach außen. Die Energie verläßt dich, bewegt sich durch Mauern, über Berge hinweg, am Mond vorbei und ins Ewige. Sie *stoppt niemals mehr.*

Jeder Gedanke, den du jemals hattest, färbt diese Energie. (Eine Person kann es, wenn sie sensibel genug ist, *fühlen,* wenn du an sie denkst.) Jedes jemals von dir gesprochene Wort formt diese Energie. Alles, was du jemals getan hast, beeinflußt sie.

Die Schwingung, Geschwindigkeit, Wellenlänge und Frequenz deiner Emanationen verändern sich und wechseln ständig mit deinen Gedanken,

Stimmungen, Gefühlen, Worten und Handlungen.

Man spricht davon, daß jemand gute *»Vibes«* hat, also gute Schwingungen ausstrahlt, und das stimmt. Das ist eine sehr genaue Beschreibung!

Nun tut natürlich jede andere Person dasselbe. Und so ist der Äther – die »Luft« zwischen euch – von *Energie erfüllt;* eine Matrix von ineinander verflochtenen, verwobenen *»Vibes«*, die eine komplexere Tapisserie bildet, als ihr euch je vorstellen könnt.

Dieses Gewebe ist das versammelte Energiefeld, in dem ihr lebt. Es ist *machtvoll* und beeinflußt *alles, dich* eingeschlossen.

Dann sendest *du,* beeinflußt von den *hereinkommenden Vibes,* denen du unterworfen bist, neu geschaffene *Vibes* aus, und diese verbinden sich mit der Matrix und verwandeln sie – die ihrerseits das Energiefeld aller anderen beeinflußt, was sich auf die *Vibes,* die *diese* aussenden, auswirkt, was die Matrix beeinflußt – die *dich* beeinflußt ... und so weiter.

Nun magst du denken, daß das alles nur Phantasie und Illusion ist – aber bist du je in einen Raum gekommen, in dem so »dicke Luft« herrschte, daß du sie mit dem Messer hättest schneiden können?

Oder hast du schon mal davon gehört, daß zwei

Wissenschaftler jeweils am anderen Ende des Globus zur gleichen Zeit am selben Problem arbeiteten, ohne voneinander zu wissen, und plötzlich gleichzeitig zur selben Lösung kamen – *unabhängig* voneinander?

Das sind ganz übliche Vorkommnisse, und sie gehören zu den offensichtlicheren Manifestationen dieser Matrix.

Die Matrix – das vereinte gegenwärtige Energiefeld innerhalb eines gegebenen Parameters – ist eine machtvolle Schwingung. Sie kann sich direkt auf physische Objekte und Ereignisse auswirken, sie beeinflussen und *erschaffen.* (»Wo immer zwei oder mehr in meinem Namen versammelt sind …«)

Eure Psychologie hat diese Energiematrix als »Kollektivbewußtsein« bezeichnet. Sie kann *alles auf eurem Planeten* beeinflussen und tut es auch: die Aussichten auf Krieg und die Chancen für Frieden; geophysikalischen Aufruhr oder einen beruhigten Planeten; epidemische Krankheit oder weltweites Wohlbefinden.

Alles ist das Resultat des Bewußtseins.

Und ebenso die spezielleren Ereignisse und Umstände deines persönlichen Lebens.

Das ist faszinierend, aber was hat das mit Sex zu tun?

GEDULD. ICH KOMME darauf zu sprechen.

Die ganze Welt befindet sich in einem ständigen Energieaustausch.

Deine Energie drängt nach außen und berührt alles andere. Alles und jedes berühren dich. Aber nun passiert etwas Interessantes. An irgendeinem Punkt in der Mitte zwischen dir und allem anderen *begegnen* sich diese Energien.

Stellen wir uns, um dies anschaulicher zu beschreiben, zwei Menschen in einem Raum vor. Sie befinden sich am jeweils gegenüberliegenden Ende dieses Raums. Wir werden sie Tom und Mary nennen.

Nun sendet Toms persönliche Energie in einem Radius von 360 Grad Signale in das Universum aus. Und einiges von diesen Energiewellen trifft Mary.

Mary sendet inzwischen ihre eigene Energie aus – und einiges davon trifft Tom.

Doch diese Energien begegnen sich in einer Weise, wie du sie dir vielleicht nicht vorgestellt hast. Sie *treffen sich in der Mitte zwischen* Tom und Mary.

Hier vereinen sich die Energien (und denk daran, daß diese Energien *physische Phänomene* sind; sie können *gemessen, gefühlt* werden) und verbinden sich, um eine neue Energieeinheit zu bilden, die wir »Tomary« nennen wollen. Dies ist die verbundene Energie von Tom und Mary.

Tom und Mary könnten diese Energie auch gut als den »Körper zwischen uns« bezeichnen, denn genau das ist es: ein Energiekörper, mit dem beide verbunden sind, den beide mit ständig in ihn einfließenden Energien nähren und der über einen Faden oder eine Schnur oder eine Pipeline, die immer innerhalb der Matrix existiert, an seine beiden »Sponsoren« *Energien zurückschickt.* (Tatsächlich *ist* diese »Pipeline« die Matrix.)

Diese Erfahrung von »Tomary« ist die *Wahrheit* von Tom und Mary. Und es ist diese heilige Kommunion, *zu* der sich beide hingezogen fühlen. Denn sie fühlen, über die Pipeline, diese großartige Freude des »Körpers zwischen ihnen«, des Geeinten, der gesegneten Vereinigung.

Tom und Mary, die in einiger Entfernung voneinander stehen, können – *auf eine physische Weise – fühlen,* was in der Matrix vor sich geht. Beide werden dringlich zu dieser Erfahrung *hingezogen.* Sie wollen sich aufeinander zubewegen! Sofort!

Nun setzt ihr »Training« ein. Die Welt hat sie dazu erzogen, es langsam anzugehen, dem Gefühl zu mißtrauen, sich vor »Verletzung« zu hüten, sich zurückzuhalten.

Aber die Seele ... will »*Tomary*« kennenlernen – *jetzt!*

Wenn die beiden Glück haben, sind sie frei genug, ihre Ängste beiseite zu lassen und darauf zu vertrauen, daß die Liebe alles ist, was es gibt.

Diese beiden fühlen sich nun unwiderruflich zum »Körper zwischen ihnen« hingezogen. *TOMARY* wird *schon metaphysisch* erfahren, und Tom und Mary wollen dies nun auch *physisch* erleben. Also rücken sie näher zusammen. Nicht, um zum jeweils *anderen* zu gelangen, obwohl es für einen zufälligen Beobachter so aussieht. Sie versuchen vielmehr, zu *TOMARY* zu gelangen. Sie versuchen den Ort der göttlichen Vereinigung zu erreichen, der *bereits* zwischen ihnen *existiert.* Den Ort, an dem sie bereits wissen, daß sie eins sind – und wie es sich anfühlt, *eins zu sein.*

Sie bewegen sich also auf dieses »Gefühl« zu, das sie erleben, und in dem Maße, wie sie die zwischen ihnen liegende Kluft verringern, »die Schnur verkürzen«, legt die Energie, die sie beide zu *TOMARY* schicken, eine kürzere Distanz zurück und wird damit intensiver.

Sie rücken noch näher aneinander heran. Je kürzer die Distanz, desto größer die Intensität. Noch näher. Und wieder steigert sich die Intensität.

Nun sind sie nur noch einen Schritt voneinander entfernt. Der »Körper dazwischen« glüht heiß. Er vibriert mit ungeheurer Geschwindigkeit. Der Verbindungsstrang hin zu *TOMARY* und von *TOMARY* zu ihnen beiden ist dicker, breiter, heller und brennt fast durch die Übertragung unglaublicher Energie. Die beiden »brennen vor Verlangen«, wie man sagt. Und das *tun* sie tatsächlich!

Sie kommen sich noch näher.

Jetzt berühren sie sich.

Die Empfindung ist fast unerträglich. Köstlich. Sie fühlen, am Punkt ihrer Berührung, alle Energie von *TOMARY* – die ganze kompakte, innigst vereinte Substanz ihres verbundenen Wesens.

Wenn du dich für deine größtmögliche Sensibilität öffnest, kannst du bei der Berührung diese feine sublime Energie als ein Kribbeln wahrnehmen – manchmal wird dich dieses Kribbeln auch direkt *durchströmen.* Oder du nimmst diese Energie am Punkt der Berührung als Hitze wahr, eine Hitze, die ebenfalls plötzlich deinen ganzen Körper durchströmen kann, die aber tief in dir in deinem unteren Chakra oder Energiezentrum konzentriert ist.

Sie wird dort ganz besonders heftig brennen – und Tom und Mary sind nun sozusagen »heiß« aufeinander!

Jetzt umarmen sich die beiden und schließen

die Kluft noch mehr, wobei nun alle, Tom, Mary und Tomary, fast denselben Raum einnehmen. Tom und Mary können Tomary zwischen sich *fühlen* – und sie wollen noch *enger* zusammenkommen – sie wollen buchstäblich mit Tomary *verschmelzen.* Sie wollen Tomary in *physischer Gestalt werden.*

Ich habe in den männlichen und weiblichen Körpern eine Möglichkeit geschaffen, dies zu tun. Und in diesem Augenblick sind Toms und Marys Körper bereit, das zu tun. Toms Körper ist nun bereit, in Marys Körper buchstäblich *einzudringen.* Marys Körper ist bereit, buchstäblich Tom in sich aufzunehmen.

Das Kribbeln, das Brennen, ist nun *mehr* als intensiv. Es ist … unbeschreiblich. Die beiden physischen Körper verbinden sich. Tom, Mary *und* Tomary werden *eins.* Im *Fleische.*

Noch immer fließen die Energien zwischen den beiden. Dringlich. Leidenschaftlich.

Sie keuchen. Sie bewegen sich. Sie können nicht genug voneinander bekommen, können sich nicht nahe genug kommen. Sie ringen darum, sich *nahe* zu kommen. *Nahe.*

NOCH NÄHER.

Sie explodieren – buchstäblich – und sie zucken am ganzen Körper. Die Schwingungen schicken kleine Wellen in ihre Fingerspitzen. In der Explosion ihres Einsseins haben sie den Gott und die Göttin, das Alpha und das Omega, das Alles und das Nichts – die Essenz des Lebens – erfahren, haben Das-Was-Ist erlebt.

Es finden auch physische und chemische Vorgänge statt. Die beiden *sind* eins geworden – und oft *wird* eine *dritte* Wesenheit in *physischer Form* aus den beiden erschaffen. So wird ein *Ebenbild* von *TOMARY* erschaffen. Fleisch von ihrem Fleisch. Blut von ihrem Blut.

Sie haben buchstäblich *Leben erschaffen!*

Habe ich nicht gesagt, daß *ihr Götter seid?*

Das ist die schönste Beschreibung menschlicher Sexualität, die ich jemals gehört habe.

Man sieht Schönheit, wo man sie sehen möchte. Man sieht Häßlichkeit, wo man sich fürchtet, Schönheit zu sehen.

Du wärst überrascht, wenn du wüßtest, wieviele Menschen das, was ich gerade beschrieben habe, als häßlich ansehen.

Nein, das wäre ich nicht. Ich habe schon gesehen, wieviel Angst *und* Häßlichkeit die Welt mit dem

Sex verbunden hat. Aber du läßt eine Menge Fragen offen.

Ich bin hier, um sie zu beantworten. Aber gestatte mir, in meiner Erzählung noch ein wenig fortzufahren, bevor du mich mit Fragen bombardierst.

Ja, *bitte.*

Dieser ... *Tanz,* den ich gerade beschrieben, dieser energetische Austausch, den ich erklärt habe, findet fortwährend statt – in und mit *allem.*

Eure Energie – die wie ein goldenes Licht von euch ausgestrahlt wird – interagiert ständig mit allem und jedem. Je näher ihr euch seid, desto intensiver ist die Energie. Je weiter voneinander ihr seid, desto subtiler ist sie. Doch ihr seid niemals von *irgend etwas* total abgetrennt.

Zwischen dir und jeder anderen Person, jedem anderen Ort oder Ding existiert ein Punkt. Und an diesem Punkt treffen sich eure Energien und formen eine weniger dichte, aber dennoch reale Energieeinheit.

Alles und *jedes* auf dem Planeten – und im Universum – sendet in alle Richtungen Energie aus. Diese Energie vermischt sich kreuz und quer mit allen anderen Energien zu Mustern von einer Komplexität, die selbst eure größten Computer nicht zu analysieren vermögen.

Diese sich kreuz und quer verbindenden, vermischenden, in einander verwebenden Energien, die zwischen allem hin und her sausen, was ihr als physisch bezeichnet, sind das, was die *Physis zusammenhält.*

Das ist die Matrix, von der ich gesprochen habe. Und entlang dieser Matrix schickt ihr euch gegenseitig Signale – Botschaften, Bedeutungen, Heilungen und andere physische Zeichen –, die manchmal von Individuen, aber zumeist vom Massenbewußtsein geschaffen werden.

Diese unzähligen Energien werden, wie ich schon erklärte, voneinander angezogen. Das nennt man das Gesetz der Anziehung. Innerhalb dieses Gesetzes zieht Gleiches Gleiches an.

Gedanken ziehen gleiche Gedanken entlang der Matrix an – und wenn genug von solchen gleichartigen Energien sozusagen »zusammenklumpen«, werden ihre Schwingungen »schwerer«, sie verlangsamen sich –, und sie werden zu Materie.

Gedanken erschaffen in der Tat physische Formen – und wenn viele Menschen *dasselbe* denken, besteht eine hohe Wahrscheinlichkeit, daß ihre Gedanken eine Realität bilden.

(Deshalb ist das »Wir werden für dich beten« eine so machtvolle Aussage. Die Belege für die Wirksamkeit des gemeinsamen Gebetes reichen aus, um ein ganzes Buch zu füllen.)

Ebenso gilt, daß auch »unheilige« Gedanken unmittelbare Auswirkungen haben können. Ein weltweites Bewußtsein von Angst zum Beispiel oder von Wut oder Mangel oder Unzulänglichkeit kann zu ebendieser Erfahrung führen – auf globaler Ebene oder an einer bestimmten Örtlichkeit, wo solche kollektiven Gedanken am stärksten gehegt werden.

Zum Beispiel hielt sich die Nation, die ihr die Vereinigten Staaten von Amerika nennt, lange für eine Nation, die »Gott untersteht, unteilbar ist und für Freiheit und Gerechtigkeit für alle eintritt«. Es ist kein Zufall, daß sie sich zur wohlhabendsten Nation auf der Erde entwickelte. Und es überrascht auch nicht, daß sie allmählich alles verliert, was sie sich durch so harte Arbeit aufgebaut hat – denn diese Nation scheint ihre Vision verloren zu haben.

Die Worte »die Gott untersteht, unteilbar ist« bedeuteten genau das – sie brachten die universelle Wahrheit des Einsseins zum Ausdruck; denn Einssein ist eine sehr schwer zu zerstörende Matrix. Aber die Matrix wurde geschwächt. Aus der religiösen Freiheit wurde eine religiöse Selbstgerechtigkeit, die schon an religiöse Intoleranz grenzt. Individuelle Freiheit ist so gut wie verschwunden, wie sich auch das Bewußtsein von individueller Verantwortung aufgelöst hat.

Die Vorstellung von *individueller Verantwortlichkeit* wurde dahingehend verzerrt, daß sie nun »jeder für sich selbst« bedeutet. Das ist die neue Philosophie, die sich in ihren Wurzeln auf die frühe amerikanische Tradition des unbekümmerten Individualismus berufen zu können meint.

Doch die ursprüngliche Bedeutung des individuellen Verantwortungsbewußtseins, auf das sich die amerikanische Vision und der amerikanische Traum gründeten, fand ihren tiefsten Sinn und ihren höchsten Ausdruck im Begriff der *brüderlichen Liebe.*

Amerika wurde nicht dadurch groß, daß jeder Mann um sein *eigenes* Überleben kämpfte, sondern dadurch, daß jeder einzelne die persönliche Verantwortung für das Überleben *aller* akzeptierte.

Amerika war eine Nation, die den Hungrigen nicht den Rücken zukehrte, die nie zu den Bedürftigen »nein« sagte, die ihre Arme für die Erschöpften und die Heimatlosen öffnete und die ihre Fülle mit der Welt teilte.

Und doch wurden, während Amerika groß wurde, die Amerikaner gierig. Nicht alle, aber viele. Und mit der Zeit wurden es immer mehr.

Als die Amerikaner sahen, wie gut es ihnen gehen *konnte,* wollten sie es noch besser haben. Doch sie sahen nur eine Möglichkeit, immer noch *mehr* und *mehr* zu haben. Jemand anders mußte immer weniger und weniger haben.

In dem Maße, wie die Gier die Charaktergröße der Amerikaner verdrängte, war weniger Platz für Mitgefühl mit den Geringsten unter dem Volk. Den weniger Glücklichen wurde gesagt, daß es ihre »eigene verdammte Schuld« war, wenn sie nicht mehr besaßen. Schließlich war Amerika das Land der unbegrenzten Möglichkeiten, oder etwa nicht? Kein Mensch *außer* den weniger Begünstigten war imstande zuzugeben, daß Amerikas Möglichkeiten, *institutionell* gesehen, für diejenigen, die es bereits geschafft hatten und zu den Insidern gehörten, reserviert waren. Und diese Insider haben im allgemeinen nicht viele Angehörige von Minoritäten, Menschen einer bestimmten Hautfarbe oder Geschlechtszugehörigkeit, in ihre Ränge aufgenommen.

Die Amerikaner wurden auch auf internationaler Ebene arrogant. Während Millionen überall auf dem Planeten verhungerten, warfen sie jeden

Tag so viel Essen weg, daß man ganze Nationen damit hätte speisen können. In bezug auf manche war Amerika großzügig, ja – aber seine Außenpolitik entwickelte sich in zunehmendem Maße zum verlängerten Arm seiner Eigeninteressen. Es half anderen, wenn es ihm nützlich war. (Das heißt, wenn es den Mächtigen in Amerika dienlich war, seiner reichsten Elite oder der militärischen Maschinerie, die diese Elite und deren kollektives Vermögen schützte.)

Amerikas Gründerideal – brüderliche Liebe – war ausgehöhlt worden. Jetzt stößt jegliches Reden über »deines Bruders Hüter sein« auf eine neue Art Amerikanertum – auf einen scharfen Geist, wenn es darum geht, am Eigenen festzuhalten, und auf scharfe Worte zu den weniger Begünstigten, die es wagen, um ihren fairen Anteil zu bitten und darum, daß man sich ihrer Nöte annimmt.

Jeder *muß* Verantwortung für sich selbst übernehmen – das ist zweifellos wahr. Aber eure Welt kann nur dann wirklich funktionieren, wenn jeder willens ist, für *alle* als *Gesamtheit* verantwortlich zu sein.

Das Kollektivbewußtsein bringt also kollektive Resultate hervor.

Genau – und das hat sich im Laufe eurer überlieferten Geschichte immer wieder gezeigt.

Die Matrix zieht sich selbst in sich selbst hinein – genauso wie eure Wissenschaftler das Phänomen der sogenannten Schwarzen Löcher beschreiben. Es zieht gleichgeartete Energien an und zieht sogar auch physische Objekte zueinander hin.

Diese Objekte müssen sich dann gegenseitig abstoßen – sich voneinander *weg* bewegen – oder sie werden für immer miteinander verschmelzen – sich in ihrer gegenwärtigen Form auflösen und eine neue Gestalt annehmen.

Alle bewußten Wesen wissen das instinktiv und *bewegen sich daher weg* von der permanenten Verschmelzung, um ihre Beziehung zu allen anderen Wesen aufrechtzuerhalten. Täten sie das nicht, würde sie in alle anderen Wesen *hin*einschmelzen und auf ewig Einssein erfahren.

Das ist der Zustand, aus dem wir gekommen sind. Nachdem wir uns von diesem Zustand entfernt haben, werden wir nun ständig wieder zu ihm hingezogen.

Dieses Ebben und Fluten, diese »Hinundher«-Bewegung ist der Grundrhythmus des Universums *und von allem, was in ihm existiert.* Das ist Sex – der synergetische Energieaustausch.

Ihr werdet ständig angezogen, zur Vereinigung

miteinander (und mit allem, was sich in der Matrix befindet) gedrängt, und ihr werdet dann, im Moment der Einheit, durch bewußte Wahl von dieser Einheit abgestoßen. Ihr trefft die Wahl, von dieser Einheit befreit zu sein, damit ihr sie *erfahren* könnt. Denn wenn ihr einmal Teil von ihr geworden seid und in ihr *verbleibt,* könnt ihr sie nicht mehr als Einheit *erkennen,* denn ihr kennt dann keine Trennung mehr.

Anders ausgedrückt: Damit Gott sich als Alles-Was-Ist erkennen kann, muß sich Gott selbst als das *Nicht*-Alles erfahren.

In euch – und in jeder anderen erdenklichen Energieeinheit des Universums – erkennt Gott sich selbst als die *Teile* des *Allen* – und gibt sich so selbst die Möglichkeit, sich selbst in seiner eigenen Erfahrung als das *Alles-in-Allem* zu erkennen.

Ich kann nur dadurch erfahren, was ich bin, daß ich erfahre, was ich nicht bin. Doch ich *bin,* was ich nicht bin – und darin erkennt ihr die göttliche Dichotomie. Von daher die Aussage: Ich bin Der-Ich-Bin.

Nun ist, wie ich schon sagte, dieses natürliche Ebben und Fluten, dieser natürliche *Rhythmus* des Universums, charakteristisch für alles Leben – einschließlich der Bewegungen, die das Leben in eurer Realität *erschaffen.*

Wie durch irgendeine Triebkraft werdet ihr zueinander hingezogen, nur um wieder voneinander weg zu drängen und euch zu trennen, um dann wieder dringlich aufeinander zuzustreben, um euch dann wiederum zu trennen und dann wieder hungrig, leidenschaftlich, dringlich die totale Vereinigung zu suchen.

Gemeinsam-getrennt, gemeinsam-getrennt, gemeinsam-getrennt tanzen eure Körper in einer so elementaren, so *instinktiven* Bewegung, daß ihr euch eines vorsätzlichen Handelns nur wenig bewußt seid. An einem bestimmten Punkt schaltet ihr auf Automatik um. Dem Körper muß nicht gesagt werden, was er zu tun hat. Er *tut* es ganz einfach – mit der Dringlichkeit *allen Lebens.*

Es ist das Leben selbst, das sich selbst als Leben ausdrückt. Und es ist das Leben selbst, das im Schoße seiner eigenen Erfahrung *neues* Leben hervorbringt.

Und so ist alles existierende Leben vom sanften Rhythmus Gottes durchdrungen – von dem, was ihr die Zyklen des Lebens nennt.

Die Nahrung wächst in solchen Zyklen. Jahreszeiten kommen und gehen. Planeten drehen sich und kreisen. Sonnen explodieren und implodieren und explodieren wieder. Universen atmen ein und aus. Alles, *alles* ereignet sich in Zyklen, in Rhythmen, in Schwingungen, die den Frequenzen von Gott/der Göttin – dem Allem – entsprechen.

Denn Gott *ist* Alles, und die Göttin ist Alles, und darüber hinaus gibt es nichts; und alles, was *jemals* war, *jetzt* ist und jemals sein *wird,* ist eure Welt ohne Ende.

Amen.

8

Das Interessante beim Gespräch mit dir ist, daß du mich immer mit mehr Fragen als Anworten zurückläßt. Jetzt habe ich nicht nur Fragen zum Sex, sondern auch noch zur Politik!

MANCHE SAGEN, DASS die beiden dasselbe sind, daß ihr in der Politik nichts weiter macht als herum –

Warte mal! Du wirst doch nicht etwa ein obszönes Wort gebrauchen, oder?

NUN JA, ICH wollte dich mal ein wenig schockieren.

He, He! Laß das bloß bleiben! Gott sollte nicht so reden!

WARUM REDET *IHR* dann so?

Die meisten von uns *tun das nicht.*

ACH WAS ZUM Teufel, ihr tut's.

Die *gottesfürchtigen* Menschen tun es nicht!

AH, ICH VERSTEHE. Ihr müßt Gott fürchten, um ihn nicht zu beleidigen.

Und wer behauptet eigentlich, daß ich durch ein einfaches Wort *beleidigt* werde?

Und findest du es schließlich nicht interessant, daß ihr Worte, mit denen ihr wunderbare sexuelle Dinge bezeichnet, auch als eure gröbsten Schimpfworte benutzt? Sagt dir das etwas über eure Gefühle hinsichtlich der Sexualität?

Ich glaube, du bringst da etwas durcheinander. Ich glaube nicht, daß die Leute diese Begriffe verwenden, um die herrlichen und wirklich romantischen Aspekte der Sexualität zu beschreiben.

ACH, TATSÄCHLICH? HAST du dich in letzter Zeit in irgendwelchen Schlafzimmern aufgehalten?

Nein. Hast du?

ICH BIN IN *allen* Zimmern – die ganze Zeit.

Oh, das werden die meisten aber nicht gerne hören.

WAS? WILLST DU damit sagen, daß ihr Dinge in euren Schlafzimmern treibt, die ihr vor Gott nicht tun würdet?

Die meisten Menschen fühlen sich nicht wohl beim Gedanken, daß ihnen dabei *irgend jemand* zusieht, von *Gott* ganz zu schweigen.

UND DOCH WIRD in manchen Kulturen – bei den Aborigines, bei manchen polynesischen Völkern – ganz offen Liebe gemacht.

Mag sein, aber die meisten Menschen sind noch nicht bis zu dieser Stufe von Freiheit fortgeschritten. Tatsächlich würden sie ein solches Verhalten als Rückfall in einen primitiven, heidnischen Zustand betrachten.

DIESE MENSCHEN, DIE ihr als »Heiden« betrachtet, haben eine enorme Achtung vor dem Leben. Sie wissen nichts von Vergewaltigung, und es gibt praktisch keine Morde in ihren Gesellschaften. Eure Gesellschaft versteckt den Sex – eine ganz natürliche, normale menschliche Funktion – unter der Decke, dann steht ihr auf und bringt Leute in aller Öffentlichkeit um. *Das* ist obszön!

Ihr habt den Sex zu etwas so Schmutzigem, Tabuisiertem gemacht, daß ihr euch schämt, wenn ihr Sex habt!

Unsinn. Die meisten Menschen haben ganz einfach in bezug auf Sex einen anderen – man könnte sogar sagen, einen höheren – Sinn für Anstand. Sie betrachten ihn als eine intime wechselseitige Aktivität; und für manche ist er ein geheiligter Bestandteil ihrer Beziehung.

Ein Mangel an Intimsphäre ist nicht unbedingt mit mangelnder Heiligkeit gleichzusetzen. Die meisten der heiligsten Riten der Menschheit werden in der Öffentlichkeit vollzogen.

Verwechsle Intimität nicht mit Heiligkeit. Die meisten eurer *schlimmsten* Handlungen unternehmt ihr im privaten Bereich oder im geheimen, und nur euer bestes Benehmen spart ihr für die öffentliche Zurschaustellung auf.

Damit möchte ich nicht für Sex in aller Öffentlichkeit plädieren; ich möchte nur anmerken, daß Intimität nicht unbedingt mit der Heiligkeit gleichzusetzen ist – noch werdet ihr durch die Öffentlichkeit ihrer beraubt.

Was den Anstand angeht, so hat dieses Wort alleine und der dahinterstehende Verhaltenskodex mehr zur Versagung der größten Freuden von Mann und Frau beigetragen als jedes andere menschliche Konstrukt – die Vorstellung von einem strafenden Gott ausgenommen, die dem Ganzen *die Krone aufgesetzt hat.*

Offensichtlich glaubst du nicht an Anstand.

Das Problem mit dem »Anstand« liegt darin, daß irgend jemand die Normen aufstellen muß. Das bedeutet ganz automatisch, daß euer Verhalten durch die Vorstellungen eines *anderen* darüber, was euch Freude machen sollte, beschränkt, dirigiert und *diktiert* wird.

Das kann, was die Sexualität angeht – wie in allen anderen Dingen –, mehr als eine »Beschränkung« bedeuten; es kann sich vernichtend auswirken.

Ich kann mir nichts Traurigeres denken als einen Mann oder eine Frau, die das Gefühl haben, manches *gerne* erleben zu wollen, sich dann aber zurückhalten, weil sie meinen, daß das, wovon sie träumen oder was sie sich in ihrer Phantasie ausmalen, die »Anstandsregeln« verletzen würde!

Bedenke, es handelt sich nicht um etwas, das sie an sich nicht tun würden – es ist nur etwas, das gegen den »Anstand« verstößt.

Tu nie, nie, *nie* etwas nicht, weil es vielleicht die Anstandsregeln von irgend jemand *anderem* verletzen könnte, und dies gilt nicht nur für die Sexualität, sondern für alles im Leben. Wenn ich einen Aufkleber an meinem Auto hätte, würde darauf stehen:

VERLETZT DEN ANSTAND

Und ganz sicher würde ich einen solchen Spruch in jedem Schlafzimmer anbringen.

Aber unser Gefühl für das, was »richtig« und »falsch« ist, hält unsere Gesellschaft zusammen. Wie können wir zusammenleben, wenn darüber keine Übereinkunft besteht?

»Anstand« hat nichts mit euren relativen Wertvorstellungen von »richtig« oder »falsch« zu tun. Ihr mögt euch alle einig sein, daß es »falsch« ist, einen Menschen umzubringen, aber ist es »falsch«, nackt im Regen herumzulaufen? Ihr mögt euch alle einig sein, daß es »falsch« ist, dem Nachbarn die Frau auszuspannen, aber ist es »falsch«, deine eigene Frau in bestimmter köstlicher Weise zu lieben oder von ihr geliebt zu werden?

»Anstand« bezieht sich selten auf gesetzliche Einschränkungen, sondern viel häufiger auf einfachere Dinge in bezug auf das, was als »schicklich« erachtet wird.

»Schickliches« Verhalten ist nicht immer das Verhalten, das euren eigenen besten Interessen dienlich ist. Und es ist selten ein Verhalten, das euch die größte Freude macht.

Um auf die Sexualität zurückzukommen: Du sagst also, daß jegliches Verhalten akzeptabel ist, solange es die Zustimmung aller Beteiligten und Betroffenen findet?

SOLLTE DAS NICHT für alles im Leben gelten?

Aber manchmal wissen wir nicht, wer davon betroffen sein wird, oder wie –

DU MUSST DAFÜR sensibel sein. Du mußt ganz wach und bewußt sein. Und wenn du es wirklich nicht wissen und auch nicht vermuten kannst, dann mußt du dich zugunsten der Liebe irren.

Die zentrale Frage bei JEDER Entscheidung ist die: »Was würde die Liebe jetzt tun?«

Die Liebe *zu dir selbst* und die Liebe zu *allen anderen,* die *beteiligt oder davon betroffen* sind.

Wenn du eine andere Person liebst, wirst du nichts tun, was diese Person womöglich verletzt oder verletzen könnte. Sollten irgendwelche Fragen oder Zweifel bestehen, wirst du warten, bis du in dieser Sache Klarheit gewonnen hast.

Aber das bedeutet, daß dich andere in »Geiselhaft« nehmen können. Sie brauchen nur zu äußern, daß dies und jenes sie »verletzen« würde, und damit bist du dann in deinen Handlungen eingeschränkt.

NUR DURCH DEIN Selbst. Würdest du dich nicht selbst in deinen Handlungen auf solche beschränken *wollen,* die denen, die du liebst, keinen Schaden zufügen?

Aber was, wenn man sich selbst dadurch geschädigt oder verletzt fühlt, daß man etwas *nicht* tut?

DANN MUSST DU deinem geliebten Menschen die Wahrheit erzählen – daß du dich dadurch, daß du eine bestimmte Sache nicht tust, verletzt, frustriert, reduziert fühlst; daß du diese Sache gerne tun würdest; daß du gerne dafür die Zustimmung des von dir geliebten Menschen bekommen würdest.

Du mußt eine solche Einigung anstreben. Arbeite an einem Kompromiß; suche nach einem Handlungsweg, bei dem jeder gewinnen kann.

Und wenn ein solcher Weg nicht gefunden werden kann?

Dann wiederhole ich, was ich schon einmal gesagt habe.

Verrat
deiner selbst,
um nicht einen anderen
zu verraten,
ist
trotz allem
Verrat.
Es ist der
höchste Verrat.

Euer Shakespeare hat es anders ausgedrückt.

Deinem eigenen Selbst sei treu,
und es folgt daraus, wie die Nacht dem Tag,
daß du gegenüber keinem Menschen
treulos sein kannst.

Aber der Mensch, der sich immer nach dem richtet, was er will, wird ein sehr egoistischer Mensch. Ich kann nicht glauben, daß du das befürwortest.

Du GEHST DAVON aus, daß der Mensch immer eine »selbstsüchtige Wahl« trifft, wie du es nennst. Aber ich sage dir: Der Mensch *ist* imstande, die *höchste* Wahl zu treffen. Und ich sage dir auch:

Die höchste Wahl ist nicht *immer* die, die einem anderen zu dienen scheint.

Mit anderen Worten, wir müssen uns manchmal an erste Stelle setzen.

OH, IHR MÜSST euch *immer* an erste Stelle setzen! Dann, abhängig davon, was ihr zu tun versucht – oder zu erfahren trachtet –, trefft ihr eure Wahl.

Wenn dein Ziel – dein *Lebensziel* – sehr hoch angesiedelt ist, werden auch deine Entscheidungen ein sehr hohes Niveau haben.

Wenn du dich an erste Stelle setzt, heißt das nicht, daß du »selbstsüchtig« bist – es bedeutet, daß du dir deiner selbst *bewußt* bist.

Du legst hier eine ganz schön breite Basis für die Handhabung menschlicher Angelegenheiten.

NUR IN AUSÜBUNG der größten Freiheit kann das größte Wachstum erreicht werden – oder wird es überhaupt möglich.

Wenn ihr nichts weiter tut, als die Regeln eines *anderen* zu befolgen, entwickelt ihr euch nicht weiter, sondern gehorcht nur.

Im Gegensatz zu euren Konstrukten ist Gehorsam nicht das, was ich von euch will. Gehorsam ist nicht Wachstum, und Wachstum ist das, wonach ich verlange.

Und wenn wir nicht »wachsen«, wirfst du uns dann in die Hölle?

FALSCH. ABER DAS habe ich im ersten Band besprochen und werde es im dritten ausführlich tun.

Okay. Kann ich dir nun im Rahmen dieser weiten Parameter, die du dargelegt hast, ein paar letzte Fragen zum Sex stellen, bevor wir das Thema verlassen?

SCHIESS LOS.

Warum, wenn Sex so ein wundervoller Bestandteil der menschlichen Erfahrung ist, predigen so viele spirituelle Lehrer Enthaltsamkeit? Und warum lebten so viele Meister offensichtlich zölibatär?

AUS DEM GLEICHEN Grund, aus dem so viele, den

Schilderungen nach, in Einfachheit lebten. Diejenigen, die sich zu einer hohen Verständnisebene entwickeln, bringen ihre körperlichen Wünsche mit ihrem Geist und ihrer Seele in Balance.

Ihr seid dreiteilige Wesen, und die meisten Menschen erfahren sich selbst als einen Körper. Selbst der Geist wird, nachdem sie dreißig geworden sind, vergessen. Niemand liest mehr. Niemand schreibt. Niemand lehrt. Niemand lernt. Der Geist ist vergessen. Er wird nicht genährt. Er wird nicht erweitert. Es gibt keinen neuen Input mehr und nur noch das Minimum des erforderlichen Output. Der Geist wird nicht ernährt. Er wird nicht erweckt. Er wird eingelullt, betäubt. Ihr tut alles, was ihr könnt, um ihn abzuschalten. Fernsehen, Filme, Schundromane. Was immer ihr tut, euer Motto ist: Denk nicht, denk nicht, *denk nicht!*

Die meisten Menschen leben also ein Leben auf der Körperebene. Sie nähren den Körper, kleiden den Körper, geben dem Körper »Stoff«. Die meisten Menschen haben schon seit Jahren kein gutes Buch mehr gelesen – ich meine ein Buch, aus dem sie etwas *lernen* können. Aber sie können dir das ganze Wochenprogramm des Fernsehens hersagen. Darin liegt etwas außerordentlich Trauriges.

Die Wahrheit ist, daß die meisten Menschen

nicht denken *wollen.* Sie wählen Führer, sie unterstützen Regierungen, sie folgen Religionen, die *kein unabhängiges Denken* erfordern.

»Mach's mir leicht. Sag mir, was ich tun soll.«

Die meisten Menschen wollen das. Wo soll ich sitzen? Wann soll ich aufstehen? Wie soll ich grüßen? Wann soll ich zahlen? Was soll ich tun?

Wie sehen die Regeln aus? Wo sind meine Grenzen? Sag's mir, sag's mir, *sag's mir.* Ich mach es – jemand soll es mir nur *sagen!*

Dann widert sie das an, sie werden desillusioniert. Sie haben alle Regeln befolgt, haben getan, was ihnen gesagt wurde. Was ist schiefgegangen? Wann ging es kaputt? Warum brach es zusammen?

Es brach in dem Augenblick zusammen, in dem ihr euch von eurem Geist verabschiedet habt – dem größten kreativen Werkzeug, das ihr je hattet.

Es ist Zeit, daß ihr mit eurem Geist wieder Freundschaft schließt. Seid ihm ein Gefährte – er hat sich so allein gefühlt. Nährt ihn – er mußte so sehr hungern.

Manche von euch – eine kleine Minderheit – hat begriffen, daß ihr einen Körper *und* einen Geist habt. Sie haben ihren Geist gut behandelt. Und doch haben nur wenige von euch, die ihr euren Geist – und die Dinge des Geistes – ehrt, gelernt, ihn zu mehr als einem Zehntel seiner Kapazität zu *nutzen.* Wenn ihr wüßtest, zu was euer Geist fähig ist, würdet ihr nie aufhören, an seinen Wundern – und seinen Kräften – teilzuhaben.

Und wenn schon die Zahl derer, die ihr Leben zwischen Körper und Geist aufteilen, klein ist, dann ist die Zahl derer, die sich als dreiteilige Wesen betrachten – Körper, Geist, Seele – winzig.

Doch ihr *seid* dreiteilige Wesen. Ihr seid mehr als euer Körper und mehr als ein Körper mit einem Geist.

Nährst du deine Seele? *Bemerkst* du die überhaupt? Heilst du sie, oder verletzt du sie? Wächst du, oder verdorrst du? Dehnst du dich aus, oder ziehst du dich zusammen?

Ist deine Seele so einsam wie dein Geist? Wird sie sogar noch mehr vernachlässigt? Wann hattest du das letzte Mal das Gefühl, daß deine Seele zum *Ausdruck* gebracht wurde? Wann hast du das letzte Mal vor Freude geweint? Gedichte geschrieben? Musik gemacht? Im Regen getanzt? Einen Kuchen gebacken? *Irgend etwas* gemalt? Irgend etwas Kaputtes repariert? Ein Baby geküßt? Eine Katze an dein Gesicht gedrückt? Einen Berg erklommen? Bist nackt geschwommen? Hast bei Sonnenaufgang einen Spaziergang unternommen? Auf der Mundharmonika gespielt? Gespräche geführt bis zum Morgengrauen? Stundenlang Liebe gemacht – am Strand, im Wald? Mit der Natur kommuniziert? Nach Gott gesucht?

Wann hast du das letzte Mal allein mit dem Schweigen gesessen, bist in den tiefsten Bereich deines Wesens gereist? Wann hast du das letzte Mal »hallo« zu deiner Seele gesagt?

Wenn du das Leben als eindimensionales Geschöpf lebst, versinkst du tief in den Angelegenheiten des Körpers: Geld. Sex. Macht. Besitz. Körperliche Stimulation und Befriedigung. Sicherheit. Ruhm. Finanzieller Gewinn.

Wenn du das Leben als zweidimensionales Geschöpf lebst, erweiterst du deine Interessen und beziehst Dinge des Geistes ein. Kameradschaft; Kreativität; die Anregung neuer Gedanken, neuer Ideen; das Erschaffen neuer Ziele, neuer Herausforderungen; persönliches Wachstum.

Wenn du das Leben als dreidimensionales Geschöpf lebst, gelangst du zumindest zu einem Gleichgewicht mit dir selbst. Deine Interessen schließen Belange der Seele mit ein: spirituelle Identität; Lebenssinn; Beziehung zu Gott; Evolutionsweg; seelisches Wachstum; letztliches Ziel.

Und in dem Maße, wie du dich in immer höhere und höhere Bewußtseinsstadien hineinentwikkelst, bringst du jede Dimension deines Wesens zur vollen Verwirklichung.

Doch Evolution bedeutet nicht, daß du manche Aspekte oder Dimensionen des Selbst zugunsten anderer *fallenläßt.* Sie bedeutet ganz einfach die Erweiterung des Fokus; die Abwendung von einer fast ausschließlichen Beschäftigung mit einem einzigen Aspekt und die Hinwendung zu echter Liebe und zur Wertschätzung *aller* Aspekte.

Warum vertreten dann manche Lehrer die völlige sexuelle Enthaltsamkeit?

WEIL SIE NICHT glauben, daß die Menschen zu einem Gleichgewicht gelangen können. Sie glauben, daß die sexuelle Energie – und die Energien, die andere weltliche Erfahrungen umgeben – zu mächtig sind, um sie ganz einfach abzubremsen; um sie in Balance zu bringen. Sie glauben, die Enthaltsamkeit sei *der einzige Weg* zur spirituellen Evolution statt nur eine mögliche *Folge* davon.

Aber stimmt es nicht, daß manche sehr hoch entwickelte Wesen »den Sex aufgegeben« *haben?*

NICHT IM KLASSISCHEN Sinne des Wortes »aufgeben«. Es handelt sich nicht um ein erzwungenes

Aufgeben von etwas, das du immer noch haben willst, von dem du aber weißt, daß »es zu haben nicht gut« ist. Es handelt sich mehr um ein einfaches Loslassen, eine Bewegung weg von – so wie man einen Nachschlag des Desserts von sich weist. Nicht, weil das Dessert nicht gut ist. Nicht einmal, weil es nicht gut für dich ist. Sondern ganz einfach, weil du, wunderbar wie es war, genug hattest.

Wenn du deine Beschäftigung mit Sex aus diesem Grund fallenlassen kannst, dann wirst du dich vielleicht dazu entschließen. Oder vielleicht auch nicht. Vielleicht entschließt du dich nie dazu, daß du »genug hattest«, und willst immer diese Erfahrung machen – in Harmonie mit den anderen Erfahrungen deines Wesens.

Das ist okay. Das ist in Ordnung. Sexuell aktive Menschen sind nicht weniger für die Erleuchtung geeignet, nicht minder spirituell entwickelt als sexuell enthaltsame Menschen.

Doch bewirken Erleuchtung und Entwicklung in der Tat, daß du deine *Sucht* nach Sex, dein tiefes und dringendes *Bedürfnis* nach dieser Erfahrung, dein zwanghaftes Verhalten fallenläßt.

Ebenso wird sich deine ausschließliche Fixierung auf Geld, Macht, Sicherheit, Besitztümer und andere Erfahrungen des Körpers verflüchtigen. Doch deine echte *Wertschätzung* für diese Dinge wird bleiben und *sollte* es auch. Wertschätzung für *alles* im Leben ist das, was dem Prozeß, den ich erschaffen habe, Ehre erweist. Die Verachtung des Lebens oder irgendwelcher seiner Freuden – selbst der elementarsten körperlichen Freuden – bedeutet Verachtung für *mich,* den Schöpfer.

Denn wie, wenn du meine Schöpfung unheilig nennst, nennst du mich? Doch wenn du meine Schöpfung heilig nennst, heiligst du deine Erfahrung von ihr sowie auch mich.

Ich sage dir: Ich habe *nichts* Verachtenswertes geschaffen – und *nichts* ist »böse«, es sei denn, das Denken macht es dazu, wie euer Shakespeare sagt.

Das führt mich zu einer letzten Frage über Sex. Ist jede Art von Sex zwischen darin einwilligenden Erwachsenen okay?

JA.

Ich meine auch »perverser« Sex? Auch liebloser Sex? Auch schwuler Sex?

LASS UNS ERSTENS noch einmal klarstellen, daß Gott nichts mißbilligt.

Ich sitze nicht hier und richte, nenne nicht die eine Tat *gut* und die andere *böse.*

(Wie du weißt, habe ich des längeren im ersten Band darüber gesprochen.)

Also – was euch im Kontext eures Evolutionsweges dienlich oder nicht dienlich ist, könnt nur *ihr* entscheiden.

Es gibt allerdings eine breitangelegte Richtlinie, auf die sich die meisten entwickelten Seelen geeinigt haben.

Keine Handlung, die einem anderen Schaden zufügt, führt zu rascher Evolution.

Es gibt auch noch eine zweite Richtlinie.

Keine Handlung, in die ein anderer involviert ist, soll ohne die Zustimmung des anderen unternommen werden. Laß uns nun im Kontext dieser Richtlinien auf die Fragen eingehen, die du gerade gestellt hast.

»Perverser« Sex? Nun, aus welchem Grund sollte ihn irgend jemand als »falsch« bezeichnen, solange er niemandem schadet und mit Einwilligung aller Beteiligten betrieben wird?

Liebloser Sex? Über Sex »um des Sex willen« wurde schon seit Anbeginn der Zeit debattiert. Wenn ich diese Frage höre, denke ich oft daran, daß ich mich eines Tages gerne in einen Raum voller Menschen begeben und sagen würde:

»Jeder, der hier noch nie außerhalb einer Beziehung von tiefer, dauerhafter, engagierter, treuer Liebe Sex gehabt hat, möge bitte die Hand heben.«

Laß mich nur folgendes sagen: Etwas Liebloses, was *immer* es ist, ist nie der rascheste Weg zur Göttin.

Ob es sich nun um lieblosen Sex oder um lieblose Spaghetti mit Fleischklößen handelt, wenn du das Festmahl bereitet hast und es dann ohne Liebe verzehrst, versäumst du den außergewöhnlichsten Teil der Erfahrung.

Ist es falsch, ihn zu versäumen? Auch hier ist »falsch« vielleicht nicht das Wort, auf das es ankommt. »Nachteilig« käme der Sache näher, vorausgesetzt, es ist dein Wunsch, dich so schnell wie möglich zu einem höheren spirituellen Wesen zu entwickeln.

Schwuler Sex? So viele Menschen sagen, daß ich gegen Homosexualität – oder gegen ihr Ausagieren – bin. Doch ich fälle kein Urteil darüber, nicht darüber oder über irgendeine andere Wahl, die ihr trefft.

Die Menschen möchten – über *alles* – alle Arten von Werturteilen abgeben, und ich verderbe ihnen gewissermaßen den Spaß. Ich schließe mich diesen Urteilen nicht an, was ganz besonders jene außer Fassung bringt, die behaupten, daß *ich deren Urheber bin.*

Ich beobachte folgendes: Es gab einmal eine Zeit, in der die Menschen dachten, daß eine Ehe zwischen Angehörigen *verschiedener Rassen* nicht nur unratsam sei, sondern auch *gegen das Gesetz Gottes* verstoße. (Erstaunlicherweise denken manche *heute noch so.)* Sie deuteten auf die Bibel als ihren Zeugen, so wie sie es auch in Fragen hinsichtlich der Homosexualität tun.

Du meinst, es ist in Ordnung, wenn sich Angehörige verschiedener Rassen verehelichen?

DIE FRAGE IST absurd, aber nicht annähernd so absurd wie die Gewißheit mancher Menschen, daß die Antwort darauf »nein« lautet.

Sind die Fragen zur Homosexualität ebenso absurd?

DAS DARFST DU entscheiden. Ich habe kein Urteil darüber oder über sonst *irgend etwas.* Ich weiß, du wünschst, ich hätte es. Das würde euer Leben sehr viel einfacher machen. Ihr müßtet keine Entscheidungen treffen und euch keinen harten Herausforderungen stellen. Alles würde für euch entschieden. Ihr müßtet nichts weiter tun als gehorchen. Es wäre kein großartiges Leben, zumindest nicht hinsichtlich der Kreativität oder Selbst-Ermächtigung, aber was soll's … auch kein Streß.

Laß mich dir ein paar Fragen zu Sex und Kindern stellen. Ab welchem Alter ist es angemessen, Kindern zu erlauben, sich der Sexualität als einer Lebenserfahrung bewußt zu werden?

Kinder sind sich von Anbeginn ihres Lebens ihrer selbst als sexuelle Wesen – das heißt, als *menschliche Wesen* – bewußt. Viele Eltern auf eurem Planeten versuchen nun, sie davon abzuhalten, Notiz davon zu nehmen. Wenn die Hand eines Babys an die »falsche Stelle« gerät, nehmt ihr sie weg. Wenn ein kleines Kind anfängt, in seinem unschuldigen Entzücken über seinen eigenen Körper Augenblikke des Selbstvergnügens zu entdecken, reagiert ihr mit Entsetzen und gebt dieses Gefühl des Schrekkens an das Kind weiter. Das Kind fragt sich: Was hab' ich getan, was hab' ich getan? Mami ist böse; was hab' ich getan?

Für euch Menschen ging es nicht um die Frage, wann ihr eure Kinder in den Sex einführt, sondern um die Frage, wann ihr aufhört, von ihnen zu verlangen, daß sie ihre eigene Identität als sexuelle

Wesen verleugnen. Irgendwann, wenn die Kinder zwischen 12 und 17 sind, geben die meisten von euch schon den Kampf auf und sagen im wesentlichen (wenn auch natürlich nicht mit Worten – über diese Dinge sprecht ihr nicht): »Okay, jetzt kannst du zur Kenntnis nehmen, daß du Geschlechtsteile hast und sexuelle Dinge damit anstellen kannst.«

Doch da ist der Schaden bereits angerichtet. Euren Kindern wurde zehn Jahre oder länger gezeigt, daß sie sich für diese Körperteile zu *schämen* haben. Manchen wurde nicht einmal gesagt, wie man sie richtig *benennt.* Sie bekommen alles mögliche an Ausdrücken zu hören, die zum Teil schon eine gewaltige Erfindungskraft erfordern – alles, um zu vermeiden, daß ihr einfach »Penis« oder »Vagina« sagt. Nachdem so überaus klar geworden ist, daß alle Dinge, die mit *diesen* Körperteilen zu tun haben, versteckt und verleugnet werden müssen, daß über sie nicht gesprochen werden darf, gelangen eure Kinder explosionsartig in die Pubertät und haben nicht die geringste Ahnung, was da mit ihnen passiert und was sie damit anfangen sollen. Sie sind überhaupt nicht vorbereitet worden. Natürlich verhalten sie sich dann miserabel und reagieren tölpelhaft, wenn nicht völlig unangemessen, auf ihre neuesten und dringlichsten Triebe.

Das wäre nicht nötig und dient, wie ich beobachte, auch nicht euren Kindern. Viel zu viele von ihnen treten mit sexuellen Tabus, Hemmungen und Komplexen ins Erwachsenenleben ein.

In aufgeklärten oder erleuchteten Gesellschaften werden die Kinder nie entmutigt, getadelt oder »korrigiert«, wenn sie anfangen, ein frühes Vergnügen an der Natur ihres elementaren Wesens zu finden. Noch ist ihren Eltern daran gelegen, ihre eigene Sexualität – das heißt, ihre *Identität* als sexuelles Wesen – besonders zu meiden oder unbedingt zu verstecken. Nackte Körper, ob nun die der Eltern oder der Kinder oder ihrer Geschwister, werden als etwas absolut Natürliches betrachtet und behandelt, als absolut wundervoll und absolut in Ordnung – und nicht als etwas, dessen man sich schämen müßte.

Geschlechtliche Funktionen werden ebenfalls als etwas absolut Natürliches, Wundervolles und als völlig in Ordnung betrachtet und behandelt.

In manchen Gesellschaften schlafen die Eltern vor den Augen ihrer Kinder miteinander – und was könnte den Kindern ein stärkeres Gefühl für die Schönheit und das Wunder und die reine Freude und die absolute »Richtigkeit« des sexuellen Ausdrucks der Liebe vermitteln als das? Denn die Eltern sind in dem, was »richtig« oder was »falsch«

ist, ein ständiges Rollenvorbild für *alles* Verhalten, und Kinder fangen die subtilen und weniger subtilen Signale über *alles* durch das auf, was sie ihre Eltern denken, sagen und tun sehen.

Wie schon früher bemerkt, bezeichnet ihr solche Gesellschaften vielleicht als »heidnisch« oder »primitiv«, doch ist erwiesen, daß in ihnen praktisch keine Vergewaltigungen oder Verbrechen aus Leidenschaft vorkommen, Prostitution als absurd verlacht wird und sexuelle Hemmungen oder sexuelles Fehlverhalten unbekannt sind.

Während sich eine solche Offenheit gegenwärtig für eure eigene Gesellschaft nicht empfiehlt (da sie zweifellos, außer unter sehr speziellen Umständen, gesellschaftlich allzusehr geächtet würde), *ist* es doch an der Zeit, daß die sogenannten modernen Zivilisationen auf eurem Planeten etwas unternehmen, um der Repression, den Schuld- und Schamgefühlen ein Ende zu machen, die so oft den sexuellen Ausdruck und die sexuelle Erfahrung in ihrer Gesamtheit umgeben und charakterisieren.

Vorschläge? Ideen?

Hört auf, den Kindern schon von ihrem Lebensbeginn an beizubringen, daß die Dinge, die mit den ganz natürlichen Funktionen ihres Körpers zu tun haben, schändlich oder falsch sind. Hört auf, euren Kindern vorzuexerzieren, daß alles Sexuelle versteckt werden muß. Gestattet euren Kindern, die romantische Seite an *euch* zu sehen und zu beobachten. Laßt sie sehen, wie ihr euch umarmt, berührt, sanft liebkost – laßt sie sehen, daß ihre Eltern *sich lieben* und daß es etwas sehr Natürliches und Wunderbares ist, wenn sie *ihre Liebe auf körperliche Weise zeigen.* (Du wärst überrascht, wenn du wüßtest, in wie vielen Familien eine derart simple Lektion nie gelehrt wurde.)

Wenn eure Kinder anfangen, ihre eigenen sexuellen Gefühle, Neugierden und Triebe zu erforschen, dann bringt sie dazu, daß sie diese neuen und bereichernden Erfahrungen ihrer selbst mit einem Gefühl der Freude und des Feierns und nicht mit Schuldgefühlen und Scham verknüpfen.

Und hört um Himmels willen auf, eure *Körper* vor euren Kindern zu verstecken. Es ist in Ordnung, wenn sie euch bei einem Campingausflug in einem See in freier Natur oder im Swimmingpool im Garten nackt schwimmen sehen, bekommt keinen Schlaganfall, wenn sie euch unbekleidet vom Schlafzimmer ins Badezimmer gehen sehen; und hört mit diesem hektischen Bedürfnis auf, zu vertuschen, abzusperren und jede wenn auch noch so unschuldige Gelegenheit auszuschließen, die eurem Kind ermöglicht, euch als ein Wesen mit einer eigenen sexuellen Identität kennenzulernen. Kinder denken, daß ihre Eltern asexuell sind, weil ihre Eltern *sich selbst ihnen so dargestellt haben.* Dann stellen sie sich vor, daß *sie* auch so sein müssen, weil *alle Kinder ihre Eltern nachahmen.* (Therapeuten werden euch sagen, daß manche, wenn sie erwachsen sind, immer noch die größte Mühe haben, sich vorzustellen, daß ihre Eltern es tatsächlich »miteinander getrieben haben«, was diese »Kinder« – nunmehr Patienten der Therapeuten – mit Wut oder Schuldgefühl oder Scham erfüllt, weil sie natürlich den *Wunsch* haben, »es zu treiben«, und sich nicht erklären können, *was mit ihnen nicht stimmt.*

Sprecht also mit euren Kindern über Sex, lacht mit euren Kindern darüber; unterrichtet sie, erlaubt ihnen und *zeigt ihnen, wie sie* ihre Sexualität *feiern können. Das ist es,* was ihr für eure Kinder tun könnt. Und tut dies vom ersten Tag ihres Lebens an, mit dem ersten Kuß, der ersten Umarmung, der ersten Berührung, die sie von euch erhalten und die ihr gegenseitig voneinander bekommt.

Ich danke dir. *Ich danke dir.* Ich hoffte so sehr, daß du in dieses Thema etwas Sinn hineinbringen würdest. Aber noch eine letzte Frage. Wann ist es angemessen, die Kinder ganz spezifisch in die Sexualität einzuführen, mit ihnen darüber zu sprechen oder sie ihnen zu beschreiben?

Sie werden es euch sagen, wenn die Zeit gekommen ist. Jedes Kind wird das unmißverständlich klarmachen, wenn ihr wirklich beobachtet und zuhört. Es entwickelt sich übrigens mit dem Wachstum und kommt in ganz bestimmten Wachstumsschritten. Und ihr werdet wissen, wie ihr dem jeweiligen Alter angemessen mit der Sexualität eures Kindes umgehen müßt, wenn *ihr* selbst damit im reinen seid, wenn ihr eure ganzen diesbezüglichen »unerledigten Angelegenheiten« erledigt habt.

Wie gelangen wir *dahin?*

Tut, was nötig ist. Nehmt an einem Seminar teil. Nehmt therapeutische Hilfe in Anspruch. Schließt euch einer Gruppe an. Lest ein Buch. Meditiert darüber. Entdeckt einander – vor allem, entdeckt *euch gegenseitig* wieder als männlich und weiblich; entdeckt wieder eure *eigene* Sexualität, sucht sie wieder auf, gewinnt sie wieder, eignet sie euch wieder an. Feiert *sie.* Genießt *sie.* Macht *sie* euch zu eigen.

Nehmt eure eigene freudvolle Sexualität in Anspruch, dann könnt ihr euren Kindern erlauben und sie dazu ermutigen, daß sie sich ihre Sexualität zu eigen machen.

Ich möchte dir nochmals danken. Lassen wir nun die Belange der Kinder beiseite und kommen wir auf das umfassendere Thema der menschlichen Sexualität zurück. Hier muß ich dir noch eine weitere Frage stellen. Sie mag sich unverschämt oder auch frivol anhören, aber ich kann diesen Dialog nicht beenden, ohne dich das zu fragen.

Hör auf, dich zu entschuldigen, und frag einfach. Schön. Gibt es so etwas wie »zuviel Sex«?

Nein. Natürlich nicht. Aber es gibt so etwas wie zuviel Bedürfnis nach Sex.

Ich schlage folgendes vor:

Genießt alles.

Braucht nichts.

Menschen eingeschlossen?

Menschen eingeschlossen. *Vor allem* Menschen. Jemanden zu brauchen ist der schnellste Weg, eine Beziehung abzuwürgen.

Aber wir alle haben gerne das Gefühl, gebraucht zu werden.

Dann hört damit auf. Habt statt dessen gerne das Gefühl nicht gebraucht zu werden – denn das größte Geschenk, das du jemandem machen kannst, ist die Stärke und die Kraft, *dich nicht zu brauchen,* dich für nichts zu brauchen.

9

Okay, ich bin jetzt bereit, zu anderem überzugehen. Du hast versprochen, über einige umfassendere Aspekte des Lebens auf Erden zu sprechen, und seit du deine Bemerkungen über das Leben in den Vereinigten Staaten gemacht hast, wollte ich mit dir noch mehr über all das reden.

JA, GUT. ICH möchte, daß wir auf einige der wichtigsten Probleme eures Planeten eingehen. Und es gibt kein wichtigeres Thema als die Erziehung eurer Nachkommenschaft.

Wir machen das nicht gut, nicht wahr ... Ich kann es schon daran ablesen, wie du das zur Sprache bringst.

ALLES IST NATÜRLICH relativ. Nein, in Relation gesehen zu dem, was ihr deiner Aussage nach zu tun versucht, macht ihr es nicht gut. Alles, was ich hier sage, alles, was ich bislang in diese Diskussion eingebracht habe und Bestandteil dieser Aufzeichnungen ist, muß in diesen Kontext gestellt werden. Ich fälle keine Urteile über »richtig« oder »falsch«, »gut« oder »schlecht«. Ich stellte nur einfach Beobachtungen über eure *Effektivität* im Verhältnis zu dem an, was ihr deiner *Aussage nach zu tun versucht.*

Das verstehe ich.

ICH WEISS, DU sagst, daß du das verstehst. Doch die Zeit mag kommen – sogar noch bevor dieser Dialog zu Ende ist –, wo du mir vorwerfen wirst, daß ich zu streng mit euch ins Gericht gehe.

Das würde ich dir nie vorwerfen. Ich weiß es besser.

DIESES »BESSERE WISSEN« hat die Menschen nicht davon abgehalten, mich in der Vergangenheit einen richtenden Gott zu nennen.

Aber es wird mich davon abhalten.

WIR WERDEN SEHEN.

Du wolltest über Erziehung sprechen.

In der Tat. Ich beobachte, daß die meisten von euch den Sinn, den Zweck und die Funktion der Erziehung mißverstanden haben, vom Prozeß ihrer optimalen Durchführung ganz zu schweigen.

Das ist eine umfassende Aussage, und ich brauche hier etwas Hilfe.

In den meisten Fällen hat die Menschheit entschieden, daß Sinn, Zweck und Funktion der Erziehung in der Weitergabe von Wissen bestehen; daß Menschen zu erziehen bedeutet, ihnen Wissen zu vermitteln – im allgemeinen verstehen sie darunter das angesammelte Wissen der jeweiligen Familie, des Klans, des Stammes, der Gesellschaft, der Nation und der Welt.

Doch Erziehung hat sehr wenig mit Wissen zu tun.

Oh? Mit was hat sie denn zu tun?

Mit Weisheit.

Weisheit.

Ja.

Okay, ich gebe auf. Was ist der Unterschied?

WEISHEIT IST ANGEWANDTES Wissen.

Wir sollen also nicht versuchen, unserer Nachkommenschaft Wissen zu vermitteln. Wir sollen versuchen, ihr Weisheit zu übermitteln.

ERSTENS EINMAL, »VERSUCHT« nicht, irgend etwas zu tun. *Tut es.* Zweitens, vernachlässigt nicht das Wissen zugunsten der Weisheit. Das wäre fatal. Vernachlässigt andererseits auch nicht die Weisheit zugunsten des Wissens. Das wäre ebenfalls fatal. Das wäre das Ende der Erziehung. Auf eurem Planeten *ist* es bereits deren Ende.

Wir vernachlässigen die Weisheit zugunsten des Wissens?

JA, IN DEN meisten Fällen. Wie machen wir das?

IHR LEHRT EURE Kinder, was sie denken sollen, statt wie man denkt.

Erkläre das bitte.

GERNE. WENN IHR euren Kindern Wissen übermittelt, sagt ihr ihnen, was sie denken sollen. Das heißt, ihr sagt ihnen, was sie wissen sollen, was sie eurem Wunsch nach als wahr begreifen sollen.

Wenn ihr euren Kindern Weisheit übermittelt, dann sagt ihr ihnen nicht, was sie wissen sollen oder was wahr ist, sondern erklärt ihnen vielmehr, *wie sie zu ihrer eigenen Wahrheit gelangen.*

Aber ohne Wissen kann es keine Weisheit geben.

STIMMT. DESHALB HABE ich gesagt, daß ihr nicht das Wissen zugunsten der Weisheit vernachlässigen sollt. Ein gewisses Maß an Wissen muß ganz offensichtlich von einer Generation an die nächste weitergegeben werden. Doch so wenig Wissen wie möglich. Je geringer die Menge, desto besser. Laßt das Kind selbst entdecken. Merk dir: Wissen geht verloren. Weisheit wird nie vergessen.

Unsere Schulen sollten also so wenig wie möglich lehren?

EURE SCHULEN SOLLTEN ihre Prioritäten vertauschen. Gegenwärtig konzentrieren sie sich in einem Höchstmaß auf das Wissen und schenken der Weisheit ausgesprochen wenig Aufmerksamkeit. Viele Eltern empfinden einen Unterricht in kritischem Denken, in der Lösung von Problemen und in Logik als bedrohlich. Sie wollen, daß solche Themen aus dem Lehrplan gestrichen werden. Und sie tun gut daran, wenn sie ihre Lebensweise schützen wollen. Denn Kinder, denen eine Entwicklung ihrer eigenen kritischen Denkprozesse zugestanden wird, werden sich sehr wahrscheinlich von den moralischen und sittlichen Normen und der ganzen Lebensart ihrer Eltern *abkehren.*

Um eure Lebensart zu schützen, müßt ihr ein Erziehungssystem aufbauen, das sich auf die Entwicklung des Gedächtnisses und nicht der Fähigkeiten des Kindes gründet. Kindern wird beigebracht, sich an Fakten und Fiktionen zu *erinnern* – Fiktionen, die jede Gesellschaft in bezug auf sich selbst etabliert hat –, statt daß ihnen die Fähigkeit vermittelt wird, ihre eigene Wahrheit zu entdekken und zu erschaffen.

Lehrprogramme, die den Kindern beibringen, wie sie *Fähigkeiten* und *Fertigkeiten* statt des Gedächtnisses entwickeln können, werden rundum von jenen verlacht, die sich einbilden, zu wissen, was ein Kind lernen muß. Doch was ihr eure Kinder gelehrt habt, hat eure Welt zu *Ignoranz* geführt, statt diese aufzuheben.

Unsere Schulen lehren keine Fiktionen, sie lehren Fakten.

Jetzt lügst du dir selbst etwas vor, genauso wie ihr eure Kinder anlügt.

Wir lügen unsere Kinder an?

Natürlich macht ihr das. Nimm irgendein Geschichtsbuch zur Hand und schau's dir an. Eure Geschichte wird von Menschen geschrieben, die wollen, daß ihre Kinder die Welt unter einem bestimmten Blickwinkel sehen. Jeder Versuch, die Geschichtsschreibung um eine umfassendere Sicht hinsichtlich der Fakten zu erweitern, wird höhnisch als »revisionistisch« abgetan. Ihr erzählt euren Kindern nicht die Wahrheit über eure Vergangenheit, damit sie nicht erkennen, wie ihr wirklich seid.

In den Vereinigten Staaten wird die Geschichte meist aus der Sicht jenes Segments eurer Gesellschaft geschrieben, das ihr als weiß, angelsächsisch, protestantisch und männlich charakterisiert. Wenn Frauen, Afroamerikaner oder andere Angehörige einer Minderheit sagen: »He, warte mal. So ist das nicht passiert. Ihr habt hier eine ganze Menge ausgelassen«, zuckt ihr zusammen und kreischt und verlangt, daß diese »Revisionisten« mit ihrem Versuch aufhören, eure Schulbücher ändern zu wollen. Ihr *wollt nicht,* daß eure Kinder erfahren, wie es *wirklich* passiert ist. Ihr wollt, daß sie wissen, wie ihr aus eurer Sicht das Geschehene *rechtfertigt.* Soll ich dir ein Beispiel dafür nennen?

Bitte.

In den Vereinigten Staaten lehrt ihr eure Kinder nicht alles, was es über die Entscheidung eures Landes zu wissen gibt, Atombomben auf zwei japanische Städte abzuwerfen, wodurch Hunderttausende von Menschen getötet oder verstümmelt wurden. Vielmehr vermittelt ihr ihnen die Fakten so, wie ihr sie seht – und wie ihr wollt, daß eure Kinder sie sehen.

Wenn der Versucht gemacht wird, diese Sichtweise durch eine andere Sichtweise – in diesem Fall die der Japaner – zu ergänzen und zu objektivieren, brüllt und tobt und geifert und wütet ihr und hüpft auf und ab und verlangt, daß die Schulen noch *nicht einmal daran denken,* derartige Informationen in ihre historische Darstellung vom Ablauf dieses wichtigen Ereignisses einzubeziehen. Von daher habt ihr gar nicht Geschichte, sondern Politik unterrichtet.

Geschichte sollte einen genauen und vollständigen Bericht über das liefern, was tatsächlich passiert ist. In der Politik geht es immer um jemandes *Sichtweise* von einem Geschehen.

Geschichte enthüllt, Politik rechtfertigt. Geschichte deckt auf, erzählt alles. Politik deckt zu, spricht nur von einer Seite.

Politiker hassen ehrlich geschriebene Geschichte. Und ehrlich geschriebene Geschichte spricht ihrerseits auch nicht besonders gut von den Politikern.

Doch ihr tragt »des Kaisers neue Kleider«, denn letztlich durchschauen euch eure Kinder. Kinder, die kritisch zu denken gelehrt wurden, schauen sich eure Geschichte an und sagen: »Meine Güte, was sich doch meine Eltern und die ältere Generation vorgemacht haben.« Das könnt ihr nicht tolerieren, also trommelt ihr es aus ihnen heraus. Ihr wollt nicht, daß eure Kinder über die grundlegendsten Fakten informiert werden. Ihr wollt, daß sie sich an *eure* Fakten halten.

Ich glaube, da übertreibst du. Ich denke, hier bist du ein bißchen zu weit gegangen.

Tatsächlich? Die meisten Menschen in eurer Gesellschaft wollen doch nicht einmal, daß ihre

Kinder über die grundlegendsten Fakten des *Lebens* aufgeklärt werden. Die Leute drehten durch, als die Schulen einfach anfingen, die Kinder zu lehren, wie der menschliche Körper funktioniert. Heute darf den Kinder nicht erklärt werden, wie Aids übertragen wird oder wie eine Übertragung *vermieden* werden kann. Außer es wird ihnen aus einer ganz bestimmten *Sichtweise* heraus erklärt, dann ist es in Ordnung. Aber ihnen einfach die Fakten vermitteln und sie dann selbst entscheiden lassen? Nur über eure Leiche.

Kinder sind noch nicht bereit, in diesen Dingen selbst zu entscheiden. Sie müssen richtig angeleitet werden.

HAST DU MAL letzthin einen Blick auf eure Welt geworfen?

Was ist damit?

So HABT IHR eure Kinder in der Vergangenheit angeleitet.

Nein, so haben wir sie mißgeleitet. Wenn sich die Welt heute in einem miserablen Zustand befindet – und das tut sie in vielerlei Hinsicht –, dann nicht, weil wir versucht haben, unsere Kinder die *alten* Werte zu lehren, sondern weil wir zugelassen haben, daß ihnen all dieses »überspannte neumodische« Zeug beigebracht wird.

DAS GLAUBST DU wirklich, nicht wahr?

Da hast du verdammt recht. Das glaube ich wirklich! Wenn wir unseren Kindern die guten alten Grenzen gesetzt hätten, statt sie mit all diesem Quatsch von »kritischem Denken« zu füttern, wären wir alle heute viel besser dran. Wenn wir den sogenannten »Sexualunterricht« aus den Klassenzimmern herausgehalten und zu Hause belassen hätten, wo er hingehört, würden wir es heute nicht erleben, daß Teenager Kinder bekommen und 17-jährige alleinerziehende Mütter zum Sozialamt gehen und daß die Welt aus den Fugen gerät. Wenn wir darauf bestanden hätten, daß die Jugend nach *unseren* Moralvorstellungen lebt, statt hinzugehen und sich ihre eigenen zu schaffen, hätte sich unsere starke, energiegeladene Nation nicht in ein jammervolles Abziehbild ihres früheren Selbst verwandelt.

MEINST DU.

Und noch eines. Steh du nicht da und sag mir, daß wir uns plötzlich für das, was wir in Hiroshima und Nagasaki taten, im »Unrecht« fühlen sollen. *Wir haben den Krieg beendet.* Wir haben Tausende von Leben gerettet. Auf *beiden* Seiten. Das war der Preis des Krieges. Niemand mochte diese Entscheidung, aber sie mußte getroffen werden.

MEINST DU.

Ja, das meine ich. Du bist genauso wie der ganze Rest dieser kommunistisch angehauchten Liberalen. Du willst, daß wir unsere Geschichtsauffassung revidieren. Du willst, daß wir uns so revidieren, daß wir überhaupt nicht mehr existieren. Dann habt ihr Liberale endlich freie Bahn; könnt die Welt übernehmen; eure dekadenten Gesellschaften errichten; den Reichtum neu verteilen. *Alle Macht dem Volk* und all diesen Scheiß. Nur daß uns das nie irgendwohin gebracht hat. Was wir brauchen, ist die Rückkehr zur Vergangenheit, zu den Werten unserer Vorväter. Das ist es, was wir brauchen!

BIST DU JETZT fertig?

Ja, ich bin fertig. Wie war ich?

ZIEMLICH GUT. DAS war wirklich gut.

Naja, wenn man sich ein paar Jahre lang mit Radiotalkshows befaßt hat, kommt einem das locker über die Lippen.

SO DENKEN ALSO die Leute auf eurem Planeten, wie?

Darauf kannst du wetten. Und nicht nur in den Vereinigten Staaten. Du könntest auch ein anderes Land und einen anderen Krieg nehmen, irgendeine militärische Offensive irgendeiner Nation zu irgendeinem historischen Zeitpunkt dafür einsetzen. Es spielt keine Rolle. Jeder denkt, daß er recht hat. Jeder weiß, daß der *andere* im Unrecht ist. Vergiß Hiroshima, nimm statt dessen Berlin. Oder Bosnien.

Jedermann weiß auch, daß die alten Werte funktioniert haben. Jedermann weiß, daß die Welt zum Teufel geht. Nicht nur in den Vereinigten Staaten. Überall. Überall auf dem Planeten schreit man nach einer Rückbesinnung auf die alten Werte und nach einer Rückkehr zum Nationalismus.

ICH WEISS.

Und ich habe hier versucht, diesem Gefühl, dieser Besorgnis, dieser Wut Ausdruck zu verleihen.

DAS HAST DU gut gemacht. Hast mich beinahe überzeugt.

Nun? Was sagst du jenen, die tatsächlich so denken?

ICH SAGE: DENKT ihr wirklich, daß die Dinge vor 30,40 oder 50 Jahren besser waren? Ich sage: Das Gedächtnis ist schwach, ihr erinnert euch an das Gute und nicht an das Schlimmste. Das ist natürlich, das ist normal. Aber laßt euch nicht täuschen. Denkt ein bißchen *kritisch* und *erinnert* euch nicht nur an das, was auch andere gelten lassen wollen.

Bildet ihr euch, um bei unserem Beispiel zu bleiben, wirklich ein, es sei absolut notwendig gewesen, die Atombombe auf Hiroshima abzuwerfen? Was sagen eure amerikanischen Historiker zu den vielen Berichten derer, die behaupten, mehr über das zu wissen, was wirklich geschah, und wonach das japanische Kaiserreich den Vereinigten Staaten im geheimen seine Bereitschaft zur Beendigung des Krieges signalisiert hatte, *bevor* die Bombe abgeworfen wurde? Eine wie große Rolle spielte bei dieser Entscheidung die Rache für das schreckliche Geschehen von Pearl Harbor? Und warum war, wenn ihr die Notwendigkeit dieser Bombe auf Hiroshima akzeptiert, eine zweite Bombe nötig?

Es könnte natürlich sein, daß eure eigene Darstellung all dieser Dinge korrekt ist. Es könnte sein, daß die amerikanische Sichtweise die Dinge so wiedergibt, wie sie sich tatsächlich abgespielt haben. Um diesen Punkt geht es hier nicht. Hier geht es darum, daß euer Erziehungssystem kein kritisches Denken zu diesem Thema – oder zu vielen anderen Themen, was das anbelangt – zuläßt.

Könnt ihr euch vorstellen, was mit einem Lehrer der Sozialwissenschaft oder Geschichte in Iowa passieren würde, wenn er einer Klasse die oben erwähnten Fragen stellte und seine Schüler aufforderte und ermutigte, diese Themen in ihrer ganzen Tiefe zu ergründen und zu erforschen und ihre eigenen Schlußfolgerungen zu ziehen?

Das ist der Punkt! Ihr *wollt* nicht, daß eure Jugend ihre eigenen Schlußfolgerungen zieht. Ihr wollt, daß sie *zu denselben Schlußfolgerungen gelangt wie ihr.* Auf diese Weise verdammt ihr sie dazu, die Fehler zu wiederholen, zu denen *euch* eure Schlußfolgerungen geführt haben.

Aber was ist mit den Aussagen so vieler Menschen

zu den alten Werten und dem heutigen Zerfall unserer Gesellschaft? Was ist mit dieser unglaublichen Zunahme von Teenagermüttern oder vom Sozialamt abhängigen Müttern oder damit, daß die Welt aus den Fugen gerät?

EURE WELT IST aus den Fugen geraten. Da stimme ich zu. Aber eure Welt geriet nicht aus den Fugen aufgrund dessen, was ihr eure Schulen eure Kinder habt lehren lassen. Sie geriet aus den Fugen aufgrund dessen, was ihr sie nicht habt lehren lassen.

Ihr habt nicht gestattet, daß eure Schulen sie lehren, daß die Liebe alles ist, was es gibt. Ihr habt nicht erlaubt, daß eure Schulen über die bedingungslose Liebe sprechen.

Zum Teufel, wir erlauben ja nicht einmal, daß in unseren *Kirchen* darüber gesprochen wird.

DAS IST RICHTIG. Und ihr werdet nicht zulassen, daß man euren Kindern beibringt, wie sie sich selbst und ihren Körper feiern, ihre Menschlichkeit und ihre wunderbare sexuelle Persönlichkeit. Und ihr werdet nicht zulassen, daß eure Kinder erfahren, daß sie in erster Linie und vorrangig Geister sind, die einen Körper bewohnen. Ihr behandelt eure Kinder ja auch nicht als spirituelle Wesen, die sich in einem Körper inkarnieren.

In Gesellschaften, in denen offen über die Sexualität gesprochen und freimütig diskutiert wird, wo sie auf freudvolle Weise erklärt und erlebt wird, gibt es praktisch keine Sexualverbrechen, nur eine sehr geringe Anzahl von unerwünschten Schwangerschaften und keine »illegitimen« Kinder. In hochentwickelten Gesellschaften werden *alle* Geburten als ein Segen betrachtet, und es wird für das Wohl aller Mütter und aller Kinder gesorgt. Die Gesellschaft würde es nicht anders haben wollen.

In Gesellschaften, in denen Geschichte nicht den Ansichten der Stärksten und Mächtigsten gemäß verbogen wird, werden die Fehler der Vergangenheit offen eingestanden und nie wiederholt, und *einmal ist genug* für alles eindeutig selbstzerstörerische Verhalten.

In Gesellschaften, in denen kritisches Denken, Möglichkeiten der Problemlösung und dem Leben dienliche Kenntnisse und Fähigkeiten gelehrt werden, statt daß Fakten einfach nur auswendig gelernt werden, werden auch sogenannte »gerechte« Aktionen der Vergangenheit einer äußerst kritischen Prüfung unterzogen. Nichts wird nur aufgrund des äußeren Scheins akzeptiert.

Wie würde das funktionieren? Nehmen wir unser Beispiel des Zweiten Weltkriegs. Wie würde ein Schulsystem, das dem Leben dienliche Kenntnisse und Fähigkeiten statt bloße Fakten lehrt, an diese historische Episode von Hiroshima herangehen?

Eure Lehrer würden ihren Schülern genau beschreiben, was da passiert ist. Sie würden alle Fakten – *alle* Fakten –, die zu diesem Ereignis geführt haben, einbeziehen. Sie würden sich über die Ansichten der Historiker auf *beiden* Seiten informieren, da ihnen klar ist, daß *alles* unter mehr als einem Blickwinkel zu betrachten ist. Sie würden dann ihre Schüler nicht dazu auffordern, die Fakten dieser Angelegenheit auswendig zu lernen. Vielmehr würden sie sie herausfordern und sagen: „Nun habt ihr alles über die Geschichte gehört. Ihr seid über alles informiert, was sich davor und danach abgespielt hat. Wir haben euch alle »Informationen« über diese Angelegenheit gegeben, derer wir habhaft werden konnten. Zu welcher »Weisheit« gelangt ihr nun aufgrund dieser ›Kenntnisse‹? Welche Lösungen würdet ihr finden, wenn ihr ausgewählt würdet, die Probleme zu lösen, mit denen man sich damals konfrontiert sah und die mit dem Abwerfen der Bombe gelöst wurden? Könnt ihr euch einen besseren Weg denken?«

Oh, *sicher.* Das ist einfach. Jeder kann auf *diese Weise* mit Antworten aufwarten – wenn er den Vorteil der *Rückschau* hat. Jeder kann uns über die Schulter schauen und sagen: »Ich hätte es anders gemacht.«

WARUM MACHT IHR es dann nicht?

Wie bitte?

ICH SAGTE, WARUM macht ihr es dann nicht? Warum habt ihr nicht über eure Schulter geblickt, aus der Vergangenheit *gelernt* und es anders gemacht? Ich sage dir, warum. Wenn ihr zulaßt, daß sich eure Kinder eure Vergangenheit anschauen und sie kritisch analysieren – wenn ihr es von ihnen als Bestandteil ihrer Erziehung tatsächlich verlangtet –, würdet ihr das Risiko eingehen, daß sie mit euch *nicht darin einig* sind, *wie ihr die Dinge macht.*

Sie werden natürlich ohnehin anderer Meinung sein. Ihr wollt nur nicht allzuviel von dieser anderen Meinung in den Klassenzimmern zulassen. Also müssen sie auf die Straße gehen. Transparente schwenken. Einberufungsbefehle zerreißen. Büstenhalter und Fahnen verbrennen. Tun, was immer ihnen möglich ist, um eure Aufmerksamkeit zu erlangen, euch dazu zu bringen, daß ihr die Augen aufmacht. Eure jungen Menschen haben euch zugebrüllt: »Es muß einen besseren Weg geben!« Aber ihr hört sie nicht. Ihr *wollt* sie nicht hören. Und ganz sicher wollt ihr sie nicht dazu ermuntern, in der *Schule* kritisch über die Fakten nachzudenken, mit denen ihr sie vollstopft.

Kapiert es einfach, sagt ihr zu ihnen. Kommt nicht und sagt, daß wir unrecht getan haben. *Kapiert* einfach, daß wir das *Richtige* gemacht haben.

So erzieht ihr eure Kinder. Das nennt ihr Erziehung.

Aber da gibt es die, die sagen, daß es die jungen Leute und ihre verrückten, verschrobenen, liberalen Ideen sind, die dieses Land und die Welt den Bach haben hinuntergehen lassen. Sie zum Teufel geschickt haben. Sie an den Rand des Abgrunds gebracht haben. Unsere wertorientierte Kultur zerstört und sie durch eine Mentalität des »Tu-was-immer-du-tun-willst, was-immer-sich-gut-anfühlt« ersetzt haben, die unserer ganzen Lebensweise ein Ende zu machen droht.

Die jungen Leute zerstören tatsächlich eure Lebensweise. Die jungen Leute haben das *immer* getan. Eure Aufgabe ist es, sie dazu zu ermuntern, statt sie zu entmutigen.

Es sind nicht eure jungen Leute, die die Regenwälder vernichten. Sie bitten euch, *damit aufzuhören.* Es sind nicht eure jungen Leute, die die Ozonschicht zerstören. Sie bitten euch, *damit aufzuhören.*

Es sind nicht eure jungen Leute, die überall auf der Welt die Armen unter miesesten Arbeitsbedingungen in den Betrieben ausbeuten. Sie bitten euch, *damit aufzuhören.* Es sind nicht eure jungen Leute, die euch zu Tode besteuern und dann das Geld für Kriege und Kriegsmaschinerie ausgeben. Sie bitten euch, *damit aufzuhören.*

Es sind nicht eure jungen Leute, die die Probleme der Schwachen und Unterdrückten ignorieren, die jeden Tag auf der Welt Hunderte von Menschen verhungern lassen, obwohl es mehr als genug gibt, um jeden Menschen zu ernähren. Sie bitten euch, *damit aufzuhören.* Es sind nicht eure jungen Leute, die eine Politik der Täuschung und Manipulation betreiben. Sie bitten euch, *damit aufzuhören.*

Es sind nicht eure jungen Leute, die sexuell unterdrückt sind, sich ihres eigenen Körpers schämen und genieren und diese Scham und Verlegenheit an ihre Kinder weitergeben. Sie bitten euch, *damit aufzuhören.* Es sind nicht eure jungen Leute, die ein Wertsystem etabliert haben, wonach »Macht gleich Recht« ist, und die eine Welt aufgebaut haben, die ihre Probleme mit Gewalt löst. Sie bitten euch, *damit aufzuhören.* Nein, sie bitten euch nicht … sie *flehen euch an.*

Doch es gibt auch junge Leute, die gewalttätig sind! Junge Leute, die sich Banden anschließen und sich gegenseitig umbringen! Junge Leute, die sich nicht um Recht und Ordnung scheren – um *keinerlei* Art von Ordnung. Junge Menschen, die uns zum *Wahnsinn* treiben!

WENN DIE RUFE und Bitten der jungen Menschen, die Welt zu verändern, nicht gehört und beachtet werden; wenn sie sehen, daß ihre Sache verloren ist – daß ihr es auf eure Weise macht, ganz egal, was kommt –, werden junge Leute, die nicht dumm sind, das Nächstbeste tun. Wenn sie gegen euch nicht ankommen, dann werden sie so wie ihr.

Eure jungen Leute sind dabei, so wie ihr zu werden. Wenn sie gewalttätig sind, dann weil ihr gewalttätig seid. Wenn sie materialistisch sind, dann weil ihr materialistisch seid. Wenn sie sich verrückt benehmen, dann weil ihr euch verrückt benehmt. Wenn sie mit der Sexualität manipulativ, unverantwortlich, schändlich umgehen, dann weil sie sehen, daß ihr dasselbe macht. Der einzige

Unterschied zwischen den jungen und den älteren Menschen ist der, daß die jungen Leute das, was sie tun, offen tun.

Ältere Menschen verstecken ihr eigentliches Verhalten. Sie denken, junge Leute könnten es nicht sehen. Doch die jungen Menschen sehen alles. Ihnen bleibt nichts verborgen. Sie sehen die Heuchelei der Älteren und versuchen verzweifelt, das zu ändern. Und nachdem sie es versucht haben und gescheitert sind, sehen sie keine andere Möglichkeit, als sie zu imitieren. Hier irren sie sich, aber sie sind es *nie anders gelehrt worden.* Es wurde ihnen nicht gestattet, die Taten der älteren Generation kritisch zu analysieren. Es wurde ihnen nur gestattet, sie auswendig zu lernen.

Was du auswendig lernst, dir einprägst, das wird dir schließlich zum Denkmal und zum Vorbild.

Wie sollten wir also unsere jungen Leute erziehen?

Erstens, behandelt sie als Geistwesen. Sie sind Geistwesen, die in einen physischen Körper eintreten. Und das ist nicht leicht für ein Geistwesen; es ist nicht leicht, sich daran zu gewöhnen. Es ist sehr eng, sehr einschränkend. Das Kind wird also aufschreien, weil es sich plötzlich so begrenzt findet. Hört diesen Aufschrei. Versteht ihn. Und gebt euren Kindern sosehr wie möglich das Gefühl von »Unbegrenztheit«.

Zweitens, führt sie mit Sanftheit und Güte und Achtsamkeit in die Welt ein, die ihr erschaffen habt. Achtet sorgsam darauf, was ihr in ihren Gedächtnisspeicher eingebt. Kinder erinnern sich an alles, was sie sehen, an alles, was sie erleben. Warum gebt ihr euren Kindern in dem Moment, in dem sie aus dem Mutterschoß geboren werden, einen Klaps? Denkt ihr wirklich, das sei die einzige Möglichkeit, ihren Motor in Gang zu setzen? Warum nehmt ihr die Babys nur Minuten nachdem sie von der einzigen Lebensform getrennt wurden, die sie in ihrer bisherigen Existenz kannten, von ihren Müttern weg? Kann das Maßnehmen und Wiegen und Stupsen und Pieksen nicht noch einen Moment warten, bis das Neugeborene die Sicherheit und den Trost dessen, *was ihm Leben gegeben hat,* erfahren hat? Warum laßt ihr zu, daß zu den frühesten Bildern, denen euer Kind ausgesetzt wird, Bilder von Gewalttätigkeit gehören? Wer hat euch erzählt, daß das für Kinder gut ist? Und warum versteckt ihr Bilder der Liebe?

Warum lehrt ihr eure Kinder, sich für ihren eigenen Körper und seine Funktionen zu schämen und zu genieren, indem ihr eure eigenen Körper vor ihnen abschirmt und ihnen sagt, daß sie sich nie selbst in einer Weise berühren und betasten dürfen, die ihnen Vergnügen bereitet? Was für Botschaften über Vergnügen übermittelt ihr ihnen? Und welche Lektionen lehrt ihr sie über den Körper?

Warum steckt ihr eure Kinder in Schulen, in denen konkurrierendes Verhalten erlaubt, ja geradezu ermuntert wird, wo jene belohnt werden, die am »besten« sind und am »meisten« lernen, wo »Leistung« gut benotet wird und diejenigen, die in ihrem eigenen Tempo voranschreiten, kaum toleriert werden? Was lernen eure Kinder daraus?

Warum unterrichtet ihr eure Kinder nicht in Bewegung und Musik, lehrt sie nicht, Freude an Kunst, am Geheimnis der Märchen und an den Wundern des Lebens zu finden? Warum bringt ihr nicht nach außen, was sich ganz natürlich *im* Kind findet, statt etwas in das Kind hineinzustekken, das für es unnatürlich ist?

Und warum erlaubt ihr nicht, daß eure jungen Menschen lernen, kritisch zu denken, Probleme zu lösen und schöpferisch zu sein, das Instrumentarium ihrer eigenen Intuition und ihres tiefsten inneren Wissens zu nutzen, statt sich der Regeln und auswendig gelernter Systeme und Schlußfolgerungen einer Gesellschaft zu bedienen, die sich selbst bereits bewiesen hat, daß sie völlig unfähig ist, sich über diese Methoden weiterzuentwickeln, sie aber dennoch weiterhin anwendet?

Und schließlich, lehrt sie Gedanken und Ideen, nicht Fachwissen.

Entwerft einen neuen Lehrplan und baut ihn um drei Grundbegriffe herum auf:

Bewußtheit – Ehrlichkeit – Verantwortungsgefühl

Lehrt eure Kinder von klein auf, was es mit diesen Begriffen, mit diesen Grundgedanken auf sich hat. Laßt sie bis zum letzten Schultag in allem deutlich werden. Gründet euer gesamtes Erziehungssystem auf diese Grundbegriffe. Laßt alle Unterweisung tief in ihnen verwurzelt sein.

Ich weiß nicht, was das heißt.

Es HEISST, DASS alles, was ihr lehrt, aus diesen Grundgedanken erwächst.

Kannst du das näher erläutern?

ALLE GESCHICHTEN, ERZÄHLUNGEN und Lehrstoffe von euren Fibeln bis hin zu euren anspruchsvollsten Lehrbüchern würden sich um diese Grundgedanken drehen. Das heißt, es würde sich um Geschichten über Bewußtheit und Gewahrsein handeln, um Geschichten, die mit Ehrlichkeit und mit Verantwortungsgefühl zu tun haben. Eure Kinder würden in diese Grundbegriffe eingeführt, sie würden ihnen eingepflanzt, sie würden mit ihnen zutiefst vertraut gemacht werden.

Auch Aufsätze, die sie zu schreiben haben, würden sich um diese Grundbegriffe und andere damit verbundene Themen drehen, in dem Maße, wie die Kinder ihre Fähigkeit des Selbstausdrucks erweitern.

Auch rechnerische Fähigkeiten würden innerhalb dieses Kontexts gelehrt werden. Arithmetik und Mathematik sind nichts Abstraktes, sondern elementare Werkzeuge des Universums, um ein Leben zu leben. Der Unterricht in allen rechnerischen Fähigkeiten würde im Kontext einer umfassenderen Lebenserfahrung erfolgen, und zwar so, daß die Aufmerksamkeit konzentriert auf diese Grundbegriffe und ihre Ableitungen gerichtet wird.

Was sind das für »Ableitungen«?

Sie ergeben sich sozusagen als »Nebenprodukte«. Das ganze Erziehungssystem kann sich auf diese Nebenprodukte gründen, die ihrerseits die Fächer eures gegenwärtigen Lehrplanes, in denen im Grunde nur Fakten gelehrt werden, ersetzen.

Zum Beispiel?

LASS UNS MAL unsere Vorstellungskraft einsetzen. Nenn mir einige Grundbegriffe oder Prinzipien, die dir im Leben wichtig sind.

Ah … nun, ich würde sagen … Ehrlichkeit, wie du gesagt hast.

JA, WEITER. DAS ist ein Grundbegriff.

Und, äh … Fairneß. Das ist für mich ein wichtiger Begriff.

GUT. NOCH IRGENDWELCHE andere?

Andere nett zu behandeln. Das gehört dazu. Ich weiß nicht, wie ich das in einen Begriff fassen soll.

MACH WEITER. LASS die Gedanken einfach fließen.

Gut miteinander auskommen. Tolerant sein. Andere nicht verletzen. Andere als gleichwertig ansehen. Das sind alles Dinge, die ich hoffe, meinen Kindern beibringen zu können.

GUT. EXZELLENT! MACH weiter.

Äh … an sich selbst glauben. Das ist gut. Und, hm … warte, warte, da kommt was … ja, das ist es: den Weg in Würde gehen. Ja, ich glaube, so würde ich es benennen. Ich weiß auch nicht, wie ich das in einen besseren Begriff fassen kann, aber es hat damit zu tun, welche Haltung man im Leben bewahrt und wie man anderen und dem Weg, den sie gehen, Achtung entgegenbringt.

DAS SIND GUTE Vorschläge. Das sind alles gute Ideen. Du denkst jetzt wirklich ernsthaft nach. Und es gibt noch viele andere solche Grundgedanken und Prinzipien, die alle Kinder zutiefst verstehen müssen, wenn sie sich weiterentwickeln und zu ganzheitlichen menschlichen Wesen heranwachsen sollen. Doch diese Dinge lehrt ihr nicht in euren Schulen. Diese Dinge, von denen wir jetzt sprechen, sind die wichtigsten Dinge im Leben, aber ihr unterrichtet sie nicht in der Schule. Ihr lehrt nicht, was es heißt, ehrlich zu sein. Ihr lehrt nicht, was Verantwortungsgefühl bedeutet. Ihr lehrt nicht, was es heißt, sich der Gefühle anderer Menschen bewußt zu sein und den Weg unserer Menschen zu respektieren.

Ihr sagt, es sei die Aufgabe der Eltern, diese Dinge zu lehren. Doch Eltern können nur das weitergeben, was an sie weitergegeben worden ist. Denn die Kinder werden von den Sünden der Väter heimgesucht. Also lehrt ihr in eurem Zuhause dasselbe Zeug, das euch eure Eltern in ihrem Zuhause beigebracht haben.

Und? Was ist daran falsch?

Wie ich dich schon wiederholte Male fragte: Hast du letzthin mal einen Blick auf die Welt geworfen?

Du bringst uns immer wieder auf diesen Punkt zurück. Lenkst unseren Blick immer wieder darauf. Aber das ist nicht alles unsere Schuld. Wir können nicht für den Zustand der ganzen Welt verantwortlich gemacht werden.

Das ist keine Frage der Schuldzuweisung, es ist eine Frage der Wahl. Und wenn ihr nicht für die Entscheidungen verantwortlich seid, die die

Menschheit getroffen hat und *weiterhin* trifft, wer dann?

Wir können uns nicht selbst die Verantwortung für *alles* dies zuschreiben!

ICH SAGE DIR dies: Solange ihr nicht bereit seid, die Verantwortung für alles dies zu übernehmen, *könnt ihr nichts an irgend etwas ändern.*

Ihr könnt nicht ständig sagen, daß die andern das getan haben und daß *sie* das tun und wenn nur *sie* es richtig machen würden! Erinnere dich an den wundervollen Spruch von Pogo, der Figur in Walt Kellys Comicstrip, und vergiß ihn nie: *»Wir haben den Feind getroffen, und dieser Feind sind wir.«*

Wir haben Hunderte von Jahren immer wieder den gleichen Fehler gemacht, nicht wahr …

TAUSENDE VON JAHREN, mein Sohn. Ihr habt Tausende von Jahren die gleichen Fehler gemacht. Die Menschheit hat sich seit der Zeit der Höhlenmenschen in ihren elementarsten Instinkten nicht viel weiterentwickelt. Doch jeder Versuch, das zu ändern, stößt auf Hohn und Spott. Auf jeden Aufruf, sich eure Werte anzuschauen und sie vielleicht sogar umzustrukturieren, wird mit Angst und dann mit Wut reagiert. Und jetzt kommt da der Gedanke von mir, doch tatsächlich höhere Prinzipien und Grundbegriffe in den *Schulen* zu lehren. Junge, Junge, jetzt begeben wir uns wirklich auf dünnes Eis.

Doch in hochentwickelten Gesellschaften wird genau das getan.

Aber das Problem ist, daß nicht alle Menschen sich auf die inhaltliche Bedeutung dieser Grundbegriffe einigen können. Deshalb können wir sie in unseren Schulen nicht lehren. Die Eltern drehen durch, wenn du versuchst, diese Dinge in den Lehrplan einzuführen. Sie sagen, daß du »Werte« unterrichtest und daß die Schule nicht der Ort dafür ist.

SIE IRREN SICH! Wie ich schon sagte, ausgehend davon, was deiner Aussage nach die Menschheit zu tun versucht, nämlich eine bessere Welt aufzubauen, *irren* sie sich. Die Schulen sind *genau* der Ort für solche Unterweisungen. Und zwar *weil* die Schulen von den Vorurteilen der Eltern getrennt sind. *Weil* die Schulen von den vorgefertigten Ansichten der Eltern unabhängig sind. Ihr habt *gesehen,* was es für Folgen für euren Planeten hatte, daß die Eltern ihre Werte an ihre Kinder weitergaben. Euer Planet ist ein *Schlamassel.*

Ihr versteht die elementarsten Grundgedanken und Prinzipien zivilisierter Gesellschaften nicht.

Ihr wißt nicht, wie ihr Konflikte gewaltlos lösen könnt.

Ihr wißt nicht, wie man ohne Angst lebt.

Ihr wißt nicht, wie man ohne eigensüchtiges Interesse handelt.

Ihr wißt nicht, wie man bedingungslos liebt. Das sind elementare – *elementare* – Voraussetzungen, und ihr seid noch nicht einmal ansatzweise zu deren vollem Verständnis gelangt, ganz zu schweigen davon, daß ihr sie eingeführt hättet ... nach *Tausenden und Abertausenden von Jahren.*

Gibt es irgendeinen Weg aus diesem Schlamassel?

JA! ER IST in euren Schulen zu finden! In der Erziehung eurer jungen Leute! Eure Hoffnung liegt bei der nächsten Generation und der folgenden! Aber ihr müßt aufhören, sie mit den Methoden der *Vergangenheit* zu knebeln. Diese Methoden haben nicht funktioniert. Sie haben euch nicht dahin gebracht, wohin sie euch bringen sollten. Aber wenn ihr nicht aufpaßt, werdet ihr genau dahin gelangen, worauf ihr schon zusteuert!

Also *haltet ein!* Kehrt endlich um! Setzt euch gemeinsam hin und sammelt eure Gedanken. Schafft euch die großartigste Vision aller großartigen Visionen, die ihr jemals von euch als Menschengeschlecht hattet. Nehmt dann die Werte und Grundgedanken und Prinzipien, die eine solche Vision unterstützen und fördern, und *lehrt sie überall in euren Schulen.*

Warum nicht Kurse geben wie zum Beispiel …

– Verständnis von Macht
– Friedliche Konfliktlösung
– Elemente liebender Beziehungen
– Persönlichkeit und Selbstschöpfung
– Körper, Geist und Seele: Wie sie funktionieren
– Der Umgang mit Kreativität
– Das eigene Selbst feiern, andere wertschätzen
– Freudvoller Ausdruck der Sexualität
– Fairneß
– Toleranz
– Unterschiede und Gleichheiten
– Ethische Ökonomie
– Kreatives Bewußtsein und Geisteskraft
– Bewußtheit und Wachsamkeit
– Ehrlichkeit und Verantwortungsgefühl
– Sichtbarkeit und Transparenz
– Wissenschaft und Spiritualität

Viel davon *wird* schon jetzt unterrichtet. Wir nennen es Gesellschafts- oder Gemeinschaftskunde.

Ich spreche nicht von einer zweitägigen Unterrichtseinheit innerhalb eines Faches. Ich spreche von *gesonderten Kursen* zu jedem dieser Themen. Ich spreche von einer vollständigen Korrektur eurer Lehrpläne für die Schulen. Ich spreche von einem auf Werte gegründeten Lehrplan, der weitgehend auf die Vermittlung von Fakten ausgerichtet ist.

Ich spreche davon, daß ihr die Aufmerksamkeit der Kinder so sehr auf das Verständnis dieser Grundgedanken und der theoretischen Strukturen, die um ihr Wertsystem aufgebaut werden können, richtet, wie ihr sie derzeit auf die Daten und Fakten und Statistiken lenkt.

In den hochentwickelten Gesellschaften eurer Galaxis und eures Universums (Gesellschaften, über die ich spezifischer in Band 3 sprechen werde), werden die Nachkommen schon von Kindesbeinen an über Lebensprinzipien unterrichtet. Was ihr »Fakten« nennt, die in jenen Gesellschaften für weitaus weniger wichtig gehalten werden, wird erst sehr viel später gelehrt.

Auf eurem Planeten habt ihr eine Gesellschaft geschaffen, in der Hänschen zwar schon lesen gelernt hat, noch bevor er in die Grundschule kommt, aber noch nicht gelernt hat, seinen Bruder nicht zu beißen. Und Susi lernt immer früher, perfekt zu multiplizieren, hat aber immer noch nicht gelernt, daß an ihrem Körper nichts ist, wofür sie sich zu schämen oder zu genieren braucht.

Gegenwärtig dienen eure Schulen hauptsächlich als Lieferant für Antworten. Es wäre sehr viel vorteilhafter, wenn ihre vorrangige Funktion darin bestünde, Fragen zu stellen. Was heißt es, ehrlich zu sein oder verantwortungsbewußt oder »fair«? Was bedeutet das praktisch? Und was heißt 2 + 2 = 4? Was bedeutet das praktisch? Hochentwickelte Gesellschaften ermuntern alle Kinder dazu, die *Antworten für sich selbst zu entdecken und zu erschaffen.*

Aber … aber das würde zum *Chaos* führen!

Im Gegensatz zu den unchaotischen Verhältnissen, unter denen ihr jetzt euer Leben lebt …

Okay, okay … es würde also zu noch *mehr* Chaos führen.

Ich rede nicht davon, daß eure Schulen eurer Nachkommenschaft nie irgend etwas von dem, was ihr über diese Dinge gelernt oder beschlossen habt, tatsächlich vermitteln. Ganz im Gegenteil. Schulen dienen ihren Schülern, wenn sie ihnen mitteilen, was die Älteren in der Vergangenheit gelernt und entdeckt, entschieden und gewählt haben. Die Schüler können dann feststellen, wie alles funktioniert hat. In euren Schulen jedoch werden diese Informationen als das präsentiert, Was-Richtig-Ist, statt als das, was sie eigentlich sind, nämlich ganz einfach Informationen und Daten.

Daten der Vergangenheit sollten nicht die Grundlage für die gegenwärtige Wahrheit bilden. Daten aus früheren Zeiten oder Erfahrungen sollten stets und nur die Grundlage für neue Fragen bilden. Der Schatz sollte immer in der Frage, nicht in der Antwort zu finden sein.

Und die Fragen sind immer die gleichen. »Was die Daten der Vergangenheit angeht, die wir euch vermittelt haben, stimmt ihr zu, oder stimmt ihr nicht zu? Was denkt ihr?« Das ist immer dieselbe Schlüsselfrage. Sie steht immer im Mittelpunkt. Was denkt ihr? Was denkst *du? Was denkst du?*

Nun werden Kinder in diese Frage ganz offensichtlich die Werte ihrer Eltern einbringen. Eltern werden weiterhin eine wichtige Rolle – die vorrangige Rolle – beim Aufbau des Wertesystems der Kinder spielen. Absicht und Ziel der Schule bestünden darin, die Kinder von frühester Zeit an bis zur Beendigung ihrer formellen Ausbildung darin zu ermuntern, diese Werte zu erforschen; zu lernen, wie man sie nutzt, sie anwendet, sie funktionalisiert – und ja, auch wie man sie in Frage stellt. Denn Eltern, die nicht wollen, daß ihre Kinder ihre Werte in Frage stellen, sind keine Eltern, die ihre Kinder lieben, sondern Eltern, die sich *vermittels* ihrer Kinder selbst lieben.

Ich wünschte – oh, wie ich mir wünschte –, es gäbe Schulen, wie du sie beschreibst!

Es GIBT EINIGE, die sich diesem Modell anzunähern versuchen.

Tatsächlich?

JA. LIES DIE Schriften eines Mannes namens Rudolf Steiner. Erforsche die Methoden der Waldorf-Schulen, die er entwickelt hat.

Natürlich weiß ich von diesen Schulen. Ist das jetzt Werbung?

Es IST EINE Beobachtung.

Weil du wußtest, daß ich mit den Waldorf-Schulen vertraut bin. Du wußtest es.

NATÜRLICH WUSSTE ICH es. Alles in deinem Leben war dir dienlich, hat dich zu diesem Augenblick gebracht. Ich habe nicht erst seit Beginn dieses Buches mit dir zu sprechen angefangen. Ich habe seit Jahren, durch all deine Verbindungen und Erfahrungen, mit dir gesprochen.

Du sagst also, die Waldorf-Schule ist die beste?

NEIN. ICH SAGE, sie ist ein Modell, das in Anbetracht dessen funktioniert, was deiner Aussage nach das Menschengeschlecht anstrebt; in Anbetracht dessen, was ihr behauptet, tun zu wollen; in Anbetracht dessen, was ihr eurer Aussage nach sein wollt. Ich sage, sie ist ein Beispiel – eines von mehreren, die ich anführen könnte, obschon diese auf eurem Planeten und in eurer Gesellschaft rar sind –, ein Beispiel dafür, wie die Erziehung so erfolgen könnte, daß sie sich mehr auf »Weisheit« als einfach nur auf »Wissen« konzentriert.

Gut, sie ist ein Beispiel, das ich sehr billige. Es gibt viele Unterschiede zwischen einer Waldorf-Schule und anderen Schulen. Laß mich dir ein Beispiel geben. Es ist ein einfaches Beispiel, illustriert aber überaus deutlich den Punkt, auf den es mir ankommt.

In den Waldorf-Schulen begleitet ein Lehrer oder eine Lehrerin die Kinder durch alle Ebenen ihrer frühen und elementaren Lernerfahrungen. In all diesen Jahren haben sie denselben Lehrer, statt von einer Person zur nächsten zu wechseln. Kannst du dir das enge Band vorstellen, das hier geknüpft wird? Kannst du den Wert erkennen?

Der Lehrer oder die Lehrerin lernen ein Kind kennen, als wäre es das eigene. Das Kind gewinnt eine Ebene des Vertrauens und der Liebe, die Türen öffnet, von denen viele traditionell orientierte Schulen noch nicht einmal zu träumen wagen. Und am Ende dieser Jahre kehren der Lehrer oder die Lehrerin zu einer ersten Klasse zurück, beginnen wieder mit einer anderen Gruppe von Kindern und begleiten diese durch all die Jahre des Lehrplans. So haben engagierte Lehrer an einer Waldorf-Schule am Ende ihrer beruflichen Laufbahn vielleicht insgesamt mit nur vier oder fünf Gruppen von Kindern gearbeitet. Aber sie haben jenen Kindern etwas bedeutet, das mehr ist als alles, was in traditionellen Schulen möglich ist.

Dieses Erziehungsmodell erkennt an und tritt dafür ein, daß die *menschliche Beziehung,* die *in-*

nige Verbindung und die *Liebe,* die unter solchen Bedingungen miteinander hergestellt und entwikkelt werden, ebenso wichtig sind wie irgendwelche *Fakten,* die der Lehrer dem Kind vermitteln mag. Es ist wie ein Unterricht zu Hause, nur außerhalb des Elternhauses.

JA, ES IST ein gutes Modell.

Und gibt es andere gute Modelle?

JA. IHR MACHT hinsichtlich der Erziehung Fortschritte auf eurem Planeten, aber sehr langsam. Allein schon der Versuch, einen zielorientierten, auf die Entwicklung von Fähigkeiten abgestellten Lehrplan in euren öffentlichen Schulen einzuführen, stieß auf enormen Widerstand. Die Leute sahen das als Bedrohung oder als uneffektiv an. Sie wollen, daß die Kinder *Fakten* lernen. Es sind immerhin an einigen Stellen Durchbrüche erzielt worden. Doch es gibt hier noch viel zu tun.

Und das ist nur ein Bereich menschlicher Erfahrung, der einer Überholung bedarf in Anbetracht dessen, was ihr eurer Aussage nach als menschliche Wesen sein wollt.

Ja, ich könnte mir vorstellen, daß auch der politischen Arena einige Veränderungen guttäten.

Ganz genau.

10

Darauf habe ich gewartet. Das ist eher das, was ich mir von dir versprach, als du mir sagtest, daß du dich in diesem Band mit global relevanten Themen befassen würdest. Können wir also unsere Betrachtung der menschlichen Politik damit beginnen, daß ich dir eine vielleicht sehr anfängerhafte Frage stelle?

ES GIBT KEINE Fragen, die keine Antwort wert oder ihrer unwürdig ist. Fragen sind wie Menschen.

Ah, das ist ein guter Spruch. Okay, laß mich dich also fragen: Ist es falsch, eine auf die Eigeninteressen unseres Landes gegründete Außenpolitik zu betreiben?

NEIN. ERSTENS IST von meinem Standpunkt aus gesehen *nichts* »falsch«. Aber ich verstehe, wie du dieses Wort meinst, und werde also im Kontext des von dir verwendeten Vokabulars sprechen. Ich gebrauche das Wort »falsch« im Sinne von »das, was euch nicht dienlich ist angesichts dessen, was und wer ihr zu sein wählt«. So habe ich dir gegenüber die Begriffe »richtig« und »falsch« immer verwendet; sie sind stets in diesem Kontext zu verstehen, denn in Wahrheit gibt es kein Richtig und Falsch.

Also, innerhalb dieses Kontexts ist es nicht falsch, außenpolitische Entscheidungen auf die Berücksichtigung der eigenen Interessen zu gründen. Falsch ist es, vorzugeben, das nicht zu tun.

Das machen aber natürlich die meisten Länder. Sie unternehmen aus einer Reihe von Gründen etwas – oder *unterlassen* es, etwas zu unternehmen – und führen dann zur Rechtfertigung eine Reihe anderer Gründe an.

Warum? Warum machen die Länder das?

WEIL DIE REGIERUNGEN wissen, daß die Menschen, wenn ihnen die wahren Gründe für die meisten außenpolitischen Entscheidungen bekannt wären, sie nicht unterstützen würden.

Das gilt für Regierungen überall in der Welt. Es gibt sehr wenige Regierungen, die nicht absichtlich das Volk in die Irre führen. Täuschungsmanöver sind Bestandteil einer Regierung, denn nur wenige Menschen würden sich dafür entscheiden, so regiert zu werden, wie sie regiert werden – nur wenige würden sich dafür entscheiden, überhaupt regiert zu werden –, wenn die Regierung sie nicht davon überzeugte, daß ihre Entscheidungen dem Allgemeinwohl dienen.

Das bedeutet harte Überzeugungsarbeit, denn die meisten Menschen durchschauen durchaus die in der Regierung vorherrschende Dummheit. Also muß die Regierung lügen, um zumindest zu versuchen, die Leute bei der Stange zu halten. In der Regierung spiegelt sich getreu die Grundannahme wider, daß eine Lüge, wenn sie nur groß genug ist und lange genug verbreitet wird, zur »Wahrheit« wird.

Die Menschen, die an der Macht sind, dürfen die Öffentlichkeit nie wissen lassen, wie sie an die Macht gelangten und was sie alles getan haben und willens sind zu tun, um an der Macht zu bleiben.

Wahrheit und Politik sind *nicht* miteinander vereinbar, weil Politik die *Kunst* ist, nur das zu sagen, was unbedingt gesagt werden muß – und das auf die richtige Weise –, um zum erwünschten Ziel zu gelangen.

Nicht alle Politik ist schlecht, aber die Kunst der Politik ist eine *praktische* Kunst. Sie macht sich ganz offen die Erkenntnisse über die psychologische Struktur der meisten Menschen zunutze. Sie stellt ganz einfach fest, daß die meisten Menschen aus Eigeninteresse handeln. Also bedeutet Politik die Art und Weise, in der Machtmenschen dich davon zu überzeugen suchen, daß *ihr* Eigeninteresse *dein* Eigeninteresse ist.

Regierungen verstehen das Wesen des Eigeninteresses. Deshalb sind sie sehr gut im Entwurf von Programmen, mit denen die Menschen etwas *bekommen.*

Ursprünglich hatte eine Regierung nur sehr begrenzte Funktionen. Ihr Zweck bestand ganz einfach im »Bewahren und Schützen«. Dann fügte jemand das »Fürsorgen« hinzu. Als die Regierungen anfingen, nicht nur Beschützer, sondern auch »Fürsorger« des Volkes zu sein, begannen sie auch, eine Gesellschaft zu *erschaffen,* statt sie nur zu bewahren.

Aber tun Regierungen nicht einfach nur das, was die Leute wollen? Stellen sie nicht nur die Mechanismen zur Verfügung, mit deren Hilfe die Menschen in gesellschaftlichem Umfang für sich selbst sorgen? In den Vereinigten Staaten zum Beispiel legen wir großen Wert auf die Würde des menschlichen Lebens, auf die individuelle Freiheit, darauf, daß die Menschen eine Chance bekommen, und auf die Unantastbarkeit der Kinder. Wir haben also Gesetze erlassen und die Regierung gebeten, Programme zu entwickeln, die all das sicherstellen: ein Auskommen für ältere Menschen, damit diese nach ihrem Erwerbsleben ihre Würde bewahren können; gleiche Berufschancen und ein Dach über dem Kopf für alle Menschen – selbst für jene, die anders sind als wir oder mit deren Lebensstil wir nicht einverstanden sind; Gesetze zur Kinderarbeit, die sicherstellen, daß die Kinder der Nation nicht zu Sklaven der Nation werden; Programme, damit keine Familie mit Kindern ohne die Grundbedingungen für ein menschenwürdiges Leben auskommen muß – Nahrung, Kleidung und Obdach.

Solche Gesetze geben ein gutes Bild von eurer Gesellschaft ab. Doch was das Sorgen für die Bedürfnisse der Menschen angeht, so müßt ihr aufpassen, daß ihr sie nicht ihrer größten Würde beraubt: der Ausübung persönlicher Macht, individueller Kreativität und des einzigartigen Erfindungsreichtums, der den Menschen erlaubt festzustellen, daß sie für sich selbst sorgen können. Hier müßt ihr zu einem sehr empfindlichen Gleichgewicht finden. Ihr Menschen scheint nur zu wissen, wie man von einem Extrem ins andere fällt. Entweder wollt ihr, daß die Regierung »alles und jedes« für das Volk tut, oder ihr wollt sämtliche Regierungsprogramme abwürgen und alle Gesetze der Regierung schon morgen abschaffen.

Ja, und das Problem ist, daß es so viele Menschen gibt, die in einer Gesellschaft *nicht* für sich selbst sorgen können, weil die Gesellschaft in aller Regel die besten Lebenschancen an jene vergibt, die die »richtigen« (oder vielleicht besser gesagt, nicht die »falschen«) Empfehlungen und Beglaubigungen vorzuweisen haben; die in einer Nation *nicht* für sich selbst sorgen können, weil in dieser Nation die Hauseigentümer nicht an Großfamilien vermieten, die Wirtschaftsunternehmen keine Frauen befördern, Gerechtigkeit zu oft vom Status abhängig ist, Zugang zur Gesundheitsfürsorge auf jene mit ausreichendem Einkommen beschränkt ist und viele andere Diskriminierungen und Ungerechtigkeiten im breitesten Umfang existieren.

Die Regierungen sollen also das Gewissen des Volkes ersetzen?

Nein. Regierungen *sind* die Äußerung des Gewissens des Volkes. Über und durch die Regierungen trachten, hoffen und beschließen die Menschen, die Mißstände der Gesellschaft zu beheben.

Das ist gut gesagt. Doch ich wiederhole, ihr müßt drauf achten, daß ihr nicht selbst in Gesetzen erstickt, mit denen ihr versucht, den Menschen eine Chance zum Atmen zu garantieren!

Ihr könnt Moral und Ethik nicht gesetzlich vorschreiben. Ihr könnt Gleichberechtigung nicht zwangsweise verordnen.

Was nottut, ist ein im Kollektivbewußtsein stattfindender *Wandel,* nicht die *Erzwingung* eines kollektiven Gewissens.

Das Verhalten und alle Gesetze und alle Regierungsprogramme müssen eurem Sein entspringen, müssen wahrhaft widerspiegeln, was-und-wer-ihr-wirklich-seid.

Die Gesetze unserer Gesellschaft *spiegeln wider,* wer wir sind! Sie sagen jedermann: »So *ist* es hier bei uns. Das ist es, was wir *sind.*«

Vielleicht in den allerbesten Fällen. In der Mehrheit der Fälle jedoch sind eure Gesetze Ausdruck dessen, was ihr nach Meinung jener, die an der *Macht* sind, sein *solltet,* aber nicht seid.

Die »wenigen Elitären« unterweisen die »vielen Ignoranten« durch das Gesetz.

Genau.

Was ist daran falsch? Dient es nicht den vielen, wenn ein paar der hellsten Köpfe und der Besten unter uns willens sind, sich die Probleme der Gesellschaft, der Welt anzuschauen und Lösungen vorzuschlagen?

Das hängt von den Motiven dieser wenigen ab. Und von ihrer Klarheit. Im allgemeinen dient »den vielen« nichts mehr, als daß man sie sich selbst regieren läßt.

Anarchie. Das hat noch nie funktioniert.

Ihr könnt nicht wachsen und groß werden, wenn euch von der Regierung ständig vorgeschrieben wird, was ihr zu tun habt.

Man könnte dagegenhalten, daß eine Regierung – und damit meine ich das von uns gewählte Gesetz, wodurch wir uns selbst regieren – ein Spiegelbild der Größe einer Gesellschaft (oder ihrer mangelnden Größe) ist, daß eine großartige Gesellschaft großartige Gesetze erläßt.

Und sehr wenige Gesetze. Denn in großartigen

Gesellschaften sind nur sehr wenige Gesetze *nötig.*

Und doch sind wirklich gesetzlose Gesellschaften primitive Gesellschaften, in denen »Macht gleich Recht« ist. Gesetze sind der Versuch der Menschen, das Niveau auf dem Spielfeld anzuheben; sicherzustellen, daß sich ungeachtet von Schwäche oder Stärke das, was wirklich recht ist, durchsetzt. Wie können wir ohne Verhaltensregeln, auf die wir uns alle einigen, gemeinschaftlich existieren?

Ich plädiere nicht für eine Welt, in der es keine Verhaltensregeln, keine Übereinkünfte gibt. Ich plädiere dafür, daß sich eure Regeln und Übereinkünfte auf ein höheres Verständnis und eine umfassendere Definition des Selbstinteresses gründen.

Faktisch stellen die meisten eurer Gesetze eine Aussage über die Eigeninteressen der Mächtigsten unter euch dar. Schauen wir uns nur mal ein Beispiel an: das Rauchen. Das Gesetz sagt, daß ihr eine bestimmte Pflanze, Hanf, nicht anbauen und nutzen dürft, weil sie, so sagt euch die Regierung, nicht gut für euch ist.

Doch dieselbe Regierung sagt, daß es ganz in Ordnung ist, eine *andere* Pflanze, nämlich Tabak, anzubauen und zu nutzen, nicht weil *diese* gut für euch ist (die Regierung verkündet sogar selbst, daß sie *schlecht* für euch ist), sondern vermutlich, weil ihr dies schon immer getan habt.

Der wahre Grund, warum Hanf verboten und Tabak erlaubt ist, hat nichts mit der Gesundheit zu tun. Er hat mit Wirtschaftsinteressen zu tun. Und das heißt mit *Macht.* Eure Gesetze spiegeln also *nicht* wider, was eure Gesellschaft über sich selbst denkt und was sie sein möchte – eure Gesetze spiegeln wider, wo *die Macht liegt.*

Das ist nicht fair. Du hast dir eine Situation ausgesucht, wo die Widersprüche offensichtlich sind. In den meisten Situationen verhält es sich nicht so.

GANZ IM GEGENTEIL. In den meisten *ist* es so.

Wo liegt also die Lösung?

SO WENIGE GESETZE wie möglich zu haben, die allerdings wirklich Grenzen setzen.

Der Grund, warum Hanf verboten ist, hat nur *angeblich* mit der Gesundheit zu tun. Die *Wahrheit* ist, daß Hanf nicht süchtiger macht oder kein größeres Gesundheitsrisiko darstellt als Zigaretten oder Alkohol, die beide vom Gesetz *geschützt* werden. Warum also wird er nicht erlaubt? Weil, würde er angebaut, die Hälfte der Baumwollpflanzer, der Hersteller von Nylon und Kunstseide und der Holzhändler auf der Welt pleite gehen würden.

Hanf gehört zufällig zu den nützlichsten, stärksten, zähesten und dauerhaftesten Materialien auf eurem Planeten. Ihr könnt keine besseren Fasern für eure Kleidung, kein stärkeres Material für eure Seile, keine leichter anzubauende und zu erntende Quelle für Papier produzieren. Ihr fällt jedes Jahr Hunderttausende von Bäumen für eure Sonntagszeitungen, um in ihnen dann über die Dezimierung eurer Wälder auf dem Planeten zu lesen. Hanf könnte euch das Papier für Millionen von Sonntagszeitungen liefern, ohne daß ein einziger Baum gefällt werden muß. Tatsächlich könnte er zu einem Zehntel der Kosten ungemein viele Rohstoffmaterialien ersetzen.

Und das ist der springende Punkt. Jemand *verliert Geld,* wenn diese wunderbare Pflanze – die übrigens auch noch außergewöhnliche medizinische Eigenschaften hat – angebaut werden darf. Und *deshalb* ist Marihuana in eurem Land illegal.

Aus dem gleichen Grund braucht ihr so lange für die Massenproduktion von Elektroautos, die Einführung eines erschwinglichen und vernünftigen Gesundheitsfürsorgesystems und die Nutzung von Sonnenenergie in jedem Heim.

Seit *Jahren* habt ihr schon das Know-how und die Technologie, um *alle* diese Dinge zu produzieren. Warum habt ihr sie dann noch nicht? *Schaut, wer Geld verlieren würde, wenn ihr sie hättet.* Dort werdet ihr eure Antwort finden. Ist das die großartige Gesellschaft, auf die du so stolz bist? Eure «großartige Gesellschaft« muß unter Gestrampel und Gezeter dahin geschleift werden, daß sie das Allgemeinwohl überhaupt in Betracht zieht. Wann immer vom Gemeinwohl oder kollektiven Interesse die Rede ist, schreit jeder: »Kommunismus!« Wenn in eurer Gesellschaft das Wohl vieler nicht für jemanden einen enormen Profit abwirft, wird *das Wohl vieler in der Mehrheit der Fälle ignoriert.*

Das gilt nicht nur für dein Land, sondern für alle Länder rund um den Globus. Deshalb lautet die Grundfrage, mit der sich die Menschheit konfrontiert sieht: Kann das Eigeninteresse je durch das beste Interesse, das *gemeinschaftliche* Interesse der Menschheit ersetzt werden? Und wenn ja, wie?

Die Vereinigten Staaten haben versucht, durch Gesetze für das Gemeinwohl, das beste Interesse aller, zu sorgen. Darin habt ihr kläglich versagt.

Eure Nation ist die reichste und mächtigste der Erde und weist eine der höchsten Kindersterblichkeitsraten auf. Warum? Weil *arme Leute* sich keine gute Betreuung während der Schwangerschaft und nach der Geburt *leisten* können – und eure Gesellschaft von *Profit besessen* ist. Ich erwähne das nur als ein Beispiel eures kläglichen Versagens. Die Tatsache, daß eure Babys eine höhere Sterblichkeitsrate aufweisen als die der meisten anderen Industrienationen, sollte euch aufrütteln. Doch das tut sie nicht. Und das spricht Bände darüber, wie die Prioritäten in eurer Gesellschaft gesetzt sind. Andere Länder sorgen für die Kranken und Bedürftigen, die Alten und die Schwachen. Ihr sorgt für die Reichen und Wohlhabenden, die Einflußreichen und Gutsituierten. 85 Prozent der in Rente gegangenen Amerikaner *leben in Armut.* Viele dieser älteren Amerikaner und die meisten Menschen mit niedrigem Einkommen wenden sich an die Notaufnahme der örtlichen Krankenhäuser statt an ihren Hausarzt, suchen unter den schrecklichsten Umständen zu einer medizinischen Behandlung zu kommen und erhalten praktisch keinerlei Gesundheitsfürsorge.

Mit Menschen, die wenig Geld ausgeben können, läßt sich kein Profit machen ... sie sind nicht länger *nützlich,* siehst du ...

Und das ist eure *großartige Gesellschaft.*

So wie du das sagst, klingt das ganz schön schlimm. Und doch hat Amerika für die Unterprivilegierten und die Unglücklichen – sowohl im eigenen Land wie auch im Ausland – mehr getan als jede andere Nation auf Erden.

Amerika hat viel getan, das ist nachweislich wahr. Aber weißt du, daß die Vereinigten Staaten von ihrem Bruttosozialprodukt prozentual gesehen weniger für Entwicklungshilfe ausgeben als viele viel kleinere Länder? Der Punkt ist, daß ihr euch vielleicht einmal die Welt um euch herum anschauen solltet, bevor ihr euch selber allzusehr beglückwünscht. Denn wenn das das Beste ist, was ihr für die weniger Glücklichen tun könnt, dann habt ihr alle noch viel zu lernen.

Ihr lebt in einer verschwenderischen, dekadenten Gesellschaft. Ihr baut praktisch in alles, was ihr macht, eine sogenannte »künstliche Veralterung« ein. Autos kosten dreimal so viel, als sie müßten, und halten nur ein Drittel so lang, wie sie könnten, Kleider fallen auseinander, nachdem sie zehnmal getragen worden sind. Ihr versetzt eure Nahrungsmittel mit Chemikalien, damit sie länger in den Regalen liegen können, auch wenn das für euch ein kürzeres Verweilen auf diesem Planeten bedeutet. Ihr unterstützt und ermuntert und befähigt Sportvereine dazu, daß sie für lächerliche Leistungen unglaubliche Gehälter zahlen, während Lehrer, Geistliche und Forscher, die darum kämpfen, Heilmittel für Krankheiten zu entdecken, um Geld betteln müssen. Ihr werft jeden Tag in den Supermärkten eurer Nation, in den Restaurants und zu Hause mehr Nahrungsmittel weg, als nötig wären, um die halbe Welt zu ernähren.

Das ist keine Anklage, es ist nur eine Beobachtung. Und dies gilt nicht nur für die Vereinigten Staaten, denn diese Einstellung, die das Herz krank macht, findet sich in epidemischen Ausmaßen überall auf der Welt.

Die Unterprivilegierten allerorten müssen im Dreck wühlen und knapsen, nur um am Leben zu bleiben, während die wenigen Machthabenden ihre Geldhaufen schützen *und* vermehren, auf Seidenlaken schlafen und jeden Morgen Badezimmerarmaturen aus Gold betätigen. Und während ausgezehrte Kinder, die nur noch aus Haut und Knochen bestehen, in den Armen weinender Mütter sterben, sind die »Führer« des Landes in politische Korruption verstrickt, durch die verhindert wird, daß gespendete Nahrungsmittel die hungernden Massen erreichen.

Niemand scheint die Macht zu haben, diese Umstände zu verändern, doch die Wahrheit ist, daß nicht die Macht das Problem ist. Niemand scheint den *Willen* dazu zu haben. Und so wird es immer sein, solange niemand die Notlage des anderen als seine eigene betrachtet.

Und warum *tun* wir es *nicht*[2]. Wie können wir jeden Tag all diese schrecklichen Dinge mit ansehen und zulassen, daß sie weitergehen?

Weil es euch nicht *kümmert.* Es ist ein Mangel an *Mitgefühl.* Der ganze Planet steckt in einer Bewußtseinskrise. Ihr müßt entscheiden, ob ihr *Mitgefühl füreinander habt.*

Es scheint eine so erbärmliche Frage zu sein, die ich stellen muß. Warum können wir die Angehörigen unserer eigenen Familie nicht lieben?

Ihr *liebt* die Angehörigen eurer eigenen Familie. Ihr habt nur einfach eine sehr begrenzte Sicht in bezug darauf, *wer* eure Familienangehörigen sind.

Ihr betrachtet euch selbst nicht als Teil der menschlichen Familie, und damit sind deren Probleme nicht eure eigenen.

Wie können die Völker der Erde ihre Weltsicht tatsächlich verändern?

Das hängt davon ab, *wohingehend* ihr sie verändern wollt.

Wie können wir mehr von diesem Schmerz, diesem Leiden eliminieren?

Indem ihr alle Trennung zwischen euch eliminiert. Indem ihr ein neues Modell von der Welt aufbaut. Indem ihr es in den Rahmen einer *neuen* Idee stellt.

Die wäre?

Die eine radikale Verabschiedung von der gegenwärtigen Weltsicht bedeuten wird.

Gegenwärtig betrachtet ihr die Welt – wir sprechen nun im geopolitischen Sinn – als eine Ansammlung von Nationalstaaten, ein jeder souverän, getrennt und unabhängig von den anderen. Die inneren Probleme dieser unabhängigen Nationalstaaten werden im großen und ganzen nicht als die Probleme der Gruppe in ihrer Gesamtheit betrachtet – es sei denn, sie *wirken sich* grundsätzlich oder plötzlich auf die gesamte Gruppe (oder die mächtigsten Mitglieder dieser Gruppe) aus.

Die Reaktionen der Gruppe als Ganzes auf die Umstände und Probleme der einzelnen Staaten gründen sich auf die Eigeninteressen der größeren Gruppe. Wenn niemand in der größeren Gruppe irgend etwas zu *verlieren* hat, kann ein Einzelstaat zum Teufel gehen, und keiner würde sich groß darum scheren.

Tausende können jedes Jahr verhungern, Hunderte können in einem Bürgerkrieg sterben, Despoten können ihr Land ausplündern, Diktatoren und ihre bewaffneten Schläger können vergewaltigen, stehlen und morden, Regime können die Menschen ihrer Grundrechte berauben – und ihr werdet nichts unternehmen. Das heißt, ihr sagt, das ist eine »innere Angelegenheit«.

Wenn aber *eure* Interessen bedroht sind, wenn *eure* Investitionen, *eure* Sicherheit, *eure* Lebensqualität davon betroffen werden, dann trommelt ihr die Nation zusammen und versucht, euch der Rückendeckung eurer Welt zu versichern, und stürmt dort hinein, wo selbst Engel ihren Fuß kaum hinzusetzen wagen.

Dann erzählt ihr die große Lüge – behauptet, daß ihr das, was ihr tut, aus humanitären Gründen unternehmt, um den unterdrückten Völkern auf der Welt zu helfen, wo ihr doch in Wahrheit nur ganz einfach eure eigenen Interessen schützt.

Der Beweis dafür ist der, daß ihr dort, wo ihr keine Interessen zu verteidigen habt, euch auch um nichts kümmert.

Die politische Maschinerie der Welt agiert auf der Basis des Eigeninteresses. Das ist nichts Neues.

ETWAS WIRD NEU sein müssen, wenn ihr eure Welt verändern wollt. Ihr müßt anfangen, die Interessen eines anderen als eure eigenen zu betrachten. Und das wird nur geschehen, wenn ihr eure globale Realität umgestaltet und euch dementsprechend regiert.

Sprichst du von einer Weltregierung?

DAS TUE ICH.

11

Du hast versprochen, daß du in Band 2 auf die größeren geopolitischen Themen eingehen wirst, um die es auf diesem Planeten geht (im Gegensatz zu den persönlicheren Belangen, die im ersten Band angesprochen wurden), aber ich hätte nicht gedacht, daß du dich auf *diese* Debatte einlassen würdest!

Es IST AN der Zeit, daß die Welt aufhört, sich selbst etwas vorzumachen, daß sie aufwacht und begreift, daß das *einzige Problem der Menschheit* der Mangel an Liebe ist. Liebe erzeugt Toleranz, Toleranz erzeugt Frieden. Intoleranz produziert Krieg und schaut unerträglichen Verhältnissen gleichgültig zu.

Liebe vermag nicht gleichgültig zu bleiben. Sie weiß gar nicht, wie sie das anstellen soll. Der schnellste Weg, um zu einem Ort der Liebe und Anteilnahme für alle Menschen zu gelangen, ist der, daß ihr die ganze Menschheit als eure *Familie* betrachtet.

Der schnellste Weg dahin, daß ihr die ganze Menschheit als eure Familie betrachtet, ist der, daß ihr *aufhört, euch voneinander abzusondern.* Alle Nationen, die heute eure Welt ausmachen, müssen sich *vereinen.*

Wir haben die Vereinten Nationen, die UNO.

Die machtlos und impotent ist. Diese Organisation müßte, um funktionieren zu können, völlig umstrukturiert werden. Das ist zwar nicht unmöglich, aber vielleicht schwierig und mühselig.

Okay. Was schlägst du vor?

Ich habe keinen »Vorschlag«. Ich biete nur meine Beobachtungen an. Bei diesem Dialog sagst du mir, welche neue Wahl ihr nun endlich treffen wollt, und ich steuere Beobachtungen in bezug auf die Möglichkeiten der Umsetzung bei. Welche *Wahl* wollt ihr nun hinsichtlich der gegenwärtigen Beziehungen zwischen den Völkern und Nationen treffen?

Ich werde mich deiner Worte bedienen. Wenn es nach mir ginge, würde ich mich dafür entscheiden, daß wir »zu einem Ort der Liebe und Anteilnahme für alle Menschen« gelangen.

VORAUSGESETZT, DAS WÄRE eure Wahl, würde ich folgende Beobachtung machen: Das, was funktionieren würde, wäre die Bildung einer neuen weltpolitischen Gemeinschaft, in der jede Nation in bezug auf die Angelegenheiten der Welt gleiches Sagen und proportional gesehen den gleichen Anteil an den globalen Ressourcen hätte.

Das würde nie funktionieren. Die Besitzenden würden niemals irgend etwas von ihrer Souveränität, ihrem Reichtum und ihren Ressourcen an die Besitzlosen abgeben. Und warum sollten sie auch?

WEIL ES *IN ihrem besten Interesse* ist.

Das sehen sie nicht so – und ich bin mir auch nicht sicher, ob ich das so sehe.

WÄRE ES NICHT im besten Interesse deiner Nation, wenn ihr dem Wirtschaftshaushalt deines Landes pro Jahr zusätzliche Milliarden an Dollar zuführen könntet – Dollar, die dafür ausgegeben werden können, die Hungrigen zu nähren, die Bedürftigen zu kleiden, den Armen ein Obdach zu geben, die alten Menschen abzusichern, ein besseres System des Gesundheitswesens aufzubauen und für einen würdigen Lebensstandard aller zu sorgen?

Nun, in den Vereinigten Staaten gibt es die, die dem entgegenhalten, daß damit den Armen auf Kosten der Steuerzahler mit hohen und mittleren Einkommen geholfen würde. Inzwischen geht es mit dem Land immer weiter abwärts, breitet sich die Kriminalität immer weiter aus, raubt dic Inflation den Menschen ihre Lebensersparnisse, schießt die Zahl der Arbeitslosen raketenartig in die Höhe, wird der Regierungsapparat immer größer und fetter, und geben sie jetzt schon in den Schulen Kondome aus.

Du hörst dich wie der Teilnehmer einer Radiotalkshow an.

Ja, das *sind* die Besorgnisse vieler Amerikaner.

Dann sind sie kurzsichtig. Seht ihr denn nicht: Wenn jedes Jahr Milliarden Dollar – das sind Millionen pro Monat, Aberhunderttausende pro Woche, unerhörte Summen jeden *Tag* – wieder in euer System eingespeist werden könnten, wenn ihr diese Gelder dazu verwenden *könntet,* eure Hungrigen zu nähren, eure Bedürftigen zu kleiden, euren Armen ein Obdach zu geben, eure alten Menschen abzusichern und für die Gesundheit und Würde aller zu sorgen, dann würden sich die *Gründe für die Kriminalität* auf immer erübrigen. Seht ihr nicht, daß neue Arbeitsplätze wie Pilze aus dem Boden schießen würden, wenn diese Dollar wieder in eure Wirtschaft gepumpt würden? Daß sich euer eigener Regierungsapparat verkleinern ließe, *weil er weniger zu tun hätte?*

Ich nehme an, einiges davon könnte sich so ereignen – ich kann mir allerdings nicht vorstellen, daß sich der Regierungsapparat *jemals* verkleinert! –, aber woher sollen diese Milliarden und Millionen kommen? Aus den Steuern, die deine neue Weltregierung auferlegt? Soll denen noch mehr genommen werden, die »dafür gearbeitet haben«, um es jenen zu geben, die »faul herumsitzen«?

Ist das die Formulierung deiner Sicht der Dinge?

Nein, aber sehr *viele* Menschen sehen das so, und ich möchte ihre Ansicht auf faire Weise wiedergeben.

NUN – IM MOMENT möchte ich nicht vom Thema abschweifen, aber ich will später darauf zurückkommen.

Großartig.

DU HAST GEFRAGT, wo diese neuen Gelder herkommen sollen. Sie müssen gar nicht über irgendwelche Steuern aufgebracht werden, die die neue Weltgemeinschaft auferlegen würde. (Obgleich Mitglieder dieser Gemeinschaft – einzelne Bürger – unter Führung einer intelligenten und aufgeklärten Regierung 10 Prozent ihres Einkommens *freiwillig* abgeben würden, damit den Bedürfnissen und Notwendigkeiten der Gesellschaft als Ganzes entsprochen werden kann.) Und diese Summen würden auch nicht mit Hilfe neuer Steuern aufgebracht werden, die irgendeine regionale Regierung auferlegt. Tatsache ist, daß manche regionalen Regierungen sogar in der Lage wären, die Steuern zu senken.

All das – alle diese Vorteile – würden sich aus einer einfachen Umstrukturierung eurer Weltsicht ergeben, aus der vereinfachten Neuordnung eurer weltpolitischen Konfiguration.

Wie?

Sie ergäben sich aus dem, was ihr an Geld für den Aufbau und Erhalt von Verteidigungssystemen und Angriffswaffen spart.

Oh, ich verstehe. Du willst, daß wir *das Militär abschaffen!*

Nicht nur *ihr*. *Jeder* auf der *Welt.*

Und es geht auch nicht darum, daß ihr euer Militär *völlig abschafft,* sondern daß ihr es einfach reduziert – drastisch reduziert. Es bestünde lediglich die Notwendigkeit der Aufrechterhaltung der inneren Ordnung. Ihr könntet die Polizeikräfte auf lokaler Ebene verstärken – was ihr, wie ihr sagt, ohnehin tun wollt, doch jedes Jahr, wenn der Etat aufgestellt wird, erhebt sich wieder das Geschrei, daß es euch eben doch nicht möglich ist –, während ihr gleichzeitig eure Ausgaben für Kriegswaffen und Kriegsvorbereitungen drastisch kürzt; das heißt die Ausgaben für Angriffs- und Verteidigungswaffen zum Zweck der Zerstörung und Massenvernichtung.

Erstens glaube ich, daß die von dir genannten Summen, welche dadurch eingespart werden könnten, zu hoch angesetzt sind. Zweitens glaube ich nicht, daß du die Menschen je davon überzeugen kannst, ihre Möglichkeit zur Selbstverteidigung aufzugeben.

Lass uns einen Blick auf die Zahlen werfen. Gegenwärtig (heute haben wir den 25. März 1994) geben die Regierungen auf der Welt pro Jahr in etwa eine Billion Dollar für militärische Zwecke aus. Das sind weltweit *eine Million Dollar pro Minute.*

Die *Nationen,* die am meisten Geld dafür ausgeben, könnten dieses auch *in andere Kanäle leiten* und es für die eben erwähnten Prioritäten verwenden. Größere, reichere Nationen *würden* somit erkennen können, daß es in ihrem besten Interesse ist, wenn sie dies täten – *vorausgesetzt,* sie hielten so etwas auch für möglich. Doch sie können sich nicht vorstellen, daß sie ohne ein Verteidigungssystem auskommen, weil sie die Aggression und den Angriff von Nationen fürchten, die sie beneiden und *das haben wollen, was sie haben.*

Es gibt zwei Möglichkeiten, diese Bedrohung auszuschalten.

1. Teilt mit allen Völkern der Welt das Gesamt des Reichtums und der Ressourcen der Welt in so ausreichendem Maße, daß niemand haben will und braucht, was ein anderer hat, und jedermann ein Leben in Würde und ohne Angst führen kann.

2. Schafft ein System zur Konfliktlösung, das die Notwendigkeit von Kriegen ausschaltet – ja, deren Möglichkeit überhaupt aufhebt.

Die Menschen auf der Welt würden so etwas wahrscheinlich nie tun.

SIE HABEN ES bereits getan.

Tatsächlich?

JA, ES FINDET gegenwärtig ein großangelegtes Experiment genau dieses politischen Kalibers in eurer Welt statt. Und dieses Experiment nennt sich die Vereinigten Staaten von Amerika.

Ein Experiment, das bisher kläglich gescheitert ist, wie du sagtest.

RICHTIG. ES HAT noch einen weiten Weg vor sich, bevor man es als erfolgreich bezeichnen könnte. (Wie ich bereits sagte, werde ich darauf – und auf die Einstellungen, die gegenwärtig den Erfolg verhindern – später zu sprechen kommen.) Doch es ist das beste derzeit laufende Experiment. Wie Winston Churchill sagte: »Demokratie ist das schlechteste System, mit Ausnahme aller anderen.«

Eure Nation war die erste, die eine lockere Konföderation von Einzelstaaten erfolgreich zu einem festen Gruppenverband zusammenschmiedete, wobei sich jeder einzelne Staat einer zentralen Autorität unterordnete. Zu jenem Zeitpunkt war keinem der Staaten sonderlich daran gelegen, jeder wehrte sich mit aller Macht dagegen aus Angst, seine Bedeutung zu verlieren, und sie behaupteten, eine solche Vereinigung würde nicht in ihrem besten Interesse sein.

Es könnte lehrreich sein, sich vor Augen zu halten, was zu jener Zeit in all diesen Einzelstaaten vor sich ging.

Sie hatten sich zwar zu einer lockeren Konföderation zusammengeschlossen, doch es gab keine eigentliche US-Zentralregierung und von daher auch keine zentrale Macht, die die Grundsatzartikel der Konföderation, auf die sie sich geeinigt hatten, hätte durchsetzen können.

Die einzelnen Staaten betrieben ihre jeweilige eigene Außenpolitik, und einige trafen private Abkommen über Handelsangelegenheiten und andere Dinge mit Frankreich, Spanien, England und anderen Ländern. Die Staaten betrieben auch untereinander Handel, und manche von ihnen erhoben unerlaubterweise Zölle auf die Waren, die aus anderen Konföderationsstaaten per Schiff importiert wurden – so wie sie eben auch Zölle für die Waren aus Übersee erhoben. Es gab ein schriftliches *Abkommen,* das eine solche Besteuerung verbot, aber keine zentrale *Behörde,* und so hatten die Händler keine andere Wahl, als die Hafenzölle zu bezahlen, wenn sie ihre Waren kaufen oder verkaufen wollten.

Die Einzelstaaten führten auch Kriege untereinander. Jeder Staat betrachtete seine Miliz als stehendes Heer, neun Staaten unterhielten ihre eigene Kriegsflotte, und »Tritt mir nicht auf die Füße« hätte gut als offizielles Motto eines jeden Staates innerhalb der Konföderation dienen können.

Über die Hälfte der Staaten druckte sogar ihr eigenes Geld. (Das, obwohl sich die Konföderation darauf geeinigt hatte, daß dies illegal ist.)

Kurz gesagt, eure Staaten hatten sich zwar auf der Basis der Grundsatzartikel der Konföderation zusammengeschlossen, handelten *aber genauso, wie es die unabhängigen Nationen heute tun.*

Und obwohl sie sehen konnten, daß ihre Abkommen (wie zum Beispiel, daß dem Kongreß das alleinige Recht, Münzen zu prägen, vorbehalten war) nicht eingehalten wurden, wehrten sie sich standhaft gegen die Etablierung und Anerkennung einer Zentralgewalt, die diese Vereinbarungen mit allem Nachdruck in die Tat hätte *umsetzen* können.

Doch mit der Zeit begannen sich ein paar progressive Führungspersönlichkeiten durchzusetzen. Sie überzeugten ihr »Fußvolk« davon, daß durch die Schaffung einer solchen neuen Föderation mehr zu *gewinnen* war, als sie je verlieren würden.

Die Händler würden Geld sparen und ihren Profit steigern, weil die einzelnen Staaten die Waren des anderen nicht mehr mit Steuern belegen könnten.

Die Regierungen würden Geld sparen und mehr in die Programme und Dienstleistungen stecken können, die den *Menschen* wirklich halfen, weil die Ressourcen nicht mehr auf den Schutz eines Staates vor dem anderen verwandt werden müßten.

Die Menschen würden zudem mehr Sicherheit, Schutz und auch größeren Wohlstand genießen, wenn sie miteinander kooperierten, statt sich gegenseitig zu bekämpfen.

Und kein Staat würde an Bedeutsamkeit verlieren, sondern könnte im Gegenteil noch an Macht und Einfluß gewinnen.

Und genau das passierte dann natürlich auch.

Dasselbe könnte mit den heute auf der Welt existierenden 160 Nationen geschehen, wenn *sie* sich zu einer Vereinigten Föderation zusammenschlössen. Das könnte das Ende der Kriege bedeuten.

Wie denn? Es gäbe immer noch Streitereien.

DAS STIMMT, SOLANGE die Menschen an äußere Dinge gebunden bleiben. Es gibt eine Möglichkeit, den Krieg – und *sämtliche* Erfahrung von Unruhe und mangelndem Frieden – wirklich abzuschaffen, aber das beinhaltet eine spirituelle Lösung.

Tatsächlich besteht der Trick darin, *beides miteinander zu verbinden.* Die spirituelle Wahrheit muß im praktischen Leben gelebt werden, um eine Veränderung der Alltagserfahrungen herbeizuführen.

Solange diese Veränderung nicht eintritt, *wird* es immer noch Streitereien geben. Da hast du recht. Aber sie müssen nicht in Kriege ausarten. Es muß kein Morden geben.

Werden zwischen Kalifornien und Oregon wegen der Wasserrechte Kriege ausgefochten? Zwischen Maryland und Virginia wegen der Fischereirechte? Gibt es Kriege zwischen Wisconsin und Illionois, Ohio und Massachusetts?

Nein.

Und warum nicht? Hat es zwischen ihnen nicht verschiedene Kontroversen und Meinungsverschiedenheiten gegeben?

Ich nehme an, daß es sie im Laufe der Jahre gab.

Darauf kannst du wetten. Aber diese Einzelstaaten haben sich freiwillig darauf geeinigt – es war eine einfache, *freiwillige* Übereinkunft –, an bestimmten Gesetzen und Kompromissen in bezug auf gemeinsame Angelegenheiten festzuhalten, während sie sich das Recht vorbehielten, in Angelegenheiten, die sie als einzelne betreffen, eigene Gesetze zu erlassen.

Und wenn aufgrund einer unterschiedlichen Interpretation der Bundesgesetze tatsächlich Kontroversen entstehen – oder weil jemand ganz einfach gegen ein Gesetz verstößt –, wird die Sache einem Gerichtshof vorgelegt ... dem *die Autorität zugestanden wurde* (das heißt, dem *von den Staaten* die Autorität verliehen wurde), den Disput beizulegen.

Und wenn die gegenwärtige Gesetzgebung keinen Präzedenzfall aufweist oder kein Mittel zur Verfügung hat, durch das das Gericht zu einer *zu-*

friedenstellenden Lösung gelangen kann, schicken die Staaten und deren Menschen ihre Repräsentanten zu einer Zentralregierung. Dort sollen sie dann versuchen, zu einer Einigung über *neue* Gesetze zu gelangen, die eine befriedigende Situation herstellen *werden* – oder aber zumindest zu einem vernünftigen Kompromiß zu kommen.

Auf diese Weise *funktioniert* eure Föderation: ein Gesetzessystem; ein von euch *ermächtigtes* Gerichtssystem, das jene Gesetzte interpretiert; und ein Vollzugssystem, das notfalls durch bewaffnete Kräfte unterstützt wird, um die Entscheidungen dieser Gerichtshöfe durchzusetzen.

Und obwohl niemand behaupten kann, daß dieses System keiner Verbesserung bedarf, hat dieser politische Cocktail seit über 200 Jahren funktioniert!

Es gibt keinen Grund, daran zu zweifeln, daß *dasselbe Rezept nicht auch in bezug auf die Nationen funktioniert.*

Warum ist es nicht versucht worden, wenn es so einfach ist?

Es *WURDE* VERSUCHT. Euer Völkerbund war ein ernster Versuch. Die Vereinten Nationen sind der neueste Versuch. Doch der eine scheiterte, und der andere ist nur minimal effektiv – wie es auch bei den 13 Staaten der ursprünglichen Konföderation Amerikas der Fall war –, weil die Mitgliedsstaaten (vor allem die mächtigsten unter ihnen) Angst haben, durch eine Neuordnung *mehr zu verlieren als zu gewinnen.*

Das kommt daher, daß die »Mächtigen« weitaus mehr daran interessiert sind, an ihrer Macht festzuhalten, als daran, die Lebensqualität *aller* Menschen zu verbessern. Die »Besitzenden« *wissen,* daß eine solche Weltföderation unvermeidlich für die »Besitzlosen« mehr abwerfen würde, und sie glauben, daß dies *auf ihre Kosten* ginge …, und sie geben nichts auf.

Ist ihre Befürchtung nicht gerechtfertigt – und ist der Wunsch, an dem festhalten zu wollen, wofür man so lange gekämpft hat, unbillig oder unvernünftig?

Erstens stimmt es *nicht* unbedingt, daß andere ihren Reichtum aufgeben müssen, wenn ihr denen, die nun hungern und dürsten und obdachlos sind, mehr gebt.

Ihr müßtet, wie ich es bereits dargelegt habe, nur diese 1 000 000 000 000 Dollar nehmen, die ihr jährlich weltweit für militärische Zwecke ausgebt, und sie humanitären Zwecken zuführen. Damit habt ihr das Problem gelöst, ohne daß irgendein zusätzlicher Pfennig ausgegeben oder der Reichtum von da, wo er sich jetzt befindet, nach dort, wo er nicht ist, umverlagert werden müßte.

(Natürlich kann dagegen eingewandt werden, daß jene internationalen Konglomerate, die ihre Profite mit Kriegen und der dazu nötigen Kriegsmaschinerie machen, die »Verlierer« wären – ebenso deren Angestellte und *alle* diejenigen, die ihren Überfluß aus dem Konfliktdenken der Welt beziehen –, aber vielleicht ist eure Quelle des Überflusses am falschen Ort angesiedelt.

Wenn das Überleben der Bürger davon *abhängt,* daß die Welt im Streit lebt und in kriegerische Auseinandersetzungen verwickelt ist, erklärt diese Abhängigkeit vielleicht, warum sich eure Welt gegen *jeden* Versuch wehrt, eine Struktur für einen dauerhaften Frieden zu schaffen.) Was den zweiten Teil deiner Frage angeht, nämlich daß ihr an dem festhalten möchtet, was ihr euch durch so langes Kämpfen erworben habt, sei es als Individuum oder als Nation, so ist dieser Wunsch nicht unbillig oder unvernünftig, wenn du von einem an der äußeren Welt orientierten Bewußtsein herkommst.

Wie bitte?

Wenn du dein höchstes Lebensglück aus Erfahrungen beziehst, die nur in der äußeren Welt – der physischen Welt außerhalb deiner selbst – zu erlangen sind, wirst du *nie,* weder als Person noch als Nation, auch nur ein Gramm aufgeben wollen, von allem, was du aufgehäuft hast, um dich damit glücklich zu machen.

Und solange die »Besitzlosen« ihr *Unglück* an den *Mangel* von materiellen Dingen geknüpft sehen, werden auch sie sich in dieser Falle verfangen. Sie werden ständig haben wollen, was du hast, und du wirst dich konstant weigern, es mit ihnen zu teilen.

Deshalb habe ich an früherer Stelle gesagt, daß es einen Weg gibt, Kriege wirklich auszuschalten – und alle Erfahrungen von Unruhe und mangelndem Frieden. Aber dieser beinhaltet eine *spirituelle* Lösung.

Letztlich läßt sich jedes geopolitische Problem sowie auch jedes persönliche Problem auf ein spirituelles Problem zurückführen.

Alles im *Leben* ist spirituell, und daher haben alle Probleme des Lebens eine spirituelle Basis – und *sind spirituell zu lösen.*

Kriege werden auf eurem Planeten geführt, weil

jemand etwas hat, was ein anderer haben will. Das *bringt* jemanden *dazu,* etwas zu *tun,* was jemand *anders* ihn nicht tun lassen möchte.

Jeder Konflikt entsteht aus einem fehlgeleiteten Verlangen. Der einzig dauerhafte Friede in der Welt ist der Friede im Innern.

Laßt jede Person inneren Frieden finden. Wenn du inneren Frieden findest, stellst du fest, daß du auch ohne alle diese Dinge auskommst.

Das bedeutet einfach, daß du die Dinge der äußeren Welt nicht mehr brauchst. »Nicht zu brauchen« bedeutet große Freiheit. Es befreit dich als erstes von der Angst: Angst, daß es da etwas gibt, was du nicht haben wirst; Angst, daß du etwas, was du hast, verlieren wirst; und Angst, daß du ohne ein bestimmtes Ding nicht glücklich werden kannst.

Zweitens befreit es dich von der Wut. *Wut ist die Verkündung von Angst.* Wenn du nichts zu fürchten hast, hast du nichts, worüber du wütend werden mußt.

Du wirst nicht wütend, wenn du etwas nicht bekommst, was du möchtest, weil dein Wunsch nur eine Vorliebe, aber keine Notwendigkeit bedeutet. Deshalb verbindest du keine Angst mit der Möglichkeit, daß du es vielleicht nicht bekommst. Und somit kommt auch keine Wut auf.

Du wirst nicht wütend, wenn du andere etwas tun siehst, was sie deinem Wunsch nach nicht tun sollen, weil für dich keine *Notwendigkeit* besteht, daß sie *irgend etwas* Bestimmtes tun oder nicht tun. Somit kommt keine Wut auf. Du wirst nicht wütend, wenn andere unfreundlich sind, weil für dich keine *Notwendigkeit* besteht, daß sie freundlich sind. Du wirst nicht wütend, wenn andere lieblos sind, weil für dich keine *Notwendigkeit* besteht, daß sie dich lieben. Du hast keine Wut, wenn jemand grausam oder verletzend ist oder dir zu schaden sucht, denn für dich besteht keine *Notwendigkeit,* daß er sich anders verhält, und dir ist klar, daß du nicht verletzt oder geschädigt werden kannst. Du hast noch nicht einmal Wut, wenn dir jemand nach dem Leben trachten sollte, denn du hast keine Angst vor dem Tod.

Ist dir die Angst genommen, kann dir alles andere genommen werden, und du wirst keine Wut empfinden.

Du weißt innerlich, intuitiv, daß alles, was du geschaffen hast, wiedererschaffen werden kann oder daß es – was noch wichtiger ist – keine Rolle spielt.

Wenn du inneren Frieden findest, kann weder die Anwesenheit noch die Abwesenheit, das Vorhandensein oder das Nichtvorhandensein irgendeiner Person, eines Ortes oder eines Dings, eines Zustands, Umstands oder einer Situation der Schöpfer deines Bewußtseinszustands oder die Ursache deiner Seinserfahrung sein.

Das bedeutet nicht, daß du alle Dinge des Körpers ablehnst. Weit gefehlt. Du erfährst und erlebst wie nie zuvor, wie du dich ganz und gar in deinem Körper befindest und das sich damit verbindende *Vergnügen.*

Doch deine Beschäftigung mit den Dingen des Körpers ist freiwillig, kein Muß. Du wirst die Erfahrung von Körperempfindungen machen, weil es deine *Wahl* ist, nicht weil es *erforderlich* ist, damit du dich glücklich fühlst oder von Traurigkeit loskommst.

Diese eine simple Veränderung – den Frieden im Innern suchen und finden – könnte, wenn sie von jedermann unternommen würde, alle Kriege enden, Konflikte ausschalten, Ungerechtigkeiten verhindern und der Welt immerwährenden Frieden bringen.

Weder ist dazu ein anderes Rezept nötig, noch ist ein anderes Rezept *möglich.* Der Weltfriede ist eine individuelle, eine persönliche Angelegenheit!

Es ist keine Veränderung der Umstände nötig, sondern eine Veränderung des Bewußtseins.

Wie können wir zu innerem Frieden finden, wenn wir hungrig sind? Wie können wir heiter und gelassen sein, wenn wir durstig sind? Wie können wir Ruhe bewahren, wenn wir naß sind, frieren und kein Obdach haben? Wie können wir keine Wut empfinden, wenn unsere Liebsten grundlos sterben?

Du sprichst so poetisch, aber ist Poesie von praktischer Bedeutung? Hat sie der Mutter in Äthiopien etwas zu sagen, die ihr ausgemergeltes Kind sterben sieht, weil es kcine einzige Scheibe Brot gibt? Dem Mann in Mittelamerika, dem eine Kugel den Körper zerfetzt, weil er versucht, eine Armee vom Überfall auf sein Dorf abzuhalten? Und was sagt deine Poesie der Frau in Brooklyn, die von einer Bande achtmal vergewaltigt wird? Oder der sechsköpfigen Familie in Irland, die von einer Bombe weggeblasen wird, die Terroristen an einem Sonntagmorgen in einer Kirche versteckt haben?

Es TUT WEH, das zu hören, aber ich sage dir dies: In allem ist Vollkommenheit. Trachte danach, die Vollkommenheit zu erkennen. Das ist der Bewußtseinswandel, von dem ich spreche.

Brauche nichts. Wünsche alles. Wähle, was sich zeigt.

Spüre deine Gefühle. Weine dein Weinen. Lache dein Lachen. Achte deine Wahrheit. Doch wenn sich alle Emotionen erschöpft haben, sei still und wisse, daß ich Gott bin. Mit anderen Worten, sieh inmitten der Tragödie die Herrlichkeit des Prozesses. Auch wenn du mit einer Kugel in deiner Brust stirbst, auch wenn du von einer Bande vergewaltigt wirst.

Das scheint schier unmöglich zu sein. Doch wenn du dich ins Gottesbewußtsein begibst, ist es dir möglich.

Du *mußt* es natürlich nicht tun. Das hängt davon ab, wie du den Augenblick zu erleben wünschst.

In einem Moment der großen Tragödie besteht die Herausforderung immer darin, daß du den Geist zur Ruhe bringst und dich tief ins Innere deiner Seele begibst.

Du tust es automatisch, wenn du keine Kontrolle darüber hast.

Hast du dich jemals mit einer Person unterhalten, die mit ihrem Wagen von einer Brücke fiel? Oder die sich einem Gewehrlauf gegenübersah? Oder die beinahe ertrunken wäre. Oft erzählen diese Menschen, daß sich die Zeit überaus verlangsamte, daß sie eine merkwürdige Ruhe überkam, daß sie überhaupt keine Angst hatten.

»Fürchte dich nicht, denn ich bin bei dir.« Dies

hat die Poesie einem Menschen zu sagen, der sich einer Tragödie gegenübersieht. In deiner dunkelsten Stunde werde ich dein Licht sein. In deinem schwärzesten Augenblick werde ich dein Trost sein. In deiner schwierigsten und kritischsten Zeit werde ich deine Kraft und Stärke sein. Deshalb habe Vertrauen! Denn ich bin dein Hirte; dir wird nichts mangeln. Ich laß dich lagern auf grünen Auen; ich führe dich zum frischen Wasser.

Ich erquicke deine Seele und führe dich auf rechten Pfaden um meines Namens willen.

Und ob du schon wandertest im finsteren Tal, du wirst *kein* Unheil fürchten; denn ich bin bei dir. Mein Stecken und Stab *werden* dir Zuversicht geben.

Ich bereite dir einen Tisch im Angesicht deiner Feinde. Ich salbe dein Haupt mit Öl. Ich fülle dir reichlich den Becher. Gutes und Barmherzigkeit werden dir folgen dein Leben lang, und du wirst wohnen in meinem Haus – und in meinem Herzen – immerdar.

12

Das ist wunderbar. Was du da gesagt hast, ist wunderbar. Ich wollte, die Welt würde das begreifen. Ich wollte, die Welt könnte es verstehen, könnte es glauben.

DIESES BUCH WIRD dabei helfen. Du hilfst dabei. Du spielst also eine Rolle, tust deinen Teil zur Hebung des kollektiven Bewußtseins. Das ist es, was alle tun müssen.

Ja. Können wir nun zu einem neuen Thema übergehen? Ich halte es für wichtig, daß wir über die Einstellung reden – die Vorstellung von Dingen –, auf die du, wie du vor einer Weile sagtest, ausführlich eingehen wolltest.

Ich meine hier die Einstellung vieler Leute, die meinen, daß den Armen genug gegeben wurde; daß wir aufhören müssen, die Reichen zu besteuern, das heißt, sie im Endeffekt dafür zu bestrafen, daß sie hart arbeiten und »es schaffen«, nur um den Armen noch mehr geben zu können.

Diese Leute glauben, daß die Armen im Grunde arm sind, weil sie es so wollen. Viele unternehmen nicht einmal den Versuch, da rauszukommen. Sie saugen lieber an den Brustwarzen des Staates, als daß sie die Verantwortung für sich selbst übernehmen.

Viele Leute glauben, daß eine Umverteilung des Reichtums – ein gemeinsames Nutzen des Reichtums – ein sozialistisches Übel ist. Sie zitieren das Kommunistische Manifest mit seiner Forderung, sich nicht an den Fähigkeiten, sondern an den Bedürfnissen des einzelnen zu orientieren, als Beweis für den satanischen Ursprung des Gedankens, daß die Grundlagen für ein menschenwürdiges Leben aller durch die gemeinsamen Leistungen aller sichergestellt werden sollen.

Diese Leute glauben an das Prinzip: »Jeder für sich selbst.« Wenn man ihnen vorhält, daß das ein kalter und herzloser Gedanke ist, nehmen sie zu dem Spruch Zuflucht, daß jeder die gleiche Chance hat; sie behaupten, daß niemand von vornherein benachteiligt ist; daß, wenn *sie* es »schaffen« konnten, *es jeder kann* – und wenn es einer nicht tut, »es seine eigene verdammte Schuld ist«.

Du MEINST, DASS dies ein in Undankbarkeit wurzelnder, arroganter Gedanke ist.

Ja. Aber was meinst du dazu?

Ich habe kein Urteil in dieser Sache. Es ist nur einfach ein Gedanke. Es gibt nur eine relevante Frage in bezug auf diesen oder irgendeinen anderen Gedanken. Ist er euch dienlich? Dient euch dieser Gedanke in bezug auf das, was-und-wer-ihr-seid und zu sein bestrebt seid?

In Hinblick auf die Welt ist das die Frage, die sich die Menschen stellen müssen. Ist es euch dienlich, wenn ihr diesen Gedanken vertretet?

Ich sehe folgendes: Es *gibt* Menschen – ja ganze *Gruppen* von Menschen –, die in das *hineingeboren werden,* was ihr als nachteilige Umstände bezeichnet. Das entspricht den beobachtbaren Tatsachen.

Ebenso wahr ist, daß auf einer sehr hohen metaphysischen Ebene niemand »benachteiligt« ist, denn jede Seele erschafft sich selbst genau die Menschen, Ereignisse und Umstände, die sie braucht, um das zu erreichen, was sie erreichen will.

Ihr wählt euch alles. Eure Eltern, das Land, in dem ihr geboren werdet, Umstände, die alle euren »Wiedereintritt« begleiten.

Und ebenso fahrt ihr im Laufe der Tage und Zeiten eures Lebens fort, die Menschen, Ereignisse und Umstände auszuwählen und zu erschaffen, die euch die von euch erwünschten und genau richtigen und perfekten Gelegenheiten verschaffen sollen, euch so zu erkennen, wie ihr *wahrhaft seid.*

Mit anderen Worten, niemand ist »benachteiligt« in Anbetracht dessen, was die *Seele* zu erreichen wünscht. Zum Beispiel mag die Seele den *Wunsch* haben, mit einem behinderten Körper oder in einer repressiven Gesellschaft unter enormem politischem und ökonomischem Druck zu arbeiten, um die Bedingungen herzustellen, die sie für das braucht, was sie erreichen will.

Wir sehen also, daß sich Menschen in *physischer* Hinsicht tatsächlich mit »Benachteiligungen« konfrontiert sehen, daß diese aber *metaphysisch* betrachtet eigentlich die richtigen und perfekten Umstände und Bedingungen sind.

Was bedeutet das auf praktischer Ebene für uns? Sollten wir den »Benachteiligten« Hilfe anbieten oder einfach erkennen, daß sie in Wahrheit genau dort sind, wo sie sein *wollen,* und ihnen so gestatten, »ihr eigenes Karma auszuarbeiten«?

Das ist eine sehr gute – und sehr wichtige – Frage.

Denk als erstes daran, daß alles, was du denkst,

sagst und tust, ein Spiegelbild dessen ist, was du in bezug auf dich selbst entschieden hast; es ist eine Aussage darüber, wer-du-bist; es ist ein *Schöpfungs-Akt* im Kontext deiner Entscheidung, wer du *sein* möchtest. Ich komme immer wieder darauf zurück, weil es das einzige ist, was ihr hier macht; darum geht es für euch. Nichts sonst geschieht, und nichts sonst steht für die Seele auf der Tagesordnung. Ihr strebt danach, zu sein und zu erfahren, wer-ihr-wirklich-seid – und das zu erschaffen. Ihr erschafft euch in jedem Moment des Jetzt aufs neue.

Wenn ihr in diesem Kontext auf eine Person trefft, die offensichtlich, so wie ihr es in den relativen Begriffen eurer Welt beobachtet, benachteiligt zu sein scheint, dann müßt ihr als erstes die Frage stellen: Wer bin ich, und wer will ich in bezug dazu *sein?*

Mit anderen Worten, wenn ihr einer anderen Person begegnet, *egal* in was für Umständen sie sich befindet, sollte eure erste Frage immer lauten: Was will ich hier? Hast du das gehört? Deine erste Frage muß immer sein: Was will ich hier? Und nicht: Was will die andere Person hier?

Das ist die faszinierendste Einsicht, die mir je über den Umgang mit menschlichen Beziehungen zuteil wurde. Sie widerspricht auch allem, was ich je gelehrt wurde.

Ich weiss, aber eure Beziehungen sind deshalb ein solcher Schlamassel, weil ihr immer herauszufinden versucht, was die andere Person will und was die anderen *Leute* wollen, statt daß ihr herausfindet, was *ihr* wirklich wollt. Dann müßt ihr euch entscheiden, ob ihr es ihnen *geben* wollt. Und diese Entscheidung trefft ihr folgendermaßen: Ihr schaut euch erst mal an, was ihr möglicherweise von *ihnen* wollt. Und gibt es eurer Meinung nach nichts, was ihr von ihnen wollen könnt, dann fällt der Hauptgrund dafür, ihnen zu geben, was sie wollen, flach, und so gebt ihr es ihnen auch sehr selten. Wenn ihr andererseits seht, daß ihr etwas von ihnen wollt oder möglicherweise wollen könntet, dann aktiviert sich euer eigener Überlebensmodus, und ihr versucht ihnen zu geben, was sie haben wollen.

Anschließend seid ihr sauer – vor allem dann, wenn euch die andere Person letztlich doch nicht das gibt, was *ihr wollt.*

Bei diesem Spiel des *Tauschhandels* baut ihr ein sehr empfindliches Gleichgewicht auf. Du erfüllst meine Bedürfnisse und ich die deinen.

Doch der Sinn und Zweck aller menschlichen

Beziehungen – der Beziehungen zwischen den Nationen wie auch der zwischen den Einzelpersonen – hat mit all dem gar nichts zu tun. Sinn und Zweck deiner heiligen Beziehung mit jeder anderen Person, mit jedem Ort oder Ding bestehen nicht darin, daß du herauszufinden versuchst, was *sie* wollen oder brauchen, sondern was für dich *erforderlich* ist, oder was du jetzt brauchst, um zu *wachsen,* um der zu sein, der-du-sein-willst.

Deshalb habe ich überhaupt die Beziehung zu anderen Dingen und Wesen *erschaffen.* Wenn es nicht darum ginge, hättet ihr weiterhin in einem *Vakuum,* in einer Leere, im ewigen Alles leben können, aus dem ihr gekommen seid.

Doch in diesem Alles *seid* ihr einfach und könnt kein »Gewahrsein« von *irgend etwas im besonderen erleben,* da es in diesem Alles *nichts gibt, was ihr nicht seid.* Also habe ich für euch eine Möglichkeit ersonnen, aufs neue zu erschaffen und zu *erkennen,* wer ihr *in eurem Erleben* wirklich seid. Dies tat ich, indem ich euch folgendes mitgab.

1. Relativität – ein System, in dem ihr als ein Ding oder Wesen in bezug zu etwas anderem existieren könnt.
2. Vergessen – ein Vorgang, bei dem ihr euch willentlich der totalen Amnesie unterwerft, damit

ihr *nicht erkennen* könnt, daß die Relativität nur ein Trick ist und daß ihr *Alles* seid.

3. Bewußtsein – ein Seinszustand, innerhalb dessen ihr euch weiterentwickeln könnt, bis ihr die volle Bewußtheit erlangt und dann zu einem wahren und lebendigen Gott werdet, eure eigene Realität erschafft und erfahrt, diese Realität erweitert und erkundet, sie verändert und umgestaltet in dem Maße, wie ihr euer Bewußtsein zu neuen Grenzen ausdehnt – oder sollen wir sagen, zu *keinerlei Grenzen.*

   Innerhalb dieses Paradigmas *ist Bewußtsein alles.* Bewußtsein – das, wessen ihr euch wahrhaft bewußt seid – ist die Grundlage aller Wahrheit und somit aller wahren Spiritualität.

Aber was für einen Sinn hat das Ganze? Erst läßt du uns *vergessen,* wer-wir-wirklich-sind, damit wir uns dann daran erinnern können, wer-wir-wirklich-sind?

NICHT GANZ. DAMIT ihr *erschaffen* könnt, wer-ihr-seid-*und-sein-wollt.*

Das ist der Akt Gottes, wodurch er Gott ist. Ich bin ich – durch *euch!*

Das ist der Kernpunkt allen Lebens.

Durch euch *erfahre* ich, Wer-und-Was-Ich-Bin. Ohne euch könnte ich es wissen, doch nicht erfahren.

Wissen und Erfahren sind zwei verschiedene Dinge. Ich wähle jedesmal das Erfahren.

Ja, das *tue* ich. Durch *euch.*

Ich glaube, ich habe vergessen, was hier die ursprüngliche Frage war.

Hm, es ist schwierig, Gott beim Thema zu halten. Ich habe eine so ausufernde Art.

Laß uns sehen, ob wir zurückfinden. O ja. Was ist in bezug auf die weniger Glücklichen zu tun? Erstens, entscheide, was und wer du in Beziehung zu ihnen bist.

Zweitens, wenn du dich dazu entscheidest, dich als Beistand, als Hilfe, als Liebe und Mitgefühl und Fürsorglichkeit erfahren zu wollen, dann sieh zu, wie du *dies am besten sein* kannst.

Und beachte, daß deine Fähigkeit, dies zu sein, *nichts damit zu tun hat, was andere sind oder tun.*

Manchmal kannst du Menschen am besten lieben und ihnen am meisten helfen, wenn *du sie in Ruhe läßt* oder sie dazu befähigst, sich selbst zu helfen.

Das ist wie ein Festmahl. Das Leben ist ein Büffet, und du kannst den Menschen dabei *zu einer großen Portion* von *sich selbst* verhelfen.

Denk daran, daß deine größte Hilfeleistung für eine andere Person darin besteht, daß du *sie aufweckst,* sie daran erinnerst, wer-sie-wirklich-ist. Es gibt viele Möglichkeiten, das zu tun. Manchmal nur durch ein bißchen Beistand, einen Anstoß, einen Schubs, einen Stups … und manchmal durch die Entscheidung, daß du sie ihren eigenen Kurs nehmen, ihrem eigenen Pfad folgen, ihren eigenen Weg gehen läßt, ohne daß du irgendwie eingreifst oder dich einmischst. (Alle Eltern sind mit dieser Entscheidung vertraut und quälen sich tagtäglich damit herum.)

Deine Chance, etwas für die weniger Glücklichen zu tun, besteht darin, sie zu einem *Um-Denken* zu veranlassen, zu einem neuen Denken über sich selbst.

Und auch du mußt zu einem neuen Denken über sie gelangen, denn wenn *du* sie als unglücklich und bedauernswert *ansiehst,* werden *sie* es auch tun.

Jesu größte Gabe bestand darin, daß er jede Person als das ansah, was sie wirklich war. Er weigerte sich, das äußere Erscheinungsbild zu akzeptieren; er weigerte sich zu glauben, was andere von sich selbst glaubten. Er hatte immer eine höhere Anschauung und lud stets andere *dazu* ein.

Aber er respektierte und achtete auch, was andere zu sein gewählt hatten. Er verlangte nicht von ihnen, daß sie seine höhere Anschauung akzeptierten, er bot sie ihnen nur in Form einer Einladung an.

Sein Handeln war auch durch Mitgefühl bestimmt – und wenn andere sich dafür entschieden, sich als hilfsbedürftige Wesen zu betrachten, wies er sie nicht wegen ihrer irrigen Selbsteinschätzung ab, sondern ließ zu, daß sie ihre eigene Realität liebten, und half ihnen liebevoll dabei, ihre Wahl auszuagieren.

Denn Jesu wußte, daß manche auf dem schnellsten Weg zu dem kommen, der-sie-wirklich-sind, wenn sie den Weg *über* das nehmen, was-sie-nicht-sind.

Er bezeichnete das nicht als einen unvollkommenen Weg, den er damit verdammt hätte. Vielmehr betrachtete er auch diesen als »vollkommen« – und unterstützte so jedermann darin, das zu sein, was er sein wollte.

In dieser Weise erhielt ein jeder, der ihn darum bat, Hilfe von Jesus.

Er verweigerte sich niemandem – achtete aber stets sorgsam darauf, daß seine Hilfe immer den vollkommen ehrlichen Wunsch einer Person unterstützte.

Wenn andere aufrichtig nach Erleuchtung strebten, ehrlich ihre Bereitschaft, zur nächsten Ebene überzugehen, zum Ausdruck brachten, gab Jesus ihnen die Stärke, den Mut, die Weisheit, das zu tun. Er bot sich – zu Recht – den Menschen als Beispiel an und ermutigte sie, wenn ihnen schon nichts anderes möglich war, auf *ihn* zu vertrauen. Er würde sie nicht, so sagte er, in die Irre führen.

Viele setzten ihr Vertrauen in ihn – und bis auf den heutigen Tag hilft er denen, die seinen Namen anrufen. Denn seine Seele ist die Verpflichtung eingegangen, die aufzuwecken, die danach streben, vollkommen wach und vollkommen lebendig in mir zu sein.

Doch Christus hatte auch *Erbarmen* mit jenen, die das nicht taten. Er lehnte die Selbstgerechtigkeit ab und gab – wie sein Vater im Himmel – niemals ein richtendes Urteil ab.

Jesu Vorstellung von vollkommener Liebe bestand darin, allen Personen genau die Hilfe zukommen zu lassen, die sie erbaten, nachdem ihnen erklärt worden war, welche Art von Hilfe sie *bekommen* konnten.

Er weigerte sich nie, jemandem zu helfen, und tat dies vor allem nie aus dem Gedanken heraus, daß »ein jeder so liegen sollte, wie er sich gebettet hatte«.

Jesus wußte: Wenn er den Leuten die Hilfe gab, um die sie gebeten hatten, statt jener, die er ihnen hätte geben wollen, dann stärkte er sie *auf der Ebene, auf der sie bereit waren, Stärkung zu erhalten.*

So gehen alle großen Meister vor: die, die in der Vergangenheit auf eurem Planeten wandelten, und die, die gegenwärtig unter euch weilen.

Nun bin ich verwirrt. Wann ist ein Hilfsangebot kontraproduktiv? Wann wirkt es sich nachteilig statt förderlich auf das Wachstum eines anderen aus?

WENN DEINE HILFE in einer Weise angeboten wird, die ständige Abhängigkeit statt rasche Unabhängigkeit schafft.

Wenn du, im Namen des Mitgefühls, zuläßt, daß eine andere Person sich auf dich zu verlassen anfängt statt auf sich selbst.

Das ist kein Mitgefühl, sondern zwanghafte Machtausübung. Diese Art von Hilfe ist im Grunde ein Machttrip. Hier geht es unter Umständen um sehr feine Unterschiede, und manchmal weißt du gar nicht, daß du dich auf einem Machttrip befindest. Du glaubst wirklich, daß du einfach das Beste tust, um jemandem zu helfen … doch achte sorgsam darauf, daß du nicht einfach nur darauf bedacht bist, deinen eigenen Selbstwert zu steigern. Denn in dem Maße, wie du einer anderen Person gestattest, dich für sie verantwortlich zu machen, gestattest du ihr, dich zu einer machtvollen Person aufzubauen. Und das gibt dir natürlich ein Selbstwertgefühl.

Diese Art von Hilfe *ist ein Aphrodisiakum, das die Schwachen verführt.*

Ziel ist es, den Schwachen dabei zu helfen, daß sie stark werden, nicht die Schwachen noch schwächer werden zu lassen.

Das ist das Problem vieler staatlicher Hilfsprogramme, denn sie bewirken oft letzteres statt ersteres. Staatliche Hilfsprogramme haben oft die Tendenz, sich selbst zu verewigen. Ihr Ziel kann oft ebensosehr in der Rechtfertigung ihrer eigenen Existenz liegen wie in der Hilfe für jene, für die sie gedacht sind.

Gäbe es ein Limit für alle Hilfe von Seiten des Staates und der Regierung, würde den Menschen geholfen, wenn sie wirklich Hilfe brauchen, aber sie könnten von dieser Hilfe nicht abhängig werden und *sie* gegen ihr eigenes Selbstvertrauen eintauschen.

Regierungen wissen, daß Hilfe Macht bedeutet. Deshalb bieten sie so vielen Menschen soviel Hilfe an, wie man ihnen durchgehen läßt – denn je mehr Menschen eine Regierung hilft, desto mehr Menschen helfen dieser Regierung.

Wer von der Regierung unterstützt wird, der unterstützt die Regierung.

Dann darf es also *keine* Umverteilung des Reichtums geben, und das Kommunistische Manifest ist tatsächlich satanisch.

Natürlich gibt es keinen Satan, aber ich verstehe, was du meinst. Der Gedanke hinter der Forderung des Kommunistischen Manifests, sich nicht an den Fähigkeiten, sondern an den Bedürfnissen des einzelnen zu orientieren, ist nicht des Teufels, er ist schön. Damit wird nur auf andere Weise gesagt, daß ihr eures Bruders Hüter seid. Es ist die Durchführung dieser schönen Idee, die häßlich werden kann.

Ein Miteinanderteilen muß eine Lebensweise, kann kein von der Regierung verordneter Erlaß sein. Das Miteinanderteilen sollte freiwillig erfolgen, es darf nicht erzwungen werden.

Aber hier haben wir es wieder! Eine optimale Regierung *ist das Volk,* und dessen Programme sind einfach Instrumente einer »Lebensweise« aufgrund derer die Menschen mit vielen anderen Menschen teilen. Und ich würde meinen, daß die Menschen sich kollektiv, über das Instrument ihrer politischen Systeme, dazu entschieden haben, weil sie die Beobachtung machten und die Geschichte sie lehrt, daß die »Besitzenden« *nicht* mit den »Besitzlosen« teilen.

Die russischen Bauern hätten warten können, bis die Hölle einfriert, um zu erleben, daß der russische Adel seinen Reichtum mit ihnen teilt – welchen er gewöhnlich durch die harte Arbeit der Bauern erwarb und vermehrte. Den Bauern wurde nur gerade so viel gegeben, daß sie ein kärgliches Dasein fristen konnten, als »Anreiz« dafür, weiterhin das Land zu bearbeiten – und die Landbarone noch reicher zu machen. Sprich du mir von *Abhängigkeitsbeziehungen!* Das war ein ausbeuterisches und schamloseres Arrangement des Ich-helfe-dir-nur-wenn-du-mir-hilfst, als es *jemals* von einer Regierung ersonnen wurde!

Es war eine Schande, gegen die die russischen Bauern revoltierten. Aus der Frustration der Menschen darüber, daß die »Besitzenden« *aus freien Stücken nichts* an die »Besitzlosen« abgaben, entstand ein Regierungssystem, das die Gleichbehandlung aller Menschen sicherstellte.

So war der Spruch Marie Antoinettes kennzeichnend für die Situation: »Sollen sie doch Kuchen essen!«, sagte sie, als die hungernden, zerlumpten Massen unter ihrem Fenster protestierten, weil es kein Brot gab, während sie in einer vergoldeten Badewanne auf einem juwelengeschmückten Podest saß und importierte Weintrauben aß.

Gegen *diese* Haltung protestierten die Unterdrückten. Das sind die Umstände, die zur Revolution und zur sogenannten Willkürherrschaft führten.

Regierungen, die von den Reichen nehmen, um es den Armen zu geben, werden als Willkürherrscher bezeichnet, aber Regierungen, die nichts unternehmen, wenn die Reichen die Armen *ausbeuten,* sind Unterdrücker.

Frag heute noch die Bauern in Mexiko. Man sagt, daß zwanzig oder dreißig Familien – die reiche und mächtige Elite – das Land buchstäblich *beherrschen* (im wesentlichen deshalb, weil sie es *besitzen!),* während zwanzig oder dreißig *Millionen* in tiefster Armut leben. Also unternahmen die Bauern 1993-94 eine Revolte, um die elitäre Regierung dazu zu zwingen, ihre Pflicht zu tun und den Menschen die Mittel für ein Leben mit einem Mindestmaß von Würde an die Hand zu geben. Es besteht ein Unterschied zwischen elitären und »vom, durch und für das Volk« geschaffenen Regierungen.

Werden nicht Volksregierungen von wütenden Menschen geschaffen, die der grundsätzlich selbstsüchtige Charakter des menschlichen Wesens frustriert?

Werden Regierungsprogramme nicht als Abhilfe geschaffen, weil die Menschen unwillig sind, selber für Abhilfe zu sorgen?

Ist das nicht der Ursprung für Mietgesetze, Vorschriften in bezug auf Kinderarbeit, Unterstützungsprogramme für alleinerziehende Mütter?

Ist die Sozialhilfe nicht der Versuch der Regierung, etwas für die älteren Menschen zu tun, was deren eigenen Familien nicht für sie tun können oder wollen?

Wie vereinbaren wir unseren Haß auf die vom Staat ausgeübte Kontrolle mit unserem Mangel an Bereitschaft, irgend etwas zu tun, was wir nicht tun *müssen,* sobald es *keine* Kontrolle gibt?

Man sagt, daß manche Bergwerksarbeiter unter *grauenhaften* Bedingungen arbeiteten, bis die Regierung die schäbigen reichen Minenbesitzer anwies, ihre lausigen Minen in Ordnung zu bringen. Warum haben diese Besitzer das nicht von allein getan? Weil es ihre *Profite* geschmälert hätte! Und den Reichen war es egal, wieviele Arme in den gefährlichen Minen *umkamen,* damit die Profite flössen – und anwuchsen.

Die Wirtschaftsunternehmen zahlten den Arbeitern anfänglich *Sklavenlöhne,* bis ihnen die Regierung ein Mindestgehalt auferlegte. Diejenigen, die für eine Rückkehr zu »den guten alten Zeiten« plädieren, sagen: »Na und? Sie haben *Arbeitsplätze* geschaffen, oder? Und wer trägt denn das *Risiko!* Der Arbeiter? Nein! Der *Investor,* der *Besitzer,* trägt alle Risiken! Also sollte er auch den größten Lohn einstreichen!«

Jeder, der denkt, daß die Arbeiter, von deren Arbeit die Besitzer abhängig sind, mit Würde behandelt werden sollten, wird als *Kommunist* bezeichnet.

Jeder, der denkt, das niemandem aufgrund seiner Hautfarbe eine Wohnung verweigert werden sollte, wird als *Sozialist* bezeichnet.

Jede, die denkt, daß keiner Frau, nur weil sie die »falsche« Geschlechtszugehörigkeit hat, Einstellungschancen oder berufliche Aufstiegsmöglichkeiten verweigert werden sollten, wird als *Radikalfeministin* bezeichnet.

Und wenn sich Regierungen über ihre gewählten Repräsentanten daranmachen, die Probleme zu lösen, die selber zu lösen sich die Machthabenden in der Gesellschaft standhaft weigern, werden sie als Zwangsherrschaft bezeichnet! (Natürlich nicht von den Menschen, denen sie helfen, sondern von denen, die sich weigern, *selber* diese Hilfe zu leisten.) Nirgends zeigt sich das deutlicher als beim Gesundheitswesen. 1992 entschieden ein amerikanischer Präsident und seine Frau, daß es unfair und unangemessen ist, wenn Millionen von Amerikanern keinen Zugang zu einer Gesundheitsfürsorge haben; das setzte eine Debatte über das Gesundheitswesen in Gang, die sogar die Vertreter des Ärztestandes und der Versicherungswirtschaft in den Ring steigen ließ.

Die wirkliche Frage ist nicht, wessen Lösungsvorschlag der bessere war: der von der Regierung oder der von der Privatindustrie vorgeschlagene Plan. Die wirkliche Frage lautet: *Warum hat die Privatindustrie nicht schon längst ihren eigenen Lösungsvorschlag vorgelegt?*

Ich *sag* dir, warum. Weil sie es nicht *mußten.* Und der Industrie ging es ausschließlich um Profite. Profite, Profite, *Profite.*

Mein Standpunkt ist daher folgender: Wir können wettern und schreien und uns beklagen, soviel wir wollen. Die schlichte Wahrheit ist, daß der Staat für die Lösungen sorgt, wenn der Privatsektor es nicht tut.

Wir könnten auch behaupten, daß Regierungen das, was sie tun, gegen die Wünsche des Volkes unternehmen, aber solange die Menschen die

Regierung kontrollieren – und das tun sie in den Vereinigten Staaten in weitem Maße –, so lange wird die Regierung weiterhin Lösungen für soziale Mißstände fordern und mit Lösungsvorschlägen aufwarten, weil die *Mehrheit der Menschen nicht* reich und mächtig ist und *sich deshalb per Gesetz verordnet, was die Gesellschaft ihr nicht freiwillig gibt.*

Nur in Ländern, wo eine Regierung nicht durch die Mehrheit ihres Volkes kontrolliert wird, unternimmt sie wenig oder gar nichts zur Aufhebung des sozialen Unrechts.

Das ist also das Problem: Wieviel Regierung ist zuviel Regierung? Und wieviel ist zu wenig? Und wie und wo gelangen wir zu einem Gleichgewicht?

Wow! So HABE ich dich ja noch nie loslegen sehen! Du hast hier ja so lange geredet wie bisher in keinem unserer beiden Bücher.

Du hast gesagt, dieses Buch würde auf einige der umfassenderen globalen Probleme eingehen, mit denen sich die Menschenfamilie konfrontiert sieht. Ich denke, ich habe ein riesiges Problem dargelegt.

JA. JEDERMANN VON Toynbee über Jefferson bis Marx hat schon seit Hunderten von Jahren versucht, es zu lösen.

Okay – wie sieht *deine* Lösung aus?

WIR WERDEN HIER ein paar Schritte zurückgehen und noch mal altes Terrain beackern müssen.

Nur zu. Vielleicht muß ich es zweimal hören.

DANN WERDEN WIR mit der Tatsache beginnen, daß ich keine »Lösung« *habe.* Und das deshalb, weil ich nichts davon als problematisch ansehe. Es ist nur das, was es ist, und ich hege hinsichtlich dessen keine Vorlieben. Ich beschreibe hier nur, was sich beobachten läßt; was jeder ganz schlicht und einfach sehen kann.

Okay, du hast keine Lösung und keine Vorlieben. Kannst du mir eine Beobachtung anbieten?

ICH BEOBACHTE, DASS die Welt sich noch ein Regierungssystem einfallen lassen muß, das eine umfassendere Lösung beinhaltet – obschon das Regierungssystem der Vereinigten Staaten einer solchen bislang am nächsten gekommen ist.

Die Schwierigkeit besteht darin, daß Güte und Fairneß moralische und keine politischen Fragen sind.

Über ein Regierungssystem macht der Mensch den Versuch, Güte zu verordnen und Fairneß zu garantieren. Doch es gibt nur einen Ort, wo Güte geboren wird: im Herzen. Es gibt nur einen Ort, wo die Vorstellung von Fairneß entsteht: im menschlichen Geist. Es gibt nur einen Ort, wo Liebe wahrhaft erfahren werden kann: in der menschlichen Seele. Denn die menschliche Seele *ist Liebe.*

Ihr könnt moralisches Verhalten nicht gesetzlich verordnen. Ihr könnt kein Gesetz verabschieden, welches besagt: »Liebt einander.«

Wir drehen uns nun hier im Kreis, denn wir haben das bereits alles abgehandelt. Doch die Diskussion ist gut, also hak ruhig weiter nach. Es ist okay, selbst wenn wir über dieselben Dinge zwei- oder dreimal reden müssen. Wir versuchen hier, der Sache auf den Grund zu gehen; zu sehen, wie ihr sie jetzt gestalten wollt.

Na gut, dann stelle ich dieselbe Frage wie zuvor. Sind nicht alle Gesetze nur einfach ein Versuch der Menschen, moralische Vorstellungen und Prinzipien zu kodifizieren? Ist die »Gesetzgebung«

nicht einfach nur unsere zusammengefaßte Übereinkunft über das, was »richtig« und »falsch« ist?

JA. UND ES sind bestimmte zivile Gesetze – Regeln und Vorschriften – in eurer primitiven Gesellschaft erforderlich. (Du begreifst, daß in nichtprimitiven Gesellschaften solche Gesetze unnötig sind. Alle Wesen regulieren sich dort selbst.) In eurer Gesellschaft seht ihr euch noch mit bestimmten sehr elementaren Fragen konfrontiert. Sollt ihr an der Straßenkreuzung anhalten? Sollt ihr nach bestimmten Regeln kaufen und verkaufen? Gibt es irgendwelche Beschränkungen hinsichtlich eures Umgangs miteinander? Aber in Wahrheit sollten selbst diese elementaren Gesetze – Verbote von Mord, Zerstörung, Betrug oder sogar der Nichtbeachtung einer roten Ampel – nicht nötig sein und *wären auch nicht* nötig, wenn überall alle Menschen ganz einfach den *Gesetzen der Liebe* folgten.

Das heißt dem Gesetz Gottes.

Was not tut, ist ein Wachsen des Bewußtseins, nicht ein Anwachsen von Regierung und Staat.

Du meinst, alles wäre in Ordnung, wenn wir nur die Zehn Gebote befolgten!

Es gibt keine Zehn Gebote. (Darüber wird im 1. Band ausführlich gesprochen.) Gottes Gesetz heißt »kein Gesetz«. Das ist etwas, das ihr nicht versteht.

Ich brauche und verlange nichts.

Viele Leute können deiner letzten Aussage keinen Glauben schenken.

Lass sie Band 1 lesen. Er enthält die vollständige Erklärung.

Ist das dein Vorschlag für diese Welt? Völlige Anarchie?

Ich schlage gar nichts vor. Ich beobachte nur, was funktioniert, und sagte dir, was ich beobachtet habe. Nein, ich mache nicht die Beobachtung, daß Anarchie – das Fehlen von Regierungsformen, Regeln, Vorschriften oder Einschränkungen jeglicher Art – funktioniert. Ein solches System läßt sich nur mit fortgeschritteneren Wesen praktizieren, als die Menschen meiner Beobachtung nach sind.

Ein bestimmtes Maß an Regierungsform und Staatsgewalt wird so lange erforderlich sein, bis das Menschengeschlecht in seiner Entwicklung am Punkt angelangt ist, wo es *ganz natürlich das tut,* was *natürlich richtig* ist.

Ihr seid klug, wenn ihr euch bis dahin selbst eine Regierung gebt. Die von dir angeführten Punkte sind augenfällig und unanfechtbar. Die Menschen tun oft *nicht,* was »richtig« ist, wenn es ihnen überlassen bleibt, nach ihrer eigenen Devise zu handeln.

Die eigentliche Frage ist nicht, warum Regierungen den Menschen so viele Regeln und Vorschriften aufzwingen, sondern: Warum *müssen* Regierungen das tun?

Die Antwort hat mit eurem auf Trennung ausgerichteten Bewußtsein zu tun.

Mit der Tatsache, daß wir uns als voneinander getrennt betrachten.

JA.

Aber wenn wir nicht voneinander getrennt sind, dann sind wir *eins.* Und bedeutet das nicht, daß wir füreinander verantwortlich *sind?*

JA.

Nimmt uns das nicht die Fähigkeit, zu individueller Größe zu gelangen? Wenn wir alle füreinander verantwortlich sind, hatte das Kommunistische Manifest recht!

Wie ich schon sagte, enthält es einen sehr noblen Gedanken, der aber seiner noblen Eigenschaft beraubt wird, wenn man ihn rücksichtslos durchsetzt. Das war das Problem mit dem Kommunismus. Nicht der Gedanke, sondern dessen Durchführung.

Da gibt es die, die sagen, daß er gewaltsam durchgesetzt werden *mußte,* weil er gegen die Grundnatur des Menschen verstößt.

Da hast du den Nagel auf den Kopf getroffen. Die Grundnatur des Menschen muß verändert werden. Daran muß gearbeitet werden.

Um den Bewußtseinswandel zu bewirken, von dem du gesprochen hast.

Ja.

Wir drehen uns wieder im Kreis. Würde ein Gruppenbewußtsein nicht zur Entmachtung des Individuums führen?

SCHAUEN WIR UNS das einmal an. Würde es nicht, wenn die Grundbedürfnisse jeder Person auf dem Planeten abgedeckt wären – wenn die Masse der Menschen in Würde leben könnte und nicht mehr nur ums schiere Überleben kämpfen müßte –, für die ganze Menschheit den Weg frei machen, sich nobleren Bestrebungen und Beschäftigungen zu widmen?

Würde die Größe und Bedeutsamkeit des Individuums tatsächlich eine Unterdrückung erfahren, wenn das Überleben des einzelnen garantiert wäre?

Muß die universelle Würde dem Glanz und der Glorie von Einzelpersonen geopfert werden?

Was für eine Art von Glanz und Glorie ist das, die auf Kosten anderer erlangt wird?

Ich habe euren Planeten mit mehr als ausreichenden Ressourcen versehen, um die Bedürfnisse aller angemessen zu befriedigen. Wie kann es sein, daß jedes Jahr Tausende verhungern? Hunderte obdachlos werden? Millionen aufschreien und nach ganz einfacher Würde verlangen?

Die Form von Hilfe, die *dem* ein Ende setzen würde, ist nicht diejenige, die entmachtet oder unfähig macht.

Wenn eure Wohlhabenden sagen, daß sie den Hungernden und Obdachlosen nicht helfen wollen, weil sie sie nicht abhängig machen wollen, dann sind sie Heuchler. Denn niemand kann wirklich sein »Wohl haben«, solange andere dahinsterben.

Der evolutionäre Stand einer Gesellschaft wird daran gemessen, wie gut sie die geringsten ihrer Mitglieder behandelt. Wie ich schon sagte, besteht die Herausforderung darin, daß ihr zu einem Gleichgewicht findet, daß ihr den Leuten helft, ohne ihnen zu schaden.

Hast du hier irgendwelche Richtlinien anzubieten?

Eine allgemeine Richtlinie könnte lauten: Irrt euch im Zweifel zugunsten des Mitgefühls.

Der Test, ob ihr helft oder schadet: Erfahren eure Mitmenschen als Resultat eurer Hilfe eine Erweiterung oder Reduzierung? Habt ihr sie größer oder kleiner gemacht? Fähiger oder unfähiger?

Es wurde gesagt, daß Individuen, wenn man ihnen alles gibt, weniger bereit sein werden, selbst dafür zu arbeiten.

Aber warum sollten sie für ein Leben in einfachster Würde arbeiten müssen? Ist nicht genug für alle da? Warum sollte das »Dafür-Arbeiten« etwas damit zu tun haben? Ist nicht die grundsätzliche menschliche Würde das Geburtsrecht eines jeden? *Sollte sie es nicht sein?*

Wenn man *mehr* als das Minimum anstrebt – mehr Nahrung, eine größere Behausung, schönere Kleidung –, kann man für diese Ziele arbeiten. Aber sollte jemand ums schiere *Überleben* kämpfen müssen – auf einem Planeten, auf dem mehr als genug für alle vorhanden ist?

Das ist die zentrale Frage, mit der sich die Menschheit konfrontiert sieht.

Es geht nicht darum, alle gleich zu machen. Die Herausforderung besteht darin, dafür zu sorgen, daß für jeden ein grundsätzliches Überleben in Würde gesichert ist und somit jede Person die Chance hat zu entscheiden, was sie darüber hinaus noch haben möchte.

Es gibt Leute, die dagegen einwenden, daß manche diese Chance auch dann nicht ergreifen, wenn sie ihnen angeboten wird.

Und das ist eine richtige Beobachtung. Doch daraus ergibt sich eine weitere Frage: Schuldet ihr denen, die die ihnen angebotenen Chancen nicht ergreifen, noch eine weitere Chance und noch eine?

Nein.

Wenn das auch meine Einstellung wäre, wärt ihr auf ewig zur Hölle verdammt.

Ich sage dir dies: Mitgefühl hat nie ein Ende, Liebe hört niemals auf, Geduld geht in der Welt Gottes nie aus. Nur in der Welt der Menschen hat Güte ihre Grenzen.

In meiner Welt hat die Güte kein Ende.

Auch wenn wir sie gar nicht verdienen?

Ihr verdient sie *immer.*

Auch wenn wir dir deine Güte um die Ohren hauen?

Vor allem dann. (»Wenn dich einer auf die rechte Wange schlägt, dann halt ihm auch die andere hin. Und wenn dich einer zwingen will, eine Meile mit ihm zu gehen, dann geh zwei mit ihm.«) Wenn ihr mir meine Güte um die Ohren haut (was die Menschen übrigens schon seit Jahrhunderten tun), dann sehe ich, daß ihr nur in einem *Irrtum* befangen seid. Ihr wißt nicht, was am besten für euch ist. Ich habe Mitgefühl, weil sich eure Fehler nicht auf das Böse, sondern auf Unwissenheit gründen.

Aber manche Menschen sind *grundsätzlich böse.* Manche sind von Natur aus schlecht.

Wer hat dir das erzählt?

Das ist meine Beobachtung.

Dann kannst du nicht richtig sehen. Ich habe es dir schon gesagt: Niemand tut – gemessen an seinem Weltbild – etwas Böses.

Anders ausgedrückt, alle tun in jedem gegebenen Moment das ihnen Bestmögliche.

Die Handlungen eines jeden Menschen hängen von den ihm zugänglichen Informationen ab.

Ich habe es bereits gesagt – Bewußtsein ist alles. Wessen bist du dir bewußt? Was weißt du?

Ist es nicht böse, wenn uns Menschen in Verfolgung ihrer eigenen Ziele angreifen, verletzen, schädigen, ja sogar töten?

Ich habe dir bereits gesagt: *Jeder Angriff ist ein Hilferuf.*

Niemand hat wirklich den Wunsch, einen anderen zu verletzen. Die es tun – übrigens einschließlich eurer Regierungen –, tun es aus der irrigen Vorstellung heraus, daß dies der einzige Weg sei, etwas zu bekommen, was sie haben wollen.

Ich habe bereits die *Lösung auf höherer Ebene* für dieses Problem skizziert. *Brauche einfach nichts.* Hab Vorlieben, aber keine *Bedürfnisse.*

Doch das ist ein sehr hoher Seinszustand; es ist die Stufe der Meister.

Geopolitisch gesehen: Warum arbeitet ihr nicht als eine Welt zusammen, um die elementarsten Bedürfnisse eines jeden zu erfüllen?

Das tun wir – oder versuchen es.

NACH JAHRTAUSENDEN MENSCHHEITSGESCHICHTE hast du nichts Besseres zu bieten?

Tatsache ist, daß ihr euch kaum weiterentwickelt habt. Ihr agiert immer noch aus einer primitiven Mentalität des »jeder für sich selbst« heraus.

Ihr plündert die Erde aus, beraubt sie ihrer Ressourcen, beutet ihre Lebewesen aus, entzieht systematisch jenen Personen die Bürgerrechte, die euch dabei nicht zustimmen, und bezeichnet *sie* als »Radikale«.

Ihr tut das alles um eurer eigenen selbstsüchtigen Zwecke willen, weil ihr einen Lebensstil entwickelt habt, den ihr *auf andere Weise* nicht aufrechterhalten könnt.

Ihr *müßt* jedes Jahr Millionen Hektar an Baumbeständen fällen, sonst könnt ihr eure Sonntagszeitung nicht bekommen. Ihr *müßt* die euren Planeten schützende Ozonschicht immer weiter zerstören, sonst könnt ihr euren Haarspray nicht bekommen. Ihr *müßt* die Flüsse und Bäche irreparabel verschmutzen und verseuchen, sonst können euch eure Industrien nicht mit immer noch mehr und noch Größerem und Besserem beliefern. Und ihr *müßt* die Geringsten unter euch ausbeuten – die Unterprivilegiertesten, dic am wenigsten Ausgebildeten, die am wenigsten Bewußten –, sonst könnt ihr nicht an der Spitze der menschlichen Leiter eines unerhörten (und unnötigen) Luxus leben. Und schließlich müßt ihr *leugnen, daß ihr das alles tut,* sonst könnt ihr nicht mit euch selber leben.

Euer Herz rät euch nicht, »einfach zu leben, damit andere einfach leben können«. Diese Aufkleber-Weisheit ist zu simpel für euch. Sie ist zuviel verlangt, fordert zuviel von euch. Schließlich habt ihr so *hart* für das, was ihr habt, gearbeitet! *Davon gebt ihr nichts auf.* Und wenn der Rest der Menschheit – von den Kindern eurer eigenen Kinder ganz zu schweigen – dafür leiden muß, ist das eben ihr Pech, richtig? Ihr habt getan, was *ihr* tun mußtet, um zu überleben, um es »zu schaffen« – sie können dasselbe tun! Schließlich *ist* es nun mal so, oder etwa nicht: Ein jeder für sich!

Gibt es irgendeinen Ausweg aus diesem Schlamassel?

JA. SOLL ICH es noch einmal sagen? Einen *Bewußtseinswandel.*

Ihr könnt die Probleme, die die Menschheit plagen und quälen, nicht durch Regierungsaktionen oder politische Maßnahmen lösen. Ihr habt das schon seit Tausenden von Jahren versucht.

Die notwendige Veränderung kann nur in den Herzen der Menschen vorgenommen werden.

Kannst du die Veränderung, die vorgenommen werden muß, in einem Satz zusammenfassen?

DAS HABE ICH schon mehrmals getan.

Ihr müßt aufhören, Gott als von euch und euch selbst als voneinander getrennt zu betrachten.

Die *einzige* Lösung ist diese höchste Wahrheit: Es existiert im Universum nichts, das von irgend etwas anderem getrennt ist. *Alles* ist zutiefst miteinander verbunden, unwiderruflich wechselseitig voneinander abhängig, interaktiv, eingewoben in den Stoff allen Lebens.

Alles Regieren, alle Politik, muß auf diese Wahrheit gegründet sein. Alle Gesetze müssen darin verwurzelt sein. Dies ist die künftige Hoffnung für die Menschheit; die einzige Hoffnung für euren Planeten.

Wie funktioniert das Gesetz der Liebe, von dem du vorhin gesprochen hast?

LIEBE GIBT ALLES und verlangt nichts. Wie können wir nichts verlangen?

WENN JEDER MENSCH alles gäbe, was würdet ihr dann noch verlangen oder brauchen? Der einzige Grund, aus dem ihr *irgend etwas* verlangt oder braucht, ist der, daß ein anderer zurückhält. *Hört mit dem Zurückhalten auf!*

Das kann nur funktionieren, wenn das alle auf einmal tun.

IN DER TAT ist ein globales Bewußtsein erforderlich.

Doch wie soll es zustande kommen? *Jemand muß den Anfang machen.*

Dir bietet sich diese Gelegenheit.
Du kannst die Quelle dieses neuen Bewußtseins sein.
Du kannst die Inspiration sein. Ja, du *mußt* sie sein.

Ich muß?

WER SONST, WENN nicht du?

13

Wie kann ich einen Anfang machen?

Sei der Welt ein Licht und schade ihr nicht. Trachte danach aufzubauen, nicht zu zerstören. Bring mein Volk nach Hause.

Wie?

Durch dein leuchtendes Beispiel. Strebe nur nach Göttlichkeit. Sprich nur in Wahrhaftigkeit. Handle nur in Liebe. Lebe das Gesetz der Liebe jetzt und immerdar. Gib alles, brauche und fordere nichts.

Meide das Weltliche.

Akzeptiere nicht das Unakzeptable.

Lehre alle, die danach streben, mich kennenzulernen.

Mach jeden Moment deines Lebens zu einem sprudelnden Quell der Liebe.

Nutze jeden Moment, um den höchsten Gedanken zu denken, das höchste Wort zu sagen, die höchste Tat zu tun. Darin verherrliche dein heiliges Selbst, und so verherrliche auch mich.

Bring der Erde Frieden, indem du allen Frieden bringst, deren Leben du berührst.

Sei Friede.

Fühle und äußere in jedem Moment deine göttliche Verbindung mit dem Allem, mit jeder Person, jedem Ort und jedem Ding.

Akzeptiere liebevoll jeden Umstand, erkenne jeden Fehler an, teile alle Freude, vertiefe dich in jedes Mysterium, versetz dich an jedermanns Stelle, vergib jede Kränkung (die von dir zugefügte eingeschlossen), heile jedes Herz, ehre die Wahrheit einer jeden Person, verehre den Gott jedes Menschen, schütze die Rechte eines jeden, bewahre die Würde einer jeden Person, stille die Bedürfnisse eines jeden, geh von der Heiligkeit jedes Menschen aus, bring in jeder Person ihre größten Gaben hervor, bewirke Segen für jeden und verkünde die sichere Zukunft jedes Menschen in der gewissen Liebe Gottes.

Sei ein lebendiges, atmendes Beispiel der in dir wohnenden höchsten Wahrheit.

Sprich bescheiden von dir selbst, damit nicht jemand deine höchste Wahrheit als Prahlerei mißversteht.

Sprich leise, damit nicht jemand denkt,

du wollest nur die Aufmerksamkeit auf dich lenken.

Sprich sanft, damit alle die Liebe erfahren können. Sprich offen und freimütig, so daß du nicht mißverstanden werden kannst.

Sprich oft, so daß dein Wort sich wahrhaft verbreiten kann.

Sprich respektvoll, damit niemand entehrt wird.

Sprich liebevoll, so daß eine jede Silbe heilen kann.

Sprich in jeder Äußerung von mir.

Mach dein Leben zu einem Geschenk. Denk immer daran, du *bist* das Geschenk!

Sei jedem Wesen ein Geschenk, das in dein Leben eintritt, und einem jeden, in dessen Leben du eintrittst. Achte darauf, daß du *nicht in das Leben eines anderen eintrittst,* wenn du kein Geschenk sein kannst.

(Du kannst immer ein Geschenk sein, weil du immer das Geschenk bist – doch manchmal läßt du dich das selbst nicht wissen).

Tritt jemand unerwartet in dein Leben, *dann halte Ausschau nach dem Geschenk, das von dir zu erhalten diese Person gekommen ist.*

Was für eine außergewöhnliche Art, dies auszudrücken.

Warum sonst, glaubst du, ist eine Person zu dir gekommen?

Ich sage dir dies: *Jede* Person, die je zu dir gekommen ist, kam, um von dir ein Geschenk zu erhalten. Und dabei gibt sie *dir* ein Geschenk – das Geschenk, daß du erfährst und erfüllst, wer-du-bist.

Wenn du diese einfache Wahrheit erkennst, wenn du sie verstehst, erkennst du auch die allergrößte Wahrheit:

ICH HABE EUCH
NUR ENGEL GESANDT.

14

Ich bin verwirrt. Können wir nochmals auf einen Punkt zurückkommen? Mir scheint es da ein paar widersprüchliche Informationen zu geben. Mir scheint, du habest gesagt, daß wir anderen Menschen manchmal am besten helfen können, wenn wir sie in Ruhe lassen. Dann scheinst du mir aber auch gesagt zu haben, daß wir es nie versäumen sollen, einer Person zu helfen, wenn wir sehen, daß sie Hilfe braucht. Diese beiden Aussagen erscheinen mir widersprüchlich.

Lass mich hier Klarheit in dein Denken bringen.

Biete niemals die Art von Hilfe an, die zu einer Schmälerung der Selbständigkeit des anderen führt. Bestehe nie darauf, die Hilfe anzubieten, die deines Erachtens vonnöten ist. Laß die Menschen in Not wissen, was du alles zu geben hast – und hör dir dann an, was sie wollen; schau dir an, was zu empfangen sie bereit sind.

Biete die Hilfe an, die gewünscht wird. Oft

werden dir die Leute sagen oder dir durch ihr Verhalten zu verstehen geben, daß sie einfach nur in Ruhe gelassen werden möchten. Und das höchste Geschenk, das du ihnen dann anbieten kannst, gleich was *du* deiner Meinung nach ihnen gerne geben würdest, mag dann darin bestehen, daß du sie in Ruhe läßt.

Wenn zu einem späteren Zeitpunkt noch etwas anderes gebraucht oder gewünscht wird, dann wird deine Aufmerksamkeit darauf gelenkt werden, falls es an dir sein sollte, dieses Geschenk zu machen. Wenn dem so ist, dann gib es.

Doch bemühe dich, nichts zu geben, was die Selbständigkeit des anderen schmälern könnte. Geschmälert wird sie durch alles, was Abhängigkeit fördert oder bewirkt.

In Wahrheit gibt es *immer* eine Möglichkeit, anderen auf eine sie bestärkende und ermächtigende Weise zu helfen.

Ein völliges *Ignorieren* der Notlage eines anderen, der wirklich deine Hilfe braucht, ist keine Antwort, denn wenn du zu wenig tust, hilft das den anderen ebensowenig, wie wenn du zuviel tust.

Es zeugt nicht von höherem Bewußtsein, wenn du die echte Notlage von Brüdern oder Schwestern absichtlich ignorierst mit der Behauptung, daß das höchste Geschenk, das du ihnen machen kannst, das ist, daß du sie sozusagen in »ihrem eigenen Saft schmoren« läßt. Eine solche Einstellung bedeutet Selbstgerechtigkeit und Arroganz in höchstem Maße. Sie dient dir lediglich als Ausrede, um deine Unbeteiligtheit zu rechtfertigen.

Ich verweise dich wiederum auf das Leben Jesu und seine Lehren.

Denn es war Jesus, der euch sagte, daß ich zu denen zu meiner Rechten sagen werde: Kommt her, ihr, meine gesegneten Kinder, ererbt das Reich, das euch bereitet ist von Anbeginn der Welt.

Denn ich war hungrig, und ihr habt mir zu essen gegeben; ich war durstig, und ihr habt mir zu trinken gegeben; ich war fremd und obdachlos, und ihr habt mich aufgenommen.

Ich war nackt, und ihr habt mir Kleidung gegeben; ich war krank, und ihr habt mich besucht; ich war im Gefängnis, und ihr habt mich getröstet.

Dann werden sie zu mir sagen: Herr, wann haben wir dich hungrig gesehen und dir zu essen gegeben oder durstig und dir zu trinken gegeben? Und wann haben wir dich fremd und obdachlos gesehen und aufgenommen oder nackt und dir Kleidung gegeben? Und wann haben wir dich krank oder im Gefängnis gesehen und dich getröstet?

Und darauf werde ich ihnen antworten:

Wahrlich ich sage euch: Was ihr für einen meiner geringsten Brüder getan habt, das habt ihr mir getan.

Das ist meine Wahrheit, und sie gilt noch immer für alle Zeiten.

15

Ich liebe dich, weißt du das?

ICH WEISS. UND ich liebe dich.

16

Da wir sowohl über umfassendere Aspekte des Lebens auf planetarischer Ebene wie auch über einige im ersten Band erkundeten Elemente unseres individuellen Lebens sprechen, möchte ich dich gerne zur Umwelt befragen.

Was möchtest du wissen?

Wird sie wirklich zerstört, wie manche Umweltschützer behaupten, oder handelt es sich bei diesen Leuten einfach nur um wild gewordene Radikale, kommunistisch eingefärbte Liberale, die alle in Berkeley studiert haben und Haschisch rauchen?

Die Antwort auf beide Fragen lautet »ja«.

Waaaas??

Ich habe nur einen Witz gemacht. Okay, die Anwort auf die erste Frage lautet »ja«, die Antwort auf die zweite Frage »nein«.

Die Ozonschicht *wird* abgebaut? Die Regenwälder *werden* dezimiert?

JA. ABER ES geht nicht nur um so offensichtliche Dinge. Es gibt auch weniger augenscheinliche Probleme, um die ihr euch kümmern solltet.

Hilf mir mal auf die Sprünge.

ZUM BEISPIEL NIMMT das fruchtbare Erdreich auf eurem Planeten rapide ab. Das heißt, ihr habt bald kein gutes Erdreich mehr, auf dem ihr Nahrung anbauen könnt. Der Boden braucht nämlich seine Zeit, um sich zu regenerieren, und eure Agrarindustrie *hat* keine Zeit. Sie wollen, daß die Erde produziert, produziert, produziert. Die uralte Praxis, die Anbauflächen von Jahr zu Jahr zu wechseln, wird abgeschafft oder zeitlich verkürzt. Um den Zeitverlust wettzumachen, wird der Boden mit Chemikalien versetzt, damit er schneller wieder fruchtbar wird. Doch hier, wie in allen Dingen, könnt ihr keinen künstlichen Ersatz für Mutter Natur schaffen, der euch auch nur annähernd mit dem versorgen könnte, womit sie euch versorgt.

Als Folge wird das zur Verfügung stehende fruchtbare Erdreich ausgelaugt. An manchen Orten bis in seine tiefsten Schichten hinunter. Mit anderen Worten, ihr baut mehr und mehr Nahrung auf einem Ackerboden an, der weniger und weniger Nährstoffe enthält. Kein Eisen, keine Mineralien. Nichts, was euch der Boden liefern sollte. Schlimmer noch, eure Nahrungsmittel sind voller Chemikalien, die ihr in eurem verzweifelten Versuch, den Boden wieder zu regenerieren, in die Erde geschüttet habt. Das schädigt zwar kurzfristig gesehen den Körper nicht sichtbar, doch ihr werdet zu eurem Leidwesen erfahren, daß diese Chemikalien, die im Körper verbleiben, auf Dauer die Gesundheit schädigen. Eure auf raschen Profit abzielenden Landwirtschaftsmethoden führten zur Erosion des Bodens. Die meisten von euch mögen sich dieses Problems nicht bewußt sein, doch ist der rapide Schwund dieser fruchtbaren Erdreichreserven kein Phantasiegebilde irgendwelcher Yuppie-Umweltschützer auf der Suche nach dem nächsten sensationellen Umweltskandal. Fragt irgendeinen kundigen Wissenschaftler, und ihr werdet eine Menge zu hören bekommen. Es handelt sich um ein Problem von epidemischen Ausmaßen. Es ist ein ernstes globales Problem.

Das ist nur ein Beispiel von vielen, wie ihr eure Mutter, die Erde, die euch alles Leben gibt, in völliger Mißachtung ihrer Bedürfnisse und natürlichen Prozesse schädigt und ihre Vorräte und Kräfte erschöpft.

Ihr bekümmert euch um wenig auf eurem Planeten, außer darum, wie ihr euren eigenen Leidenschaften frönen, eure unmittelbaren (und meist aufgeblähten) Bedürfnisse befriedigen und euer endloses menschliches Verlangen nach immer mehr und Größerem und Besserem stillen könnt. Doch ihr tätet gut daran, euch als Spezies zu fragen, wann genug genug ist.

Warum hören wir nicht auf unsere Umweltschützer? Warum beachten wir ihre Warnungen nicht?

HIER, WIE AUCH bei allen wirklich wichtigen Dingen, die die Lebensqualität und den Lebensstil auf eurem Planeten beeinflussen, zeigt sich immer wieder ein leicht erkennbares Muster. Ihr habt einen Spruch, der die perfekte Antwort auf diese beiden wichtigen Fragen liefert: »Folge der Spur des Geldes.«

Wie können wir je hoffen, diese Probleme zu lösen, wenn wir gegen etwas derart Massives und Hinterhältiges ankämpfen müssen?

GANZ EINFACH. SCHAFFT das Geld ab.

Das Geld abschaffen?

Ja. Oder schafft zumindest dessen Unsichtbarkeit ab.

Das verstehe ich nicht.

Die meisten Menschen verstecken die Dinge, derer sie sich schämen oder von denen andere Leute nichts erfahren sollen. Deshalb verstecken derart viele von euch ihre Sexualität, und deshalb verstecken fast alle von euch ihr Geld. Das heißt, ihr seid nicht offen, wenn es ums Geld geht. Ihr betrachtet euer Geld als eine äußerst private Angelegenheit. Und darin liegt das Problem.

Wenn jeder *alles* über *jedermanns* Finanzsituation wüßte, gäbe es einen Aufstand in eurem Land und auf dem Planeten, wie ihr ihn noch nie erlebt habt. Und danach würden alle menschlichen Angelegenheiten nach den Prinzipien von Fairneß, Gleichbehandlung und Ehrlichkeit und unter Berücksichtigung der Priorität des wahren Wohls aller geregelt werden.

Fairneß oder Gleichbehandlung, Ehrlichkeit oder das Gemeinwohl lassen sich derzeit unmöglich auf dem Marktgeschehen einführen, weil sich Geld so leicht verstecken läßt. Ihr könnt es buchstäblich auf physische Weise nehmen und *verstekken.* Und es gibt auch alle möglichen Methoden, mit deren Hilfe kreative Buchhalter Firmengelder »verstecken« oder »verschwinden lassen« können.

Da Geld also versteckt werden kann, gibt es keine Möglichkeit zu erfahren, wieviel jeder hat, oder was er damit macht. Das ermöglicht unzählige Ungerechtigkeiten, von Gaunereien und Betrügereien ganz zu schweigen. Firmen können zum Beispiel zwei Personen für dieselbe Arbeitsleistung sehr unterschiedliche Gehälter bezahlen. Sie können zum Beispiel einer Person jährlich ein Gehalt von 100 000 Mark und der anderen, die genau die gleiche Funktion hat, nur 75 000 Mark zahlen, und das nur deshalb, weil die eine etwas hat, was die andere nicht hat.

Und was ist das?

Ein Penis.

Oh.

JA, OH.

Ach, das verstehst du nicht. Die Tatsache, daß sie einen Penis hat, macht die erste Person wertvoller als die andere; sie ist gewitzter, fast zweimal intelligenter und leistungsfähiger.

Hmm. Ich kann mich nicht entsinnen, euch so konstruiert zu haben. Ich meine, daß ich die Fähigkeiten so ungleich verteilt hätte.

Das hast du aber getan, und ich bin überrascht, daß du das nicht weißt. Jedermann auf dem Planeten weiß das.

Wir hören besser damit auf, sonst denken die Leute, daß wir das wirklich ernst meinen. Willst du etwa sagen, du meinst das nicht ernst? Wir, die Menschen auf diesem Planeten, *schon!* Deshalb können Frauen keine katholischen Priesterinnen werden, dürfen sich nicht auf die falsche Seite der Klagemauer in Jerusalem stellen, können nicht bis an die Spitze der größten Konzerne aufsteigen oder Pilotinnen …

Schon gut, kapiert. Ich will ja nur sagen, daß es sehr viel schwieriger wäre, mit einer Diskriminierung hinsichtlich der Arbeitslöhne davonzukommen, wenn alle Geldtransaktionen nicht mehr versteckt, sondern sichtbar gemacht würden.

Kannst du dir vorstellen, was an den Arbeitsplätzen auf dem Globus los wäre, wenn alle Firmen gezwungen wären, die jeweiligen Gehälter aller ihrer Angestellten publik zu machen? Nicht die *Gehaltskategorien* bestimmter Arbeitsplatzeinstufungen, sondern das *tatsächliche Entgelt,* das jedes Individuum *erhält.*

Nun, dann wäre Schluß mit: »Teile und herrsche.«

RICHTIG.

Und dann wäre Schluß mit: »Was ich nicht weiß, macht mich nicht heiß.«

RICHTIG.

Und dann wäre Schluß mit: »Mensch, warum sollten wir mehr Geld ausgeben, wenn wir sie für ein Drittel weniger bekommen?«

SO IST ES.

Und dann wäre Schluß mit der Speichelleckerei und Schöntuerei und der Bevorzugung und den »guten Beziehungen«.

Und die Arbeitsplätze und die Welt würden noch von sehr, sehr viel mehr befreit, nur durch die einfache Methode der Offenlegung der Spur des Geldes. Denk nur mal nach. Glaubst du nicht, die Dinge würden sich ändern, wenn ihr genau wüßtet, wieviel Geld jeder von euch besitzt und wieviel Profit alle eure Industrien und Konzerne machen und wieviel jeder ihrer leitenden Angestellten wirklich verdient – und wie diese Personen und Konzerne ihr Geld *verwenden?*

Denk mal darüber nach. Welche Veränderungen würden sich deiner Ansicht nach daraus ergeben?

Die simple Tatsache ist die, daß sich die Menschen 90 Prozent von dem, was auf der Welt vor sich geht, nicht gefallen lassen würden, wenn sie *wüßten,* was da wirklich gespielt wird.

Die Gesellschaft würde diese außerordentlich einseitige und unangemessene Verteilung des Reichtums und noch weniger die Mittel, mit denen er erworben wird, oder die Art und Weise, in der er eingesetzt wird, um noch mehr Gewinn zu machen, nicht sanktionieren, wenn alle Menschen allerorten detaillierte und sofortige Kenntnis von diesen Fakten erhielten.

Nichts führt rascher zu einem angemessenen Verhalten, als wenn die Dinge ans Licht der kritischen Öffentlichkeit gebracht werden. Deshalb waren eure sogenannten *Sunshine Laws* ein so effektives Mittel beim Ausmisten des Saustalls in euren politischen Systemen und Regierungskreisen. Die Tatsache, daß seitdem öffentliche Ratsversammlungen und Anhörungen abgehalten werden müssen, und der Öffentlichkeit Einsicht in Unterlagen und Protokolle gewährt werden muß, hat viel zur Reduzierung der in Hinterzimmern abgesprochenen Mauscheleien und Machenschaften beigetragen, die in den 20er, 30er, 40er und 50er Jahren in euren Rathäusern, Schulgremien, Wahlbezirken – und auch in den Kreisen eurer Bundesregierung – die Regel waren.

Jetzt ist es an der Zeit, etwas »Sonnenschein« in den Umgang mit eurem Entgelt für Waren und Dienstleistungen auf eurem Planeten zu bringen.

Was schlägst du vor?

DAS IST KEIN Vorschlag, sondern eine Herausforderung. Ich fordere euch dazu heraus, endlich den Mut zu haben, all euer Geld, all eure Papiere und Münzen und nationalen Währungen wegzuwerfen und neu anzufangen. Entwickelt ein internationales monetäres System, das weit offen, total einsichtig, sofort nachvollziehbar und völlig durchschaubar ist. Errichtet ein Weltweites Abrechnungssystem (WAS) mit Kreditposten für jeweils geleistete Dienste und hergestellte Produkte und Schuldposten für jeweils in Anspruch genommene Dienstleistungen und konsumierte Produkte.

Alles würde in diesem System verzeichnet werden. Erträge aus Investitionen, Erbschaften, Gewinne aus Wetten, Gehälter und Löhne, Trinkgelder und Gratifikationen, alles. Und nichts könnte ohne Krediteinheiten gekauft werden.

Es gäbe keine andere Handelswährung, und jedermanns Unterlagen wären für alle einsehbar.

Es gibt den Spruch: Zeig mir das Bankkonto eines Menschen, und ich sag dir, wer er ist. Das ist ein Szenarium, dem dieses System ziemlich nahe käme. Die Leute würden oder könnten zumindest erheblich mehr übereinander wissen, als sie es jetzt tun. Aber sie würden nicht nur mehr übereinander wissen, sie würden auch mehr über *alles* wissen. Mehr darüber, was die Konzerne zahlen und ausgeben, und was ihre Herstellungskosten und ihr geforderter Preis für ein Produkt sind. (Kannst du dir vorstellen, was die Konzerne machen würden, wenn sie auf jedes Preisschild zwei Zahlen setzen müßten – den Preis und *ihre* Kosten? Würde das nicht die Preise senken, den Wettbewerb anheizen und dem fairen Handel Vorschub leisten? Du kannst dir die Konsequenzen eines solchen Schrittes nicht mal ausmalen.)

Unter dem neuen Weltweiten Abrechnungssystem wäre der Transfer von Schuld- und Kreditposten sofort und total einsehbar. Das heißt, jeder könnte das Konto irgendeiner anderen Person oder Organisation jederzeit inspizieren. Nichts würde geheimgehalten, nichts wäre »Privatsache«. Das WAS würde jährlich jenen Personen 10 Prozent von ihren sämtlichen Gewinnen abziehen, die *freiwillig* um einen solchen Abzug *bitten.* Es gäbe keine Einkommenssteuer, keine Formulare, keine Abschreibungen, keine »Schlupflöcher«, keine Mogelei und Hinterziehung! Da alle Unterlagen offen einsehbar wären, könnte jeder in der Gesellschaft feststellen, wer sich dafür entscheidet, zehn Prozent für das Gemeinwohl zu stiften, und wer nicht. Diese freiwillig geleisteten Abzüge würden zur Unterstützung all der staatlichen Programme und Dienstleistungen dienen, für die sich das Volk per Abstimmung entschieden hat.

Das ganze System wäre sehr einfach und durchschaubar.

Die Welt würde sich nie auf so etwas einlassen.

NATÜRLICH NICHT. UND weißt du, warum? Weil

ein solches System es jedem unmöglich machen würde, *irgend etwas zu tun, von dem er nicht will, daß ein anderer es weiß.* Aber warum sollte jemand überhaupt so etwas tun wollen? Ich sag dir, warum. Weil ihr gegenwärtig in einem interaktiven sozialen System lebt, das auf geschickter Manipulation, gegenseitiger Übervorteilung und dem sogenannten »Überleben der Fittesten« basiert.

Wenn das Hauptziel und Anliegen eurer Gesellschaft im Überleben *aller* bestünde (so wie es in allen wahrhaft aufgeklärten oder erleuchteten Gesellschaften der Fall ist), im gleichen Nutzen für *alle,* in der Sicherstellung eines guten Lebens für *alle,* dann würde jede Notwendigkeit der Geheimhaltung, der hinter verschlossenen Türen ausgehandelten Geschäfte und abgekarteten Machenschaften und von Geld, das sich verstecken läßt, entfallen.

Ist dir klar, wieviel an guter alter *Korruption,* von Unfairneß und Ungerechtigkeiten ganz zu schweigen, durch die Einführung eines solchen Systems ausgeräumt würde? Das Geheimnis, das Schlüsselwort heißt hier *Sichtbarkeit.*

Wow. Was für ein Konzept. Was für eine Idee. Absolute Sichtbarkeit und Durchschaubarkeit bei der Durchführung aller monetären Angelegenheiten. Ich versuche, einen Grund zu finden, warum das »falsch«, warum das nicht »okay« wäre, aber ich kann keinen finden.

Natürlich findest du keinen, *weil du nichts zu verstecken hast.* Aber kannst du dir vorstellen, was die Menschen, die in dieser Welt über Geld und Macht verfügen, tun würden, wie sie bei dem Gedanken aufschreien würden, daß jeder ihrer Schritte, jeder Kauf und Verkauf, jeder Handel, jede geschäftliche Aktion und Preisfestsetzung, jede Lohnverhandlung und Entscheidung von *jedermann* begutachtet werden könnte, indem man sich ganz einfach nur anschaut, was dahintersteht?

Ich sage dir dies: *Nichts* führt schneller zu Fairneß als *Sichtbarkeit.*

Sichtbarkeit ist einfach ein anderes Wort für *Wahrheit.*

Bring die Wahrheit in Erfahrung, sie wird dich befreien.

Regierungen, Konzerne und Menschen, die über Macht verfügen, wissen das, weshalb sie niemals zulassen werden, daß die Wahrheit – die schlichte und einfache Wahrheit – die Grundlage eines von ihnen konstruierten politischen, sozialen oder ökonomischen Systems bildet.

In erleuchteten Gesellschaften gibt es *keine Geheimnisse.* Jeder weiß, was der andere hat, was er verdient, was er an Gehältern, Steuern und Beihilfen zahlt und was die anderen Unternehmen im einzelnen berechnen und für wieviel sie kaufen und mit wieviel Profit sie verkaufen und alles. *Alles.*

Weißt du, warum das nur in erleuchteten Gesellschaften möglich ist? Weil in diesen Gesellschaften niemand bereit ist, *auf Kosten eines anderen irgend etwas* zu bekommen oder zu *besitzen.*

Das ist eine radikale Lebensweise.

IN PRIMITIVEN GESELLSCHAFTEN erscheint sie radikal, ja. In erleuchteten Gesellschaften ist sie das offensichtlich Angemessene.

Mich fasziniert dieses Konzept der »Sichtbarkeit«. Könnte es auch über die monetären Angelegenheiten hinausreichen? Könnte es auch ein Schlüssel für unsere persönlichen Beziehungen sein?

DAS WÄRE ZU hoffen.

Und doch ist es nicht so.

IN DER REGEL nicht. Auf eurem Planeten noch nicht. Die meisten Menschen haben immer noch zuviel zu verbergen.

Warum? Worum geht es hier?

In den persönlichen Beziehungen (und im Grunde in allen Beziehungen) geht es um *Verlust.* Es geht um die Angst davor, daß man etwas verlieren, daß man scheitern oder versagen könnte. Doch die besten persönlichen und ganz sicher die romantischsten Beziehungen sind die, in denen jeder alles weiß; in denen *Sichtbarkeit* nicht nur das Schlüsselwort, sondern das *einzige Wort* ist; in diesen Beziehungen wird nichts zurückgehalten, wird nichts verschleiert oder gefärbt oder versteckt oder maskiert. Nichts bleibt unausgesprochen. Nichts bleibt der Vermutung überlassen, es werden keine Spielchen gespielt; niemand »führt einen Tanz auf«, »zieht eine Schau ab« oder »macht etwas vor«.

Aber wenn jeder alles wüßte, was wir denken –

Moment mal. Hier geht es nicht darum, daß du keine geistige Privatsphäre mehr hast, keinen geschützten Raum für deine persönlichen Prozesse. Das ist es nicht, wovon wir hier reden.

Hier geht es nur um den offenen und ehrlichen Umgang miteinander. Nur darum, daß du die Wahrheit sagst, wenn du sprichst, und keine

Wahrheit verschweigst, die deiner Erkenntnis nach ausgesprochen werden sollte. Darum, daß du niemals lügst oder verschleierst oder verbal oder mental manipulierst oder deine Wahrheit verdrehst, sie hinbiegst zu einer der hundertundeins anderen verzerrten Ausformungen, die für den größten Teil der menschlichen Kommunikation so charakteristisch sind.

Hier geht es darum, reinen Tisch zu machen, klipp und klar zu sagen, was Sache ist. Darum, sicherzustellen, daß alle Einzelpersonen über alle Informationen verfügen und alles Nötige wissen, was sie zu einem Punkt oder Thema wissen müssen. Hier geht es um Fairneß und Offenheit und um … *Sichtbarkeit.*

Doch das heißt nicht, daß jeder einzelne Gedanke, jede heimliche Befürchtung, jede schwärzeste Erinnerung, jedes flüchtige Urteil, jede flüchtige Meinung oder Reaktion zur Diskussion und Begutachtung auf den Tisch gelegt werden muß. Das ist nicht Sichtbarkeit, das ist Wahnsinn und würde euch verrückt machen.

Wir sprechen hier über einfache, direkte, geradlinige, offene, ehrliche, vollständige Kommunikation. Das ist alles, und doch ist es ein bemerkenswertes Prinzip, das selten zur Anwendung kommt.

Das kannst du zweimal sagen.

Das ist alles, und doch ist es ein bemerkenswertes Prinzip, das selten zur Anwendung kommt.

Du solltest im Varieté auftreten.

Machst du Witze? Tu ich doch.

Aber im Ernst, das ist eine großartige Idee. Stell dir eine ganze Gesellschaft vor, die sich um das Prinzip der Sichtbarkeit aufbaut. Bist du sicher, das würde funktionieren?

Ich sag dir etwas. Die Hälfte aller Übel auf der Welt würde morgen verschwinden. Die Hälfte der Sorgen, die Hälfte der Konflikte, die Hälfte der Wut, die Hälfte der Frustration auf der Welt …

Natürlich würde es zunächst Wut und Frustration geben, keine Frage. Wenn endlich herauskäme, wie sehr dem normalen Bürger mitgespielt und auf der Nase rumgetanzt wird, wie er als Wegwerfartikel benutzt, manipuliert, belogen und schlichtweg betrogen wird, gäbe es eine *Menge* Frust und Wut. Aber »Sichtbarkeit« würde mit all dem innerhalb von 60 Tagen weitgehend aufräumen und es in Luft auflösen.

Laß mich dich noch mal dazu einladen, darüber nachzudenken.

Glaubst du, ihr könntet ein solches Leben führen? Keine Geheimnisse mehr? Absolute Sichtbarkeit und Durchschaubarkeit?

Wenn nicht, warum nicht?

Was verbergt ihr vor anderen, das sie nicht wissen sollen?

Was sagst du zu anderen, das nicht wahr ist?

Was sagst du jemandem nicht, das wahr ist?

Hat das Lügen durch Sagen oder Verschweigen eure Welt dahin gebracht, wo ihr eigentlich sein wollt? Hat euch die Manipulation (der Wirtschaft, einer Situation oder einfach einer Person) durch Stillschweigen oder Heimlichtuerei wirklich genützt? Ist »Diskretion« wirklich das, was euren Staat, eure Konzerne und euer persönliches Leben funktionieren läßt?

Was würde geschehen, wenn für jedermann alles sichtbar wäre?

Es liegt allerdings eine gewisse Ironie in der Sache. Seht ihr nicht, daß dies genau das ist, wovor ihr euch bei eurer ersten Begegnung mit Gott fürchtet? Kapiert ihr nicht, daß ihr genau davor Angst habt: Daß das Stück aus ist, das Spiel vorbei, der Steptanz zu Ende, das Schattenboxen vorüber und daß die lange, lange Kette der großen und kleinen Täuschungsmanöver und Betrügereien – ganz buchstäblich – an einem *toten Punkt* angelangt ist?

Doch die gute Nachricht ist die, daß es keinen Grund gibt, Angst zu haben, sich zu fürchten. Niemand wird euch verurteilen, niemand wird euch der »Missetat« bezichtigen, niemand wird euch in ein ewiges Höllenfeuer werfen.

(Und was euch Angehörige der römisch-katholischen Kirche angeht, ihr werdet auch nicht ins Fegefeuer kommen.) Nun, ihr versteht, was ich meine. Jeder von euch hat sich im Kontext eurer jeweiligen Theologie irgendein Bild, irgendeine Vorstellung von Gottes schlimmstem Strafgericht zurechtgebastelt. Und ich hasse es, es euch sagen zu müssen, da ich sehe, was für einen Spaß euch das ganze Drama macht, aber, nun ja … *so etwas gibt es einfach nicht.*

Vielleicht könnt ihr, wenn ihr die Angst davor verliert, daß euer Leben im Augenblick eures Todes total sichtbar offengelegt wird, auch eure Angst davor überwinden, daß euer Leben total sichtbar wird, *während ihr es lebt.*

Wäre *das* nicht was …

Ja, das wäre was, oder? Hier ist also das Rezept,

um dir zu einem Start zu verhelfen. Kehre zum ersten Kapitel dieses Buches zurück, und schau dir noch mal *die fünf Ebenen des Sprechens der Wahrheit* an. Sei entschlossen, dir dieses Modell einzuprägen und es umzusetzen. Strebe nach der Wahrheit, sag die Wahrheit, lebe die Wahrheit jeden Tag. Tu das für dich selbst und jeder anderen Person gegenüber, mit deren Leben du in Berührung kommst.

Dann sei bereit, nackt zu sein. Sei ein Vorbild für *Sichtbarkeit.*

Das ist mir unheimlich. Wirklich unheimlich.

DANN SCHAU, WOVOR du dich fürchtest.

Ich befürchte, daß alle den Raum verlassen werden. Ich habe Angst, daß mich niemand mehr mögen wird.

ICH VERSTEHE. Du hast das Gefühl, du mußt lügen, damit die Leute dich mögen?

Nicht gerade lügen. Nur ihnen nicht *alles* sagen.

DENK AN DAS, was ich vorhin sagte. Es geht nicht darum, daß du mit jedem kleinen Gefühl, Gedanken, mit jeder Idee, Befürchtung, Erinnerung, mit jedem Bekenntnis oder was auch immer herausplatzt. Es geht einfach darum, daß du immer die Wahrheit sagst, dich vollständig zeigst.

Vor der Person, die du am meisten liebst, kannst du dich körperlich nackt zeigen, oder?

Ja.

WARUM DANN NICHT auch emotional nackt sein? Das zweite ist viel schwieriger als das erste.

DAS VERSTEHE ICH. Dennoch empfiehlt es sich, denn es bringt großen Lohn ein.

Du hast ganz sicher einige sehr interessante Gedanken zur Sprache gebracht. Schafft die versteckten Motive ab, baut eine Gesellschaft auf dem Prinzip der Sichtbarkeit auf, sagt immer zu jedem die Wahrheit über alles. Wow!

AUF DER GRUNDLAGE dieser wenigen Prinzipien wurden ganze Gesellschaften aufgebaut. Erleuchtete Gesellschaften.

Ich habe noch keine entdeckt.

ICH SPRACH NICHT von eurem Planeten.

Oh.

UND AUCH NICHT von eurem Sonnensystem.

Oh.

ABER UM ANSATZWEISE ZU erleben, was ein solches neues Denksystem beinhaltet, müßt ihr weder den Planeten noch euer Haus verlassen. Fangt in eurer eigenen Familie, in eurem eigenen Heim an. Wenn ihr ein Unternehmen besitzt, fangt in eurer eigenen Firma an. Sagt jedem dort, was ihr selbst verdient, was die Firma einnimmt und ausgibt und was jeder eurer Angestellten verdient. Ihr werdet sie höllisch schockieren. Oder besser: Ihr werdet die Hölle *aus ihnen herausschockieren.* Wenn jeder Unternehmensbesitzer dasselbe täte, wäre die Arbeit für viele nicht mehr die leibhaftige Hölle, weil am Arbeitsplatz ein größeres Gefühl von Gerechtigkeit, Fairneß und angemessenem Entgelt einkehren würde.

Sagt euren Kunden genau, was euch euer Produkt oder die angebotene Dienstleistung kostet. Schreibt auf eure Preisschilder eure eigenen Kosten und euren Preis. Könnt ihr immer noch auf euren geforderten Preis stolz sein? Habt ihr irgendwelche Ängste, daß sich jemand von euch »übers Ohr gehauen« fühlen könnte, sollte er über euer Preis-Leistungs-Verhältnis Bescheid wissen? Wenn ja, dann seht zu, was ihr unternehmen könnt, um eure Preise in den Bereich der Fairneß zu bringen, statt daß ihr »rausholt, was geht und solange es geht«.

Dazu fordere ich euch heraus.

Das verlangt eine komplette Änderung eurer Denkweise. Euch muß an euren Kunden oder Klienten ebensosehr gelegen sein wie an euch selbst.

Ja, ihr könnt mit dem Aufbau dieser neuen Gesellschaft gleich hier und jetzt, gleich heute anfangen. Es ist eure Wahl. Ihr könnt weiterhin das alte System unterstützen, die gegenwärtigen Paradigmen, oder ihr könnt vorangehen und eurer Welt einen neuen Weg aufzeigen.

Ihr könnt dieser neue Weg *sein.* In allem. Nicht nur im Geschäftsleben, nicht nur in der Politik oder Wirtschaft oder Religion oder in diesem oder jenem Aspekt allgemeiner Lebenserfahrung, sondern in *allem.* Seid der neue Weg. Seid der höhere Weg.

Seid der beste Weg. Dann könnt ihr wahrhaft sagen: *Ich bin der Weg und das Leben. Folgt mir.*

Wärt ihr, wenn die ganze Welt euch folgte, erfreut zu sehen, wohin ihr sie geführt habt?

Stellt euch heute einmal diese Frage.

17

Ich höre deine Herausforderung. Ich höre sie. Bitte sag mir jetzt mehr über das Leben auf diesem Planeten in größerem Rahmen. Sag mir, wie die Nationen miteinander auskommen können, so daß es »nie wieder Krieg gibt«.

Es WIRD ZWISCHEN den Nationen immer Meinungsverschiedenheiten geben, denn Meinungsverschiedenheiten sind nur ein Zeichen – und ein gesundes Zeichen – für Individualität. Die *gewalttätige Austragung* von Meinungsverschiedenheiten und Streitigkeiten ist jedoch ein Zeichen von außerordentlicher Unreife.

Es gibt keinen Grund in der Welt, warum die gewaltsame Lösung von Konflikten nicht vermeidbar sein sollte, die dazu nötige Bereitschaft der Nationen vorausgesetzt.

Man sollte meinen, der hohe Tribut an getöteten Menschen und zerstörtem Leben sei genug, um eine solche Bereitschaft zu erzeugen, aber in primitiven Gesellschaften wie der euren ist das nicht so.

Solange ihr glaubt, eine Auseinandersetzung gewinnen zu können, so lange werdet ihr euch auch darauf einlassen. Solange ihr glaubt, einen Krieg gewinnen zu können, so lange werdet ihr ihn auch führen.

Was ist die Lösung für all das?

Ich habe keine Lösung, ich habe nur –

Ich weiß, ich weiß! Eine Beobachtung.

Ja. Ich beobachte jetzt, was ich schon zuvor beobachtet habe. Eine kurzfristige Lösung könnte in der Etablierung einer Weltregierung, wie es manche nennen, bestehen und eines Weltgerichtshofes (dessen Urteile, im Gegensatz zu eurem gegenwärtigen Internationalen Gerichtshof, nicht ignoriert werden können) sowie einer Weltstreitmacht zur Aufrechterhaltung des Friedens, die sicherstellt, daß keine Nation – ganz gleich, wie mächtig oder einflußreich sie ist – je eine andere angreifen kann.

Doch verstehe, daß es dann immer noch Gewalt auf der Erde geben kann. Die Friedenstruppe *muß* vielleicht gegen jemanden gewalttätig vorgehen, um dessen Gewaltanwendung zu *stoppen.* Wie ich in Band 1 bemerkte, stellt das Versäumnis, einen Despoten aufzuhalten, eine Ermächtigung dieses Despoten dar. Manchmal ist der einzige Weg, einen Krieg zu vermeiden, der, daß man einen Krieg *führt.* Manchmal mußt du tun, was du gar nicht tun *willst,* um sicherzustellen, daß du *es nicht weiterhin tun mußt!* Dieser augenscheinliche Widerspruch ist Bestandteil der göttlichen Dichotomie, welche besagt, daß man manchmal letztlich nur so etwas *sein* kann – in diesem Fall »friedvoll« –, indem man es zuerst *nicht* ist!

Mit anderen Worten, du kannst dich oft nur dadurch als das, was-du-wirklich-bist, erkennen, daß du dich als das erfährst, was-du-*nicht*-bist.

Es ist eine beobachtbare Wahrheit, daß die Macht in eurer Welt nicht länger auf unverhältnismäßige Weise bei irgendeiner einzelnen Nation verbleiben kann, sondern in den Händen der Gesamtgruppe der auf dem Planeten existierenden Nationen liegen muß. Nur auf diese Weise kann die Welt schließlich zum Frieden gelangen im sicheren Wissen, daß kein Despot – ganz gleich, wie groß oder mächtig seine jeweilige Nation ist – je wieder in das Territorium einer anderen Nation eindringen oder deren Freiheit bedrohen kann oder wird.

Dann werden die kleinsten Nationen nicht

mehr vom guten Willen der größten Nationen abhängig sein, dann werden sie nicht mehr im Austausch dafür ihre eigenen Ressourcen hergeben und ihr bestes Land für ausländische Militärstützpunkte zur Verfügung stellen müssen. Unter diesem neuen System wird die Sicherheit der kleinsten Nationen nicht von jenen garantiert werden, deren Rücken sie kraulen, sondern von denen, die *ihnen* den Rücken stärken und decken.

Alle 160 Nationen würden sich einhellig erheben, sollte eine Nation überfallen werden. Alle 160 Nationen würden *»Nein!«* sagen, sollte eine Nation in irgendeiner Weise in ihren Rechten verletzt oder bedroht werden.

Und ebenso würden Nationen nicht länger ökonomisch bedroht und von ihren größeren Handelspartnern dazu erpreßt werden, bestimmte Entscheidungen zu treffen. Sie müßten nicht mehr bestimmten »Richtlinien« entsprechen, um Hilfe aus dem Ausland zu erhalten, oder sich in bestimmter Weise verhalten, um sich für ganz simplen humanitären Beistand zu qualifizieren.

Doch manche unter euch werden dagegen einwenden, daß ein solches globales Regierungssystem die Unabhängigkeit und die Größe einzelner Nationen beeinträchtigen würde. In Wahrheit würde sie dadurch *gesteigert* – und das ist es genau, was die größten Nationen, deren Unabhängigkeit durch Macht, nicht durch Gesetz oder Gerechtigkeit, gesichert wird, fürchten. Denn dann würde nicht mehr die größte Nation automatisch ihren Willen durchsetzen, sondern es müßten die Interessen aller Nationen gleichermaßen in Betracht gezogen werden. Und die größten Nationen könnten nicht mehr die Kontrolle über den Großteil der globalen Ressourcen ausüben und ihn horten, sondern sie müßten gerechter teilen, sie bereitwilliger zugänglich machen und deren Vorteile und Nutzen gleichmäßiger *allen* Völkern der Welt zugute kommen lassen.

Eine globale Regierung würde für mehr Gerechtigkeit auf dem Spielfeld sorgen, und dieser Gedanke, der ins Herz der Debatte über die grundsätzliche Menschenwürde zielt, ist den Besitzenden auf der Welt ein Greuel, die wünschen, daß die Besitzlosen danach streben, sich ihr *eigenes* Vermögen anzuhäufen, wobei sie natürlich tunlichst die Tatsache ignorieren, daß sie, die Besitzenden, alles *kontrollieren,* was andere anstreben könnten.

Es scheint mir aber doch so zu sein, daß wir hier über eine Umverteilung des Reichtums sprechen. Wie können wir bei denen, die mehr *wollen* und dafür zu arbeiten bereit sind, den Anreiz aufrechterhalten, wenn sie wissen, daß sie mit denen teilen müssen, denen an so harter Arbeit nicht gelegen ist?

Erstens geht es bei dieser Frage nicht nur um den Punkt, daß die einen »hart arbeiten« *wollen* und die anderen nicht. Das ist ein sehr vereinfachtes Gegenargument (das gewöhnlich von den »Besitzenden« eingebracht wird). Viel häufiger ist es eine Frage der Gelegenheit als eine der Bereitschaft.

Die eigentliche und erste Aufgabe bei der Umstrukturierung der sozialen Ordnung besteht darin, dafür zu sorgen, daß jede Person und jede Nation über *Chancengleichheit* verfügt.

Und das kann nie geschehen, solange diejenigen, die gegenwärtig den überwiegenden Anteil des Reichtums und der Ressourcen dieser Welt besitzen und kontrollieren, zäh an dieser Kontrolle festhalten.

Ja. Ich habe Mexiko erwähnt, und ich denke doch, ohne auf eine »Nation eindreschen« zu wollen, daß dieses Land ein ausgezeichnetes Beispiel dafür liefert. Eine Handvoll reicher und mächtiger Familien kontrolliert den Reichtum und die Ressourcen dieser ganzen Nation – und das seit vierzig Jahren. Die »Wahlen« in dieser sogenannten Demokratie sind eine Farce, weil die gleichen Familien seit Jahrzehnten die gleiche Partei kontrollieren und sicherstellen, daß es praktisch keine Opposition gibt. Die Folge? »Die Reichen werden reicher und die Armen ärmer.«

Wenn die Löhne von drei auf sagenhafte fünf Mark pro Stunde ansteigen sollten, dann weisen die Reichen darauf hin, wieviel sie für die Armen getan haben, indem sie für Arbeitsplätze und Chancen für den wirtschaftlichen Aufstieg sorgten. Doch die einzigen, die hier einen Quantensprung an wirtschaftlichem Aufstieg machen, sind die *Reichen* – die Industriebosse und Unternehmensbesitzer, die ihre Waren, angesichts ihrer niedrigen Lohnkosten, mit riesigen Profiten auf dem nationalen und internationalen Markt verkaufen.

Die Reichen in den Vereinigten Staaten wissen, daß dies so ist, weshalb viele von ihnen ihre Firmen und Fabriken nach Mexiko und andere Orte im Ausland verlagern, wo Sklavenlöhne als großartige Chance für die Armen betrachtet werden. Unterdessen schuften diese Arbeiter unter ungesunden und völlig ungesicherten Arbeitsplatzbedingungen, aber die lokale Regierung – die von den gleichen wenigen Personen kontrolliert wird, die aus diesen Unternehmungen ihren Profit einstreichen – erläßt nur wenige Verordnungen. Einen Gesundheitsschutz, Sicherheitsnormen und Umweltschutzmaßnahmen am Arbeitsplatz gibt es praktisch nicht.

Um die Menschen kümmert man sich nicht, und auch nicht um die Umwelt. Sie müssen in Behausungen aus Pappkartons neben Flüssen leben, in denen sie ihre Wäsche waschen und manchmal auch ihre Notdurft verrichten – denn sanitäre Einrichtungen gehören oft ebenfalls nicht zu ihrem Mindeststandard.

Diese krasse Nichtachtung der Massen führt dazu, daß die Bevölkerung sich die von ihr hergestellten Produkte selbst nicht leisten kann. Aber das ist den reichen Fabrikbesitzern egal. Sie können ihre Waren in andere Länder exportieren, wo die Menschen sie sich leisten können.

Doch ich glaube, daß sich diese Spirale der Entwicklung früher oder später gegen sich selbst richten wird – mit katastrophalen Konsequenzen. Nicht nur in Mexiko, sondern überall dort, wo Menschen ausgebeutet werden.

Revolutionen und Bürgerkriege, wie auch Kriege zwischen verschiedenen Nationen, sind so lange unvermeidlich, wie die Besitzenden weiterhin die Besitzlosen unter dem Vorwand, *Chancen* zu schaffen, auszubeuten bestrebt sind.

Das Festhalten am Reichtum und an den Ressourcen ist heute schon so *institutionalisiert,* daß es mittlerweile sogar einigen aufrichtig gesinnten Menschen *akzeptabel* erscheint, die das Ganze einfach als offene Marktwirtschaft betrachten.

Aber diese Illusion von Fairneß wird nur durch die *Macht* ermöglicht, die die reichen Individuen und Nationen besitzen. Die Wahrheit ist, daß es gegenüber dem größten Prozentsatz der Menschen und Nationen auf der Welt *nicht* fair ist, die schon allein vom Versuch abgehalten werden, das zu erlangen, was die Mächtigen erlangt haben. Das hier beschriebene Regierungssystem würde das Machtgleichgewicht drastisch verlagern, weg von denen, die reich an Ressourcen sind, hin zu denen, die arm an Ressourcen sind. Es würde dazu zwingen, daß die Ressourcen selbst fair aufgeteilt werden.

Das ist es, was die Mächtigen fürchten.

Ja. Also wäre die kurzfristige Lösung angesichts dieses Dilemmas vielleicht eine neue soziale Struktur – eine neue Weltregierung.

Es gab unter euch Führungspersönlichkeiten, die einsichtig und mutig genug waren, den Beginn einer solchen neuen Weltordnung vorzuschlagen. Euer Präsident George Bush, den die Geschichte als einen Mann beurteilen wird, der weitaus mehr Weisheit, Weitsicht, Mitgefühl und Mut zeigte, als die zeitgenössische Gesellschaft anzuerkennen willens oder fähig war, war eine solche Führungspersönlichkeit. Und das war auch der sowjetische Präsident Michail Gorbatschow, das erste kommunistische Staatsoberhaupt, das den Nobelpreis verliehen bekam. Ein Mann, der enorme politische Veränderungen einleitete und praktisch euren sogenannten Kalten Krieg beendete. Und das war auch euer Präsident Carter, der euren Herrn Begin und euren Herrn Sadat zu Vereinbarungen brachte, von denen bislang kein anderer auch nur geträumt hatte, und der lange nach seiner Präsidentschaft immer wieder die Welt durch die Bekräftigung einer einfachen Wahrheit von einer gewalttätigen Konfrontation zurückhielt: Jeder Standpunkt ist es gleichermaßen wert, angehört zu werden; jedem Menschen kommt die gleiche Würde zu.

Interessanterweise hatte jeder dieser mutigen Staatsführer – und jeder von ihnen hat zu seiner Zeit die Welt vor dem Abgrund eines Krieges bewahrt, und jeder von ihnen hat eine massive Abkehr von der vorherrschenden politischen Struktur vertreten und Vorschläge dazu gemacht – nur jeweils eine Amtszeit inne und wurde von genau den Leuten aus dem Amt entfernt, deren Los er zu verbessern bestrebt war. Sie waren auf der ganzen Welt überaus populär, nur bei sich zu Hause wurden sie heftig angegriffen. Der Prophet gilt nichts im eigenen Lande, sagt man. Im Falle dieser drei Männer war der Grund der, daß sie mit ihren Visionen ihrem Volk meilenweit voraus waren, das nur seine beschränkten, kleinkarierten Interessen zu sehen vermochte und sich nur Verluste bei der Verfolgung dieser größeren Visionen vorstellen konnte.

Und so wurde jede Führungspersönlichkeit, die den Mut hatte, vorzutreten und die Beendigung der Unterdrückung durch die Mächtigen zu fordern, entmutigt und beschimpft. Und so wird es immer sein, bis eine *langfristige* Lösung, *die keine politische ist,* eingeführt wird. Diese langfristige Lösung – und das ist die einzige wirkliche Lösung – ist eine neue Bewußtheit und ein neues Bewußtsein. Eine Bewußtheit von der Einheit und ein Bewußtsein der Liebe.

Nicht der finanzielle oder materialistische Lohn sollten der Anreiz dafür sein, daß man nach Erfolg strebt, das Beste aus dem eigenen Leben machen will. Dort ist er fehl am Platz. Diese fehlgeleitete Priorität hat all die Probleme geschaffen, von denen wir hier sprechen.

Wenn der Anreiz, Größe anzustreben, nicht ökonomischer Art ist – wenn allen die ökonomische Sicherheit und die Abdeckung ihrer materiellen Grundbedürfnisse garantiert werden –, wird der Anreiz nicht verschwinden, sondern nur von anderer Art sein. Er wird an Stärke *zunehmen,* er wird *wahre* Größe hervorbringen, nicht diese fadenscheinige »Größe«, die die gegenwärtigen Anreize produzieren.

Aber warum ist ein besseres Leben für uns oder unsere Kinder kein guter Anreiz?

»Ein besseres Leben für euch oder eure Kinder« *ist* ein geeigneter Anreiz. Doch die Frage ist, worin dieses »bessere Leben« besteht.

Wie definierst du »besser«? Wie definierst du »Leben«?

Wenn du »besser« als *größer, besser, mehr* Geld, Macht, Sex und Dinge (Häuser, Autos, Kleider, CD-Sammlungen usw.) definierst … und wenn du »Leben« als den Zeitraum definierst, der in dieser deiner gegenwärtigen Existenz zwischen Geburt und Tod verstreicht, dann unternimmst du nichts, um der Falle zu entkommen, die den mißlichen Zustand auf eurem Planeten *geschaffen* hat.

Wenn du hingegen »besser« als umfassendere Erfahrung und umfassenderen Ausdruck deines großartigsten Seinszustandes definierst und »Leben« als einen ewigen, fortlaufenden, nie endenden Prozeß des *Seins,* dann magst du deinen Weg noch finden.

Ein »besseres Leben« wird nicht durch die Anhäufung von materiellen Dingen geschaffen. Die meisten von euch wissen das, alle von euch sagen, daß sie es verstehen, doch euer Leben und die von euch getroffenen Entscheidungen, die euer Leben in Gang halten, haben ebensoviel mit »Dingen« zu tun wie mit allem anderen, im allgemeinen sogar mehr. Ihr strebt nach Dingen, ihr arbeitet für Dinge, und wenn ihr ein paar von diesen Dingen bekommt, die ihr haben wollt, laßt ihr sie nie wieder los.

Für die meisten Menschen besteht ihr Anreiz darin, daß sie *Dinge* erlangen, erwerben, erreichen. Die, denen nicht viel an Dingen liegt, lassen sie auch leicht wieder los. Weil euer gegenwärtiger Anreiz, Größe zu erlangen, mit der Anhäufung all dessen, was die Welt zu bieten hat, verbunden ist, ist die ganze Welt in unterschiedliche Stadien des

Mühens und Kämpfens verwickelt. Riesige Teile der Bevölkerung kämpfen immer noch um das einfache physische Überleben. Jeder Tag ist mit Augenblicken der Angst, mit verzweifelten Maßnahmen angefüllt. Der Geist ist mit den elementaren Überlebensfragen befaßt. Wird es genug zu essen geben? Wird ein Obdach verfügbar sein? Wird es warm sein? *Unzählige* Menschen sind noch immer täglich mit diesen Dingen beschäftigt. Jeden Monat *sterben* Tausende einzig an Ernährungsmangel.

Eine geringere Anzahl von Menschen kann sich einigermaßen auf die Abdeckung ihrer elementarsten Überlebensnotwendigkeiten verlassen, kämpft aber um ein bißchen mehr – etwas Sicherheit, ein bescheidenes, aber annehmbares Zuhause, ein besseres Morgen. Sie arbeiten hart und machen sich ewig Sorgen, ob und wie sie je »vorwärtskommen«. Der Geist ist mit dringenden und sorgenvollen Fragen beschäftigt.

Die bei weitem geringste Anzahl von Menschen hat alles, wonach man je verlangen kann – und alles, wonach die anderen beiden Gruppen *verlangen* –, aber interessanterweise *verlangen* viele von ihnen *noch mehr.*

Ihr Geist ist mit dem *Festhalten* von allem, was sie sich erworben haben, und mit der Vermehrung ihres Besitzes beschäftigt.

Neben diesen drei Gruppen gibt es noch eine vierte. Sie ist die kleinste Gruppe von allen, ja sie ist winzig.

Diese Gruppe hat sich vom Bedürfnis nach materiellen Dingen befreit. Sie ist mit der spirituellen Wahrheit, der spirituellen Wirklichkeit und der spirituellen Erfahrung befaßt.

Die Menschen dieser Gruppe sehen das Leben als eine spirituelle Unternehmung an – als Seelenreise. Sie reagieren auf alle menschlichen Ereignisse innerhalb dieses Kontexts. Sie betrachten alle menschlichen Erfahrungen innerhalb dieses Paradigmas. Ihre Kämpfe haben mit der Suche nach Gott, mit der Selbst-Erfüllung, mit dem Ausdruck von Wahrheit zu tun.

Und in dem Maße, wie sie sich entwickeln, ist dieser Kampf kein Kampf mehr, sondern wird zu einem Prozeß: einem Prozeß der Selbst-Definierung (nicht der Selbstentdeckung), des Wachstums (nicht des Lernens) und des Seins (nicht des Tuns).

Der *Grund* für das Trachten und Streben, für das Suchen und Mühen und Erfolghaben wird ein völlig anderer. Der Grund für *jedes* Handeln hat sich verändert und damit auch der Handelnde. Der Grund selbst wird der Prozeß, und der Handelnde wird zum Seienden.

Während vorher der Grund für alle Bestrebungen und Bemühungen, für die lebenslange harte Arbeit das Beschaffen von weltlichen Dingen war, geht es nun um die Erfahrung himmlischer Dinge.

Während vorher das Interesse weitgehend den Belangen des Körpers galt, gilt das Interesse nun weitgehend den Belangen der Seele.

Alles hat sich verändert, alles hat sich verschoben. Der Lebenssinn hat sich geändert und damit auch das Leben selbst.

Der »Anreiz zur Größe« hat sich verändert, und damit ist das Bedürfnis, sich weltliche Besitztümer anzueignen, sie zu erwerben, zu schützen und zu vermehren, verschwunden.

Größe wird nicht länger daran gemessen, wieviel einer zusammengescharrt hat. Die Ressourcen der Welt werden zu Recht als etwas betrachtet, das allen Menschen auf der Welt gehört. In einer Welt, die mit ausreichender Fülle gesegnet ist, daß die Grundbedürfnisse aller abgedeckt werden können, *wird* den Grundbedürfnissen aller *entsprochen werden.*

Jedermann wird es so haben *wollen.* Es wird keine Notwendigkeit mehr bestehen, irgend jemanden gegen seinen Willen zur Abgabe von Steuern zu zwingen. Ihr werdet *freiwillig* zehn Prozent von eurer Ernte und Fülle für Programme zur Unterstützung jener abgeben, deren Ernte geringer ausfällt. Es wird nicht mehr möglich sein, daß Tausende zusehen, wie Tausende andere verhungern – nicht aus einem Mangel an Nahrungsmitteln, sondern wegen eines mangelnden menschlichen *Willens,* ein einfaches politisches System zu schaffen, das dafür sorgt, daß die Menschen die Nahrungsmittel *bekommen.*

Diese moralischen und ethischen Skandale – die heute in eurer primitiven Gesellschaft üblich sind – werden an dem Tag für immer ausradiert werden, an dem ihr euren Anreiz, eure Motivation, zu Größe zu gelangen, und deren Definition verändert.

Eure neue Motivation wird sein, das zu werden, als was ich euch geschaffen habe: als das physische Ebenbild Gottes. Wenn ihr euch dazu entscheidet, zu sein, was-ihr-wirklich-seid – manifestierte Göttlichkeit –, werdet ihr nie wieder auf ungöttliche Weise handeln. Und ihr werdet auch nicht länger Aufkleber auf eure Autos kleben müssen, auf denen steht:

GOTT, BEWAHRE MICH
VOR DEINEN GEFOLGSLEUTEN

18

Laß mich sehen, ob ich dem folgen kann. Was sich hier abzuzeichnen scheint, ist eine sich auf Gleichheit und Besonnenheit gründende Weltanschauung, wobei sich alle Nationen einer Weltregierung unterordnen und alle Menschen sich die Reichtümer der Welt teilen.

Denk daran, dass wir, wenn du von Gleichheit sprichst, *Chancengleichheit* meinen, nicht eine *faktische* Gleichheit. Eine »Gleichheit« im faktischen Sinne wird es nie geben, und ihr solltet dankbar sein, daß es so ist.

Warum?

Weil eine solche Gleichheit Einförmigkeit bedeutet, und Einförmigkeit ist das letzte, was die Welt braucht.

Nein – ich befürworte keine Welt der Automaten, wo jeder die genau gleiche Zuteilung vom »Großen Bruder«, der Zentralregierung, erhält.

Ich spreche von einer Welt, in der zwei Dinge garantiert sind:

1. die Abdeckung der Grundbedürfnisse,
2. die Chance, aufzusteigen.

Bei all euren globalen Ressourcen, bei all eurer Fülle habt ihr diese beiden einfachen Dinge doch nicht fertiggebracht. Statt dessen habt ihr Millionen in der Falle ganz zuunterst auf der sozioökonomischen Leiter festsitzen lassen und eine Weltsicht entworfen, die sie dort systematisch verbleiben läßt. Ihr laßt zu, daß jährlich Tausende sterben, weil es ihnen am Lebensnotwendigsten fehlt.

Bei aller Großartigkeit der Welt habt ihr noch keinen Weg gefunden, großartig genug zu sein, um dafür zu sorgen, daß Menschen nicht mehr verhungern, ganz zu schweigen davon, daß ihr aufhört, euch gegenseitig umzubringen. Ihr laßt doch tatsächlich *Kinder* vor euren eigenen Augen verhungern. Ihr bringt doch tatsächlich Menschen um, die anderer Meinung sind als ihr. Ihr seid primitiv.

Und wir halten uns für so fortgeschritten.

Eine primitive Gesellschaft zeichnet sich als

erstes dadurch aus, daß sie sich für fortgeschritten hält. Ein primitives Bewußtsein zeichnet sich als erstes dadurch aus, daß es sich für erleuchtet hält.

Laß es uns also zusammenfassen. Zur ersten Sprosse der Leiter, welche beinhaltet, daß jedermann diese zwei fundamentalen Garantien zugestanden werden, gelangen wir über …

Über zwei Veränderungen – eine in bezug auf euer politisches, die andere in bezug auf euer spirituelles Paradigma. Der Schritt hin zu einer geeinten globalen Regierung würde einen mit großer Macht versehenen Weltgerichtshof zur Lösung internationaler Zwistigkeiten sowie eine friedenserhaltende Streitmacht beinhalten, die die Gesetze durchzusetzen vermag, nach denen ihr euch selbst regieren wollt.

Diese Weltregierung würde aus einem Senat mit jeweils zwei Vertretern aus jeder Nation der Erde und einem Repräsentantenhaus mit einer jeweils im direkten Verhältnis zur Bevölkerungszahl einer Nation stehenden Anzahl von Abgeordneten bestehen.

Genauso ist die Regierung der Vereinigten Staaten aufgebaut. Im Senat haben alle Staaten den gleichen Stimmenanteil, und im Repräsentantenhaus sind sie proportional vertreten.

JA. EURE BUNDESVERFASSUNG war von Gott inspiriert.

Dasselbe Gleichgewicht der Kräfte sollte in die neue Weltverfassung eingebaut werden.

Ebenso gäbe es ein vollziehendes, ein gesetzgebendes und ein richterliches Organ.

Jede Nation würde ihre den inneren Frieden aufrechterhaltende Polizei behalten, aber alle nationalen Armeen würden aufgelöst – so wie auch die Einzelstaaten der USA ihre Armeen und Kriegsflotten aufgelöst haben zugunsten einer friedenserhaltenden Bundesarmee, die nun der gesamten Staatengruppe, die ihr eine Nation nennt, dient.

Die Nationen würden sich das Recht vorbehalten, jederzeit ihre eigene Miliz zu bilden und einzuberufen, so wie eure Bundesstaaten das verfassungsmäßige Recht haben, sich eine eigenstaatliche Bürgerwehr zu halten und sie einzusetzen.

Und – wie jetzt eure Bundesstaaten auch – hätte jeder dieser 160 Nationalstaaten das Recht, sofern sein Volk dafür stimmt, aus dieser Vereinigung der Nationen auszutreten (obwohl mir unbegreiflich wäre, warum das einer tun sollte angesichts der Tatsache, daß das Volk nun sicherer und in größerer Fülle leben kann als je zuvor).

Noch einmal für die von uns, die etwas langsam kapieren: Was würde eine solche geeinte Weltföderation bewirken?

1. Das Ende der Kriege zwischen Nationen und der Beilegung von Streitigkeiten durch Morden.
2. Das Ende von elender Armut, von Verhungern und der Massenausbeutung von Menschen und Ressourcen durch die Machthabenden.
3. Das Ende der systematischen Umweltzerstörung auf der Erde.
4. Einen Ausweg aus dem endlosen Kampf um mehr und Größeres und Besseres.
5. Die *wahrhaft* gleiche Chance für *alle* Menschen, zum höchsten Selbst-Ausdruck zu gelangen.
6. Das Ende aller Beschränkungen und Diskriminierungen, die die Menschen niederhalten – sei es nun im Bereich des Wohnens, am Arbeitsplatz, innerhalb eines politischen Systems oder in den persönlichen sexuellen Beziehungen.

Würde deine neue Weltordnung eine Umverteilung des Reichtums erforderlich machen?

Sie würde nichts erforderlich machen. Sie würde auf freiwilliger Basis und ganz automatisch eine Umverteilung der *Ressourcen* bewirken.

Zum Beispiel würden *alle* Menschen eine angemessene Ausbildung angeboten bekommen. *Allen* Menschen würde die unbeschränkte Chance geboten werden, diese Ausbildung am Arbeitsplatz anzunehmen, um eine berufliche Laufbahn einzuschlagen, die ihnen *Freude* bringt. *Allen* Menschen wäre der Zugang zur Gesundheitsfürsorge garantiert, wann und wie immer sie sie brauchen.

Allen Menschen wäre garantiert, daß sie nicht verhungern oder ohne ausreichende Bekleidung oder angemessenes Obdach leben müssen.

Allen Menschen würde die elementare Würde des Lebens garantiert, so daß das *Überlebensproblem* nie wieder ein Thema wäre und für den einfachen Komfort und die Grunddinge eines Lebens in Würde *aller* Menschen gesorgt wäre.

Auch wenn sie nichts täten, um das zu verdienen?

Eure Vorstellung, dass diese Dinge *verdient* werden müssen, bildet die Grundlage eures Denkens, daß ihr euch auch *euren Weg in den Himmel verdienen müßt.* Ihr könnt euch Gottes Gunst und Wohlwollen nicht verdienen, und ihr müßt es auch nicht, denn ihr seid schon dort angelangt. Dies ist etwas, was ihr nicht annehmen, nicht akzeptieren könnt, weil ihr es nicht *geben* könnt. Wenn ihr lernt, bedingungslos zu *geben* (das heißt, bedingungslos zu *lieben),* werdet ihr auch lernen, bedingungslos zu *empfangen.*

Dieses Leben wurde als Instrument geschaffen, mittels dessen ihr diese Erfahrung machen könnt.

Versucht, euch diesen Gedanken zu eigen zu machen: Die Menschen haben ein Recht auf das elementare Überleben. Selbst wenn sie *nichts* dafür tun. Selbst wenn sie nichts dazu *beitragen.* Ein Überleben in Würde gehört zu den Grundrechten des Lebens. Ich habe euch genug Ressourcen gegeben, um dies jedermann garantieren zu können. Ihr braucht lediglich miteinander zu teilen.

Aber was würde die Leute dann davon abhalten, ihr Leben einfach zu vergeuden, herumzulungern und »Beihilfen« einzusammeln?

ERSTENS EINMAL IST es nicht an euch, zu beurteilen, was ein vergeudetes Leben ist. Ist ein Leben vergeudet, wenn eine Person nur herumliegt, siebzig Jahre lang über Poesie nachdenkt und dann mit einem einzigen Sonett aufwartet, das Tausenden von Menschen eine Tür zum Verständnis und zur Einsicht aufstößt? Ist ein Leben vergeudet, wenn ein Mensch sein ganzes Leben lang lügt, betrügt, intrigiert, zerstört, manipuliert und anderen Menschen schadet, sich aber dann als Folge davon an irgend etwas in seiner wahren Natur erinnert – sich vielleicht an etwas erinnert, dessen er sich viele Leben lang zu entsinnen suchte – und sich nun schließlich zur nächsten Ebene weiterentwickelt? Ist das ein »vergeudetes« Leben?

Es ist nicht an euch, ein Urteil über den Weg der Seele eines anderen zu fällen. Es ist an euch, zu entscheiden, wer ihr seid, aber nicht, was ein anderer ist oder nicht ist.

Du fragst also, was die Leute davon abhalten würde, ihr Leben einfach zu vergeuden, herumzulungern und »Beihilfen« einzusammeln? Die Antwort lautet: nichts.

Aber denkst du wirklich, das würde funktionieren? Meinst du nicht, daß die, die ihren Beitrag *leisten,* einen Groll auf die hätten, die das nicht tun?

DOCH, DAS WÜRDEN sie, wenn sie nicht erleuchtet sind. Die Erleuchteten aber würden auf jene, die keinen Beitrag leisten, mit großem Mitgefühl, nicht mit Unmut blicken.

Mitgefühl?

JA, WEIL DENEN, die ihren Beitrag leisten, klar wäre, daß die, die nichts beitragen, ihre größte Chance und das Großartigste verpassen: ihre Chance, sich eine *höchste Vorstellung* von dem, was-sie-wirklich-sind, zu schaffen und sie in aller Herrlichkeit auszuagieren und zu erleben. Die einen Beitrag leisten, würden wissen, daß das schon Strafe genug für deren Faulheit ist, wenn denn Strafe nötig wäre – was sie nicht ist.

Aber wären die, die wirklich etwas beitragen, nicht darüber wütend, daß ihnen die Früchte ihrer Arbeit genommen und den Faulenzern gegeben werden?

DU HÖRST NICHT ZU. *Allen* würde das Minimum gegeben werden, das sie für ihr Überleben brauchen. Jenen, die mehr haben, würde die Gelegenheit gegeben, 10 Prozent von ihrem Gewinn abzugeben, um dies zu ermöglichen. Was das Einkommen angeht, so würde der freie Markt über den Wert des jeweiligen Beitrags einer Person entscheiden, so wie ihr das auch heute in eurem Land handhabt.

Aber damit wären wir *immer noch* die »Reichen« und die »Armen« so wie heute! Das ist doch keine *Gleichheit.*

Aber es ist *Chancengleichheit.* Denn jeder hätte die *Chance,* ein Leben führen zu können, ohne sich Sorgen ums Überleben machen zu müssen. Und allen würde die gleiche Gelegenheit geboten werden, Wissen zu erwerben, Fähigkeiten auszubilden und ihre natürlichen Begabungen am Ort der Freude zu nutzen.

Am Ort der Freude?

So wird der »Arbeitsplatz« dann genannt werden.

Aber gäbe es dann nicht immer noch Neid?

Neid, ja. Eifersucht, nein. Neid ist ein natürliches Gefühl, das euch dazu drängt, mehr sein zu wollen. Das zweijährige Kind wünscht und treibt sich damit an, bis zur selben Türklinge hochreichen zu können, die sein großer Bruder schon erreichen kann. Daran ist nichts falsch. Am Neid ist nichts falsch. Er motiviert. Er ist reines Verlangen. Er kann zur Größe anstacheln.

Eifersucht hingegen ist ein Gefühl, dessen Antriebskraft die Angst ist, und sie erweckt in dir den Wunsch, daß der andere weniger haben soll. Dieses Gefühl gründet sich oft auf Bitterkeit. Eifersucht agiert aus der Wut heraus und führt zu Wut. Und sie tötet. Eifersucht kann töten. Wer in eine Dreiecksgeschichte der Eifersucht verwickelt war, weiß das.

Eifersucht tötet, Neid gebiert.

Den Neidischen wird jede Gelegenheit gegeben werden, auf *ihre* eigene Weise erfolgreich zu sein. Niemand wird auf ökonomischer, politischer oder sozialer Ebene zurückgehalten werden. Nicht aus Gründen der Rasse, der Geschlechtszugehörigkeit oder der sexuellen Neigung. Nicht aus Gründen der Herkunft, des Klassenstatus oder des Alters. Aus überhaupt keinerlei Gründen. Die Diskriminierung, aus welchem Grund auch immer, wird einfach nicht länger toleriert werden.

Ja, es mag noch immer die »Reichen« und die »Armen« geben, aber es wird keine »Hungernden« und »Notleidenden« mehr geben.

Du siehst, dem Leben wird nicht die Motivation, der Anreiz, genommen werden ... *nur die Verzweiflung.*

Aber wodurch wird garantiert, daß wir genug

Menschen haben, die ihren Beitrag leisten, um die »mitzutragen«, die keinen Beitrag leisten?

Durch die Grösse des menschlichen Geistes.

Oh?

Im Gegensatz zu eurer finsteren Überzeugung wird der Durchschnittsmensch *nicht* mit der reinen materiellen Existenz und sonst nichts weiter zufrieden sein. Abgesehen davon wird der ganze Anreiz zur Größe ein anderer werden, wenn der Wandel hin zur Spiritualität einsetzt.

Was könnte einen solchen Wandel bewirken? Er hat sich in den zweitausend Jahren Geschichte –

Sag ruhig zwei *Milliarden* Jahre Geschichte –

Geschichte des Planeten nicht ereignet. Warum sollte er jetzt eintreten?

Weil es mit der Abkehr von der Konzentration auf das materielle Überleben – mit der Ausschaltung des Bedürfnisses, ungeheuer viel Erfolg zu haben, um sich etwas Sicherheit zu erwerben – keinen anderen Grund geben wird, etwas leisten, sich hervortun, großartig werden zu wollen, außer dem, *diese Großartigkeit um ihretwillen zu erleben!*

Und das wird ein ausreichender Anreiz sein?

Der menschliche Geist schwingt sich empor; er sackt nicht ab angesichts einer echten Chance. Die Seele strebt nach einer höheren Erfahrung ihrer selbst, nicht nach einer niedrigeren. Wer *wahre Großartigkeit* erlebt hat, und sei es auch nur für einen Moment, weiß das.

Wie steht es mit der Macht? Bei dieser speziellen Umordnung gäbe es immer noch die, die über übermäßig viel Reichtum und Macht verfügen.

Finanzielle Gewinne unterlägen einer Beschränkung.

O Mann – da haben wir's. Möchtest du erklären, wie das funktioniert, bevor ich dir erkläre, warum das nicht funktioniert?

Ja. So wie es eine Einkommensuntergrenze gäbe, gäbe es auch Obergrenzen. Erstens würde fast jeder ein Zehntel seines Gewinns an die Weltregierung abführen. Das ist der freiwillige Abzug von zehn Prozent, den ich vorher erwähnte.

Ja … der alte Vorschlag von einer »für alle gleichen Besteuerung«.

In einer Gesellschaft wie eurer jetzigen müßte dies die Form einer Steuer annehmen, weil ihr nicht aufgeklärt und einsichtig genug seid, um zu erkennen, daß ein freiwilliger Abzug für das Gemeinwohl eurem besten Interesse dient. Denn wenn dieser von mir beschriebene Bewußtseinswandel eintritt, wird so ein freiwillig, fürsorglich und liebevoll angebotener Abzug von eurem Einkommen als offensichtlich angemessen betrachtet werden.

Ich muß dir etwas sagen. Hast du etwas dagegen, wenn ich dich hier unterbreche, um dir etwas zu sagen?

Nein, sag's.

Diese Unterhaltung kommt mir sehr seltsam vor. Ich hätte nie gedacht, daß ich eine Unterhaltung mit Gott führen würde, in der Gott anfängt, politische Vorgehensweisen zu empfehlen. Also wirklich. Wie soll ich die Leute davon überzeugen, daß Gott *für einen einheitlichen Steuersatz ist!*

Wie ich sehe, hältst du weiterhin daran fest, das als »Steuer« anzusehen. Doch ich verstehe das, weil euch der Gedanke, einfach freiwillig 10 Prozent von eurem Überfluß mit anderen zu teilen, fremd ist. Wie dem auch sei, warum fällt es dir schwer zu glauben, daß ich zu diesen Dingen eine Meinung habe?

Ich dachte, Gott enthalte sich jeglichen Urteils, hätte keine Meinung, diese Dinge seien ihm egal.

Warte mal, lass mich das klarstellen. Bei unserem letzten Gespräch – das du im ersten Band veröffentlicht hast – habe ich alle möglichen Fragen beantwortet. Fragen darüber, wie man eine Beziehung zum Funktionieren bringt, Fragen über die rechte Lebensweise, sogar auch Fragen zur Ernährung. Worin besteht da der Unterschied?

Ich weiß nicht. Da *scheint* einfach ein Unterschied zu sein. Ich meine, hast du wirklich eine bestimmte politische Ansicht? Bist du ein eingetragenes Parteimitglied der Republikaner? Sieh mal an, was hier ans Tageslicht kommt! Gott ist ein *Republikaner.*

Dir wäre es wohl lieber, wenn ich ein Parteimitglied der Demokraten wäre? Guter Gott!

Mach keine Witze. Ich hätte lieber, daß du *apolitisch* bist.

Ich bin apolitisch. Ich habe keine wie auch immer geartete politische Anschauung.

Du bist wohl so eine Art Bill Clinton.

Heh gut! Jetzt machst *du* Witze! Aber ich mag Humor, du nicht?

Ich schätze, ich habe nicht erwartet, daß Gott sich humorvoll *oder* politisch zeigt.

Oder irgendwie menschlich, wie?

Okay, laß mich dieses Buch und Band 1, was das angeht, noch mal für dich in den richtigen Kontext stellen.

Ich habe keine Vorlieben bezüglich dessen, wie ihr euer Leben führt. Mein einziger Wunsch ist, daß ihr euch selbst rundum als kreative Wesen erfahrt, damit ihr erkennen könnt, wer-ihr-wirklich-seid.

Gut. Das verstehe ich. So weit, so gut.

JEDE FRAGE, DIE ich beantwortet habe, wurde im Kontext dessen aufgenommen und beantwortet, was du als kreatives Wesen zu sein und zu tun versuchst. Zum Beispiel hast du mir im ersten Band viele Fragen darüber gestellt, wie du deine Beziehung endlich zum Funktionieren bringen könntest. Erinnerst du dich daran?

Ja, natürlich.

FANDEST DU MEINE Antworten so problematisch? Fandest du es schwierig, zu glauben, ich hätte dazu eine Ansicht?

Darüber habe ich nie nachgedacht. Ich habe einfach die Antworten gelesen.

DABEI HABE ICH meine Antworten immer nur in den Kontext deiner Fragen gestellt. Angenommen, daß du das oder das sein oder tun wolltest, wie könntest du dieses Ziel erreichen? Und ich habe dir einen Weg zum Ziel gezeigt.

Ja, das hast du.

DASSELBE MACHE ICH hier.

Es ist nur ... ich weiß nicht ... schwieriger zu glauben, daß Gott diese Dinge sagt, als es zu glauben war, daß er jene Dinge sagte.

FÄLLT ES DIR schwerer, einigen Dingen, die hier gesagt werden, zuzustimmen?

Naja...

WEIL ES ABSOLUT in Ordnung ist, wenn es so sein sollte.

Tatsächlich?

NATÜRLICH.

Es ist in Ordnung, anderer Meinung zu sein als Gott?

SELBSTVERSTÄNDLICH. WAS GLAUBST du, werde ich tun? Dich wie eine Fliege plattdrücken?

Darüber habe ich mir eigentlich noch keine Gedanken gemacht.

SCHAU, SCHON SEIT die ganze Sache ihren Anfang nahm, war die Welt anderer Ansicht als ich. Seit Beginn hat kaum jemand die Dinge auf meine Weise getan.

Das stimmt wohl.

DA KANNST DU sicher sein, daß das stimmt. Hätten die Leute meine Anweisungen befolgt, die euch im Laufe von Tausenden von Jahren von Hunderten von Lehrern übermittelt wurden, sähe die Welt jetzt ganz anders aus. Wenn du mir also nicht beipflichten magst, dann nur zu. Abgesehen davon könnte ich mich ja auch irren.

Was?

ICH SAGTE, ICH könnte mich ja auch irren. Ach, du meine Güte … du nimmst doch das nicht alles als *Evangelium,* oder?

Du meinst, ich soll diesem Dialog keinen besonderen Wert beimessen?

OHA, HALT MAL. Ich glaube, du hast etwas Wesentliches übersehen. Laß uns wieder bei Null anfangen: Du *erfindest das alles.*

Oh, das erleichtert mich aber. Ich glaubte schon ein Weilchen, mir würde hier eine wirkliche Führung zuteil werden.

Diese Führung erhältst du dadurch, *daß du deinem Herzen folgst. Hör* auf deine Seele. Hör auf dein *Selbst.* Auch wenn ich dir eine Option, eine Idee, eine Ansicht präsentiere, bist du nicht verpflichtet, sie zu akzeptieren und dir zu eigen zu machen. Wenn du anderer Ansicht bist, dann *sei anderer Ansicht. Darum* geht es hier bei dieser Übung, nicht darum, daß du deine Abhängigkeit von jedem und allem eintauschst *für eine Abhängigkeit von diesem Buch.*

Es geht darum, dich zum *Denken* zu bringen. Für dich *selbst* zu denken. Und das ist es, was ich jetzt gerade bin. Ich bin du, *denkend.* Ich bin du, laut denkend.

Du meinst, diese Worte kommen nicht von der höchsten Quelle?

Natürlich tun sie das! Doch hier ist etwas, das du immer noch nicht glauben kannst: *Du bist die höchste Quelle.* Und hier ist noch etwas, das du anscheinend immer noch nicht begreifen kannst: *Du erschaffst das alles – alles in deinem Leben – gera-*

de hier, gerade jetzt. Du … DU … erschaffst es. Nicht ich. DU.

Also … gibt es ein paar Antworten auf diese rein politischen Fragen, die dir nicht gefallen? *Dann ändere sie.* Tu's. Jetzt. Bevor du anfängst, sie als *Evangelium* zu vernehmen. Bevor du anfängst, sie *real* werden zu lassen. Bevor du anfängst, deinen letzten Gedanken in bezug auf irgend etwas als wichtiger, gültiger, wahrer zu bezeichnen als deinen *nächsten* Gedanken.

Denk daran, es ist immer dein *neuer Gedanke,* der deine Realität erschafft. Immer.

Nun, findest du irgend etwas in dieser unserer politischen Diskussion, das du ändern möchtest?

Nein, nicht wirklich. Irgendwie bin ich doch mit dir einverstanden. Ich wußte nur nicht, was ich mit all dem anfangen soll.

MACH DARAUS, WAS du möchtest. Kapierst du nicht? *Das ist es, was du mit allem im Leben machst!*

Okay, in Ordnung … ich glaube, ich hab's kapiert. Ich würde nur gerne in unserer Unterhaltung fortfahren, und sei es auch nur, um zu sehen, wo sie hinführt.

Schön, dann lass uns das tun.

Du wolltest gerade sagen …

Ich wollte gerade sagen, daß in anderen Gesellschaften – in erleuchteten Gesellschaften – das Abgeben eines gewissen Betrags von dem, was man bekommt (was ihr »Einkommen« nennt), um es dem Allgemeinwohl zukommen zu lassen, eine ziemlich übliche Praxis ist. In diesem neuen System, das wir für eure Gesellschaft erkundet haben, würde jeder jedes Jahr soviel verdienen, wie er kann – und dann diesen Verdienst bis zu einem gewissen Limit für sich behalten.

Bis zu welchem Limit?

Bis zu einem willkürlich festgesetzten Limit, auf das sich alle einigen.

Und alles, was über dieses Limit hinausgeht?

Würde *im Namen des Sponsors* der globalen Wohltätigkeitsstiftung zukommen, damit alle Welt ihre Wohltäter kennt.

Viele Wohltäter hätten die Option, über die Verteilung von 60 Prozent ihres Beitrags die Kontrolle auszuüben, was ihnen dann die Befriedigung verschaffte, daß der größte Teil ihres Geldes genau an jene Stellen fließt, wo sie es haben wollen.

Die restlichen 40 Prozent würden auf Programme verteilt, die von der Weltföderation verabschiedet und verwaltet werden.

Was für einen Anreiz weiterzuarbeiten hätten die Menschen, wenn ihnen klar wäre, daß ihnen ihr Einkommen ab einer bestimmten Obergrenze genommen wird? Warum sollten sie nicht sofort aufhören, sobald sie ihr »Einkommenslimit« erreicht haben?

Manche würden das tun. Und was weiter? Laß sie aufhören. Eine Verpflichtung zur Arbeit über das Einkommenslimit hinaus und zur Abgabe von entsprechenden Beiträgen an die globale Wohltätigkeitsstiftung wäre nicht erforderlich. Das durch die Abschaffung der Massenproduktion von Kriegswaffen gesparte Geld würde ausreichen, um jedermanns Grundbedürfnisse abzudecken. Die über diese Ersparnisse hinausgehenden zusätzlichen zehn Prozent der weltweit erwirtschafteten Gewinne würden alle Gesellschaftsmitglieder, nicht nur ein paar wenige Auserwählte, auf ein Niveau der Würde und Fülle anheben. Und die Beiträge von Einkommen, die über das vereinbarte Limit hinausgehen, würden für so weitverbreitete Chancen und eine solche Zufriedenheit bei allen sorgen, daß sich Eifersucht und soziale Wut praktisch auflösen würden.

Manche *würden* also aufhören zu arbeiten – vor allem diejenigen, die ihre Lebensaktivitäten als *wirkliche Arbeit* ansehen. Doch die, die ihre Tätigkeit als *absolute Freude* empfinden, würden *nie* aufhören.

Nicht jeder kann einen solchen Job haben.

STIMMT NICHT. JEDER kann.

Freude am Arbeitsplatz hat nichts mit der ausgeübten Funktion zu tun–, sie hat nur mit dem Sinn und Zweck, mit der Absicht, zu tun.

Die Mutter, die um vier Uhr morgens aufwacht, um die Windeln ihres Babys zu wechseln, versteht das vollkommen. Sie summt und spricht zärtlich mit ihrem Baby, und was sie da tut, sieht überhaupt nicht nach Arbeit aus. Doch es ist ihre Einstellung gegenüber ihrer Tätigkeit, es ist ihre Absicht, es sind der *Sinn und Zweck* ihres Tuns, die ihre Aktivität zur wahren Freude machten.

Ich habe schon einmal dieses Beispiel der Mutterschaft herangezogen, weil die Liebe einer Mutter zu ihrem Kind eurem Verständnis von manchen der Konzeptionen, von denen ich in diesem Buch und in dieser Trilogie spreche, so nahe kommt, wie es überhaupt möglich sein mag.

Und doch, welchen Sinn hätte diese Einführung der Obergrenze? Würde das die menschliche Erfahrung nicht einer ihrer größten Chancen, einer ihrer herrlichsten Abenteuer berauben?

Euch bliebe immer noch die Chance und das Abenteuer, geradezu lächerlich viel Geld zu verdienen. Die Obergrenze des Einkommens, das jeder für sich behalten kann, wäre sehr hoch – mehr als ein Mensch … zehn Menschen im Normalfall … je brauchen würden. Und das Einkommen, das du *verdienen* könntest, wäre in seiner Höhe nicht begrenzt – nur der Betrag, den du für deinen persönlichen Gebrauch behalten würdest. Der Rest – sagen wir, alles über 25 Millionen Dollar im Jahr (ich nenne hier eine völlig willkürliche Summe, um die Sache zu verdeutlichen) – würde für Programme und Dienstleistungen ausgegeben, die dem Wohl der ganzen Menschheit zugute kommen.

Was nun das *Warum* angeht …

In der Obergrenze für das Einkommen, das jeder für sich behalten kann, würde sich das neue

Bewußtsein auf dem Planeten widerspiegeln; ein Bewußtsein darüber, daß der höchste Sinn des Lebens nicht in der Anhäufung von möglichst viel Reichtum liegt, sondern darin, möglichst viel Gutes zu tun – und damit verbunden ein Bewußtsein davon, daß die *Konzentration des Reichtums,* nicht sein Miteinanderteilen der größte Einzelfaktor ist, der die dauerhaftesten und auffallendsten sozialen und politischen Probleme schafft.

Die Chance, Reichtum anzuhäufen – unbegrenzten Reichtum –, ist der Eckpfeiler des kapitalistischen Systems, eines Systems des freien Unternehmertums und des freien Wettbewerbs, das die großartigste Zivilisation hervorgebracht hat, die die Welt je gesehen hat.

Das Problem ist, daß du das wirklich glaubst.

Nein, tu ich nicht. Ich habe das nur stellvertretend für die gesagt, die es tatsächlich glauben.

Die, die das glauben, geben sich einer schrecklichen Täuschung hin und sehen nichts von der gegenwärtigen Realität auf eurem Planeten.

In den Vereinigten Staaten halten die eineinhalb

Prozent an der Spitze mehr Reichtum in ihren Händen als die untersten 90 Prozent. Das Nettoeinkommen der reichsten 834 000 Personen ist um fast eine Billion Dollar höher als das der *84 Millionen ärmsten Menschen zusammengenommen.*

Na und? Sie haben dafür gearbeitet.

IHR AMERIKANER NEIGT dazu, den Klassenstatus als eine Funktion individuellen Bemühens und Strebens zu betrachten. Manche haben »es geschafft«, also nehmt ihr an, daß es jeder kann. Das ist eine sehr vereinfachte und naive Betrachtungsweise. Sie geht davon aus, daß jeder die gleichen Chancen hat, während in Wahrheit die Reichen und Mächtigen mit allen Mitteln bestrebt sind, an ihrem Geld und an ihrer Macht festzuhalten und sie zu *vermehren.*

Na und? Was ist daran falsch?

SIE TUN DAS, indem sie systematisch die Wettbewerbschancen *eliminieren,* die Aufstiegsmöglichkeiten institutionell *minimieren* und kollektiv den Fluß und die Vermehrung des Reichtums *kontrollieren.*

Das erreichen sie durch alle möglichen Praktiken, angefangen bei unfairen Arbeits- und Tarifverträgen, durch die die Masse der Armen auf der Welt ausgebeutet wird, über die Netzwerke der guten alten Seilschaften, die dafür sorgen, daß Neulinge kaum oder gar keine Chance bekommen, bis in den inneren Zirkel der Erfolgreichen vorzudringen.

Dann sind sie bestrebt, weltweit die Politik und die Regierungsprogramme zu kontrollieren, um *darüber hinaus* sicherzustellen, daß die Masse der Menschen gegängelt, kontrolliert und unterwürfig bleibt.

Ich glaube nicht, daß die Reichen das tun, jedenfalls nicht die meisten von ihnen. Es mag ein paar Verschwörer unter ihnen geben …

In den meisten Fällen sind es nicht die *einzelnen* Reichen, die das tun, sondern die sozialen Systeme und Institutionen, die sie repräsentieren. Diese Systeme und Institutionen sind von den Reichen und Mächtigen *geschaffen,* und es sind die Reichen und Mächtigen, die ihren Fortbestand sichern.

Indem sie derartige soziale Systeme und Institutionen unterstützen, können sie sich als Einzelpersonen von jeder persönlichen Verantwortung für die Bedingungen freisprechen, durch die die Massen unterdrückt und die Reichen und Mächtigen begünstigt werden.

Laß uns zum Beispiel auf das Gesundheitswesen in den Vereinigten Staaten zurückkommen. Millionen von armen amerikanischen Bürgern haben keinen Zugang zur Gesundheitsfürsorge. Man kann nicht auf irgendeinen *einzelnen Arzt* deuten und sagen: »Es liegt an dir, es ist deine Schuld«, daß in der reichsten Nation auf Erden Millionen keinen Arzt aufsuchen können, es sei denn unter den schrecklichen Umständen der Notaufnahme.

Dem *einzelnen* Arzt kann die Schuld dafür nicht angelastet werden, doch *alle Ärzte profitieren* davon. Der gesamte Ärztestand – und alle damit verbundenen Industrien und Wirtschaftszweige – ziehen einen noch nie dagewesenen Profit aus einem System, das die Diskriminierung der armen Arbeitnehmer und der Arbeitslosen *institutionalisiert* hat.

Und das ist nur ein Beispiel, wie das »System« dafür sorgt, daß die Reichen reich und die Armen arm bleiben.

Entscheidend ist, daß es die Reichen und Mächtigen sind, die solche Gesellschaftsstrukturen unterstützen und sich eisern *jedem Bemühen, sie zu verändern,* widersetzen. Sie gehen gegen jeden politischen oder ökonomischen Ansatz vor, der allen

Menschen eine echte Chance und wahre Würde ermöglichen soll.

Die meisten Reichen und Mächtigen sind, einzeln genommen, gewiß ganz nette Leute, die soviel Mitgefühl und Mitleid haben wie alle anderen auch. Aber erwähne ihnen gegenüber ein für *sie* so bedrohliches Konzept wie eine Beschränkung des Jahreseinkommens (selbst wenn es so lächerlich hoch ist wie diese 25 Millionen Dollar), dann werden sie sofort in Klagen und Jammern über den widerrechtlichen Eingriff in ihre persönlichen Rechte, über die Unterminierung des »amerikanischen Way of Life« und über den »Motivationsverlust« ausbrechen.

Aber was ist mit dem Recht aller Menschen auf einen gewissen Mindeststandard in ihrem Leben, darauf, daß sie genug zu essen haben, um nicht verhungern zu müssen, und daß sie warm genug gekleidet sind? Was ist mit dem Recht der Menschen *allerorten* auf eine angemessene Gesundheitsfürsorge – dem Recht, nicht an relativ geringfügigen medizinischen Komplikationen *leiden* oder *sterben* zu müssen, die die Reichen mit einem Fingerschnippen beheben können?

Die Ressourcen auf eurem Planeten – *einschließlich der Früchte der Arbeit* der Massen von unglaublich armen Menschen, die kontinuierlich und systematisch ausgebeutet werden – gehören allen Menschen auf der Welt, nicht nur denen, die reich und mächtig genug sind, um die Ausbeutung zu betreiben.

Und so funktioniert die Ausbeutung: Eure reichen Wirtschaftsunternehmer begeben sich in ein Land oder ein Gebiet, wo es keine Arbeit gibt, wo die Menschen notleiden, wo tiefste Armut herrscht. Sie errichten dort eine Fabrik, bieten diesen armen Menschen Jobs an – manchmal mit 10, 12 oder 14 Arbeitsstunden am Tag – für weit unter der Norm liegende, um nicht zu sagen unmenschliche Löhne. Jedenfalls nicht genug, um jenen Arbeitern ein Entkommen aus ihren von Ratten belagerten Dörfern zu ermöglichen, sondern nur gerade so viel, daß sie *knapp* über die Runden kommen können, im Gegensatz zu einem Leben ganz *ohne Nahrung oder Obdach.*

Und wenn man ihnen dann Vorwürfe macht, sagen diese Kapitalisten: »*He,* sie haben es besser als *zuvor,* oder etwa nicht? Wir haben *ihr Los verbessert!* Die Leute *nehmen* die Jobs, oder etwa nicht? Wir haben ihnen eine *Chance* verschafft! Und *wir* gehen das ganze *Risiko* ein!«

Doch was für ein Risiko gehen sie ein, wenn sie 1,30 DM die Stunde für die Herstellung von

Schuhen bezahlen, die sie dann für 200 DM das Paar verkaufen?

Gehen sie ein Risiko ein, oder ist das schlicht und einfach Ausbeutung?

Ein System von so empörender Schamlosigkeit kann nur *in einer von Gier getriebenen Welt* existieren, *in der es in erster Linie um die Profitspanne und nicht um die menschliche Würde geht.*

Diejenigen, die sagen, daß es diesen Arbeitern, »gemessen am Lebensstandard ihrer Gesellschaft, *ganz wunderbar* geht«, sind Heuchler erster Güte. Sie würden einem Ertrinkenden ein Seil zuwerfen, aber *sich weigern, ihn an Land zu ziehen.* Dann würden sie stolz verkünden, daß *ein Seil doch besser als ein Stein sei.*

Statt die Leute zu echter Würde kommen zu lassen, geben diese Besitzenden den Besitzlosen dieser Welt gerade genug, um sie abhängig zu machen – aber nicht genug, um sie je wirklich mächtig werden zu lassen. Denn Menschen mit wahrer ökonomischer Macht verfügen über die Möglichkeit, »das System« wirksam zu *beeinflussen,* statt ihm nur unterworfen zu sein. Denn das ist das letzte, was die Schöpfer dieses System wollen!

Also setzt sich die Konspiration fort. Und bei den meisten Reichen und Mächtigen ist dies nicht eine Konspiration des Handelns, sondern eine *Konspiration des Schweigens.*

Also macht nur weiter, geht euren Weg, und sagt bloß *nichts* über die Schamlosigkeit eines sozioökonomischen Systems, das den leitenden Angestellten eines Konzerns mit einem Bonus von 70 Millionen Dollar dafür belohnt, daß er die Verkaufszahlen eines nichtalkoholischen Getränks gesteigert hat, während 70 Millionen *Menschen* sich den Luxus nicht leisten können, das Zeug zu trinken – ganz zu schweigen davon, daß sie nicht genug zu essen haben, um gesund zu bleiben.

Seht nicht die Schamlosigkeit all dessen. Nennt das die globale freie Marktwirtschaft und sagt allen, wie *stolz* ihr darauf seid. Doch es steht geschrieben:

Willst du vollkommen sein,
so gehe hin, verkaufe, was du hast,
und gib's den Armen,
so wirst du einen Schatz im Himmel haben:
Und komm und folge mir nach!
Da der Jüngling das Wort hörte,
ging er betrübt von ihm;
denn er hatte viele Güter.

19

Ich habe dich selten so empört erlebt. Gott empört sich nicht. Das beweist, daß du nicht Gott bist.

GOTT IST *ALLES,* und Gott *wird* alles. Es gibt nichts, was Gott nicht ist, und alles, was Gott von sich selbst erfährt, erfährt Gott in *dir* und als und durch *dich.* Es ist *deine* Empörung, die du da fühlst.

Das ist richtig. Denn ich stimme dir in allem, was du gesagt hast, zu.

WISSE, DASS DU jeden Gedanken, den ich dir schikke, durch den Filter deiner eigenen Erfahrung empfängst, durch den Filter deiner eigenen Wahrheit, deines eigenen Verständnisvermögens, deiner eigenen Entscheidungen, deiner eigenen Wahl und deiner eigenen Aussagen in bezug darauf, wer-du-bist und wer-du-sein-willst. Du kannst es auf keine andere Weise empfangen und solltest es auch gar nicht versuchen.

Da haben wir es wieder. Sagst du damit, daß keiner dieser Gedanken und keines dieser Gefühle die *deinen* sind, daß dieses *ganze* Buch falsch sein könnte?

Willst du mir sagen, daß die ganze Erfahrung meiner Unterhaltung mit dir nichts weiter sein könnte als eine Ansammlung *meiner* Gedanken und Gefühle in bezug auf irgendein Thema?

DENK MAL AN die Möglichkeit, daß *ich dir deine* Gedanken und Gefühle in bezug auf eine Sache *eingebe* (woher, glaubst du, kommen sie?); daß ich gemeinsam mit dir deine Erfahrungen erschaffe; daß ich Teil deiner Entscheidungen, deiner jeweiligen Wahl und deiner Aussagen bin.

Denk auch an die Möglichkeit, daß ich dich, zusammen mit vielen anderen, dazu auserwählt haben könnte, mein Bote zu sein, lange bevor dieses Buch entstand.

Das kann ich nur schwer glauben.

DAS HABEN WIR doch alles in Band 1 abgehandelt. Ja, ich werde zu dieser Welt sprechen, und ich werde es unter anderem durch meine Lehrer und Boten tun. Und in diesem Buch werde ich eurer Welt sagen, daß ihre ökonomischen, politischen, sozialen und religiösen Systeme primitiv sind. Ich sehe, daß ihr die kollektive Arroganz habt, sie für die besten zu halten. Ich sehe, daß ihr euch in der überwiegenden Mehrzahl gegen jede Veränderung oder Verbesserung wehrt, die euch irgend etwas wegnimmt – ganz gleich, wem damit geholfen würde.

Ich sage noch einmal, daß auf eurem Planeten ein massiver Bewußtseinswandel vonnöten ist, eine Veränderung in eurer Bewußtheit, in eurem Gewahrsein, eine neue Achtung vor allem Leben und ein tiefergehendes Verständnis von der wechselseitigen Verbundenheit aller Dinge.

Nun, du bist Gott. Warum änderst du all die Dinge dann nicht endlich, wenn du nicht willst, daß sie so sind, wie sie sind.

WIE ICH DIR bereits erklärte, entschied ich mich von Anfang an dazu, euch die Freiheit zu geben, euer Leben – und damit euer Selbst – so zu erschaffen, wie es eurem Wunsch nach *sein* soll. Ihr könnt euch nicht selbst als Schöpfer erkennen und erleben, wenn ich euch sage, was ihr erschaffen und wie ihr es erschaffen sollt, und euch dann zwinge, von euch verlange oder euch dazu bringe, es auch so zu machen. Täte ich das, wäre meine Absicht dahin.

Aber laß uns nun einfach mal zur Kenntnis nehmen, was auf eurem Planeten erschaffen *wurde,* und sehen wir, ob das nicht auch *dich* ein bißchen empört.

Laß uns mal einen Blick auf vier Seiten einer eurer größeren Tageszeitungen werfen. Nehmen wir einen typischen Tag. Nimm die Zeitung von heute.

Okay. Es ist Samstag, der 9. April 1994, und ich nehme den *San Francisco Chronicle.*

GUT. SCHLAG IHN auf irgendeiner Seite auf.

In Ordnung. Hier ist Seite 7.

SCHÖN. WAS SIEHST du da?

Die Schlagzeile lautet: *Entwicklungsländer diskutieren über die Rechte der Arbeitnehmer.*

EXZELLENT. MACH WEITER.

Der Artikel berichtet über einen sogenannten »alten Streitpunkt« zwischen Industrienationen und Entwicklungsländern hinsichtlich der Rechte der Arbeitnehmer. Es wird behauptet, daß die führenden Vertreter einiger Entwicklungsländer »befürchten, daß eine Kampagne zur Ausweitung der Rechte der Arbeitnehmer eine Hintertür öffnen könnte, mittels deren ihre Niedriglohnprodukte von den Konsummärkten der reichen Nationen verbannt werden können«. Weiterhin wird gesagt, daß die Vertreter Brasiliens, Malaysias, Indiens, Singapurs und anderer Entwicklungsländer sich geweigert haben, ein ständiges Komitee der Welthandelsorganisation einzurichten, das damit beauftragt würde, Richtlinien für die Rechte der Arbeitnehmer auszuarbeiten.

Von welchen Rechten ist hier die Rede?

Es wird von »Grundrechten der Arbeiter« gesprochen, wie etwa einem Verbot von Zwangsarbeit, der Einführung eines Sicherheitsstandards am Arbeitsplatz und einer Garantie der Möglichkeit, auf kollektiver Ebene Verhandlungen zu führen.

Und warum wollen Entwicklungsländer solche Rechte nicht als Bestandteil einer internationalen Vereinbarung sehen? Ich *sage* dir, warum. Laß uns erstens klarstellen, daß es nicht die *Arbeiter* in diesen Ländern sind, die sich gegen solche Rechte wehren. Die »Vertreter« dieser Entwicklungsländer sind dieselben Leute oder eng mit denselben Leuten verbunden, *die die Fabriken besitzen und leiten.* Mit anderen Worten – die Reichen und Mächtigen.

Wie schon in der Zeit vor der Gewerkschaftsbewegung in den Vereinigten Staaten sind das diejenigen, die heute von der Massenausbeutung der Arbeit profitieren.

Du kannst sicher sein, daß sie in aller Stille von den Reichen in den Vereinigten Staaten und anderen wohlhabenden Nationen unterstützt werden. Deren Unternehmer – die die Arbeiter in ihrem eigenen Land nicht mehr auf unfaire Weise ausbeuten können – schließen nun Verträge mit Fabrikbesitzern in diesen Entwicklungsländern ab (oder bauen dort ihre eigenen Fabriken), um dort die immer noch vor der Ausnutzung ungeschützten Arbeiter auszubeuten und ihre ohnehin schon schamlosen Profite noch weiter zu steigern.

Aber in diesem Artikel wird gesagt, daß es die US-Regierung ist, die darauf drängt, daß die Rechte der Arbeitnehmer Bestandteil eines weltweiten Handelsabkommens werden.

Euer gegenwärtiger Präsident, Bill Clinton, ist ein Mann, der an die Grundrechte der Arbeiter glaubt, auch wenn das eure mächtigen Wirtschaftsbosse nicht tun. Er kämpft mutig gegen die Eigeninteressen der Unternehmer. Andere amerikanische Präsidenten und Führungspersönlichkeiten auf der Welt sind schon für weniger umgebracht worden.

Willst du damit sagen, daß Präsident Clinton ermordet werden wird?

Lass uns nur sagen, daß es ungeheuer starke Kräfte geben wird, die versuchen werden, ihn aus dem Amt zu entfernen. Sie müssen ihn da rauskriegen – so wie sie vor dreißig Jahren Präsident Kennedy entfernen mußten.

Wie Kennedy vor ihm, tut Bill Clinton alles, was die Unternehmer hassen. Nicht nur, daß er weltweit auf die Rechte der Arbeitnehmer drängt, er tritt auch praktisch bei jeder sozialen Frage gegen das eingewurzelte Establishment an und schlägt sich auf die Seite des »kleines Mannes«.

Er glaubt zum Beispiel, daß jede Person das Recht auf eine angemessene Gesundheitsfürsorge hat – gleich ob sie es sich leisten kann, die unverschämten Preise und Gebühren, derer sich mittlerweile die Ärzte erfreuen können, zu bezahlen oder nicht. Er hat gesagt, daß diese Kosten gesenkt werden müssen. Das hat ihn bei einem Großteil der Reichen und Mächtigen seines Landes nicht sehr populär gemacht. Von der Pharmaindustrie bis hin zu den Versicherungskonzernen, von den Ärztevereinigungen und Krankenkassen bis hin zu den Wirtschaftsunternehmen, die ihre Arbeiter anständig versichern müßten – es würden sehr viele Menschen, die heute eine Menge Geld verdienen, ein bißchen weniger verdienen, sollten die Armen dieses Landes mit einem allgemeinen Gesundheitsfürsorgesystem bedacht werden.

Das macht Herrn Clinton nicht zum beliebtesten Mann seines Landes. Jedenfalls nicht bei gewissen Elementen – die in diesem Jahrhundert bereits bewiesen haben, daß sie in der Lage sind, einen Präsidenten aus dem Amt zu entfernen.

Willst du damit sagen – ?

ICH SAGE, DASS der Kampf zwischen den Besitzenden und den Besitzlosen schon seit ewig tobt und auf eurem Planeten epidemische Ausmaße angenommen hat. Und so wird es immer sein, solange ökonomische und nicht humanitäre Interessen den Gang der Welt bestimmen – solange das vorrangigste Interesse des Menschen seinem Körper und nicht seiner Seele gilt.

Vermutlich hast du recht: Auf Seite 14 derselben Zeitung findet sich die Schlagzeile: *Die Rezession in Deutschland weckt Wut in der Bevölkerung.* Und der Untertitel lautet: »Die Arbeitslosigkeit erreicht einen Nachkriegshöhepunkt, die Kluft zwischen den Reichen und Armen wird immer größer.«

JA. UND WAS steht in dem Artikel?

Es wird berichtet, daß es unter den entlassenen Ingenieuren, Professoren, Wissenschaftlern, Fabrikarbeitern, Zimmermännern und Köchen stark brodelt; daß das Land ein paar wirtschaftliche Rückschläge einstecken mußte und daß ein »weitverbreitetes Gefühl herrscht, daß die Härten und Lasten nicht fair verteilt wurden«.

DAS IST RICHTIG. Sie wurden nicht fair verteilt. Steht in dem Artikel etwas über die Ursachen der vielen Entlassungen?

Ja. Es wird berichtet, daß diese wütenden Arbeitnehmer »Arbeitnehmer sind, deren Arbeitgeber sich in Ländern angesiedelt haben, in denen der Arbeitslohn billiger ist«.

AHA. ICH FRAGE mich, ob viele Leute, die deinen

San Francisco Chronicle von heute lesen, den Zusammenhang zwischen den Berichten auf Seite 7 und Seite 14 erkennen.

Der Artikel hebt hervor, daß Frauen als erste entlassen werden. Hier steht: »Über die Hälfte der Entlassenen sind Frauen, im Osten des Landes sind es fast zwei Drittel.«

NATÜRLICH. ICH WEISE immer wieder darauf hin – obwohl die meisten von euch es nicht sehen oder zugeben wollen –, daß eure sozioökonomischen Mechanismen *systematisch* bestimmte Klassen oder Gruppen von Menschen diskriminieren. Ihr sorgt *nicht* für Chancengleichheit, obschon ihr dauernd laut verkündet, daß ihr es tut. Ihr müßt dieses Märchen glauben, damit ihr euch weiterhin gut fühlen könnt, und ihr hegt im allgemeinen einen Groll auf alle, die euch die Wahrheit aufzeigen. Ihr leugnet jeden Beweis, der euch vorgelegt wird.

Ihr seid eine Gesellschaft von Straußen, die den Kopf in den Sand stecken.

Nun – was findet sich sonst noch in der heutigen Zeitung?

Auf Seite 4 ist eine Bericht mit der Schlagzeile: *Die*

Bundesregierung drängt auf die Beendigung der Diskriminierung auf dem Wohnungssektor. Hier steht: »Beamte des Wohnungsministeriums arbeiten einen Plan aus, der wie nie zuvor zu ernsthaften Anstrengungen zwingt, der Rassendiskriminierung auf dem Wohnungssektor ein Ende zu setzen.«

WAS DU DICH fragen solltest, ist, warum solche Anstrengungen erzwungen werden müssen.

Wir haben ein Gesetz, das eine solche Diskriminierung aufgrund von Rasse, Farbe, Religion, Geschlechtszugehörigkeit, nationaler Herkunft, Behindertheit oder Familienzusammensetzung verbietet. Doch viele Gemeinden haben wenig unternommen, um diese Diskriminierung auf dem Wohnungssektor zu unterbinden. Viele Leute in diesem Land haben noch immer das Gefühl, daß ein Mensch die Freiheit haben muß, mit seinem Privateigentum zu tun und zu lassen, was er will – und dazu gehört auch, daß er vermieten oder *nicht* vermieten kann, an wen er will.

WENN JEDER, DER Wohnraum zu vermieten hat, derart selektive Entscheidungen treffen dürfte, und wenn diese Entscheidungen tendenziell ein Gruppenbewußtsein und eine generelle Einstellung gegenüber bestimmten Kategorien und Klassen von Menschen widerspiegeln, könnte ganzen Bevölkerungsteilen systematisch jede Gelegenheit genommen werden, angemessene Wohnungen zu finden. Und wenn es keine angemessenen und *erschwinglichen* Wohnungen gibt, können die Landbarone und Slumlords maßlos unverschämte Preise für grauenhafte Behausungen verlangen, die kaum oder gar nicht instand gehalten werden. Und wieder beuten die Reichen und Mächtigen die Massen aus, diesmal unter dem Deckmantel der »Eigentumsrechte«.

Naja, Eigentümer sollten wenigstens *ein paar* Rechte haben.

Aber wann verstossen die Rechte der wenigen gegen die Rechte der vielen?

Das ist und war immer die Frage, mit der sich jede zivilisierte Gesellschaft konfrontiert sieht.

Kommt nun die Zeit, wo das höhere Wohl aller den Vorrang vor den Rechten des einzelnen hat? Wird die Gesellschaft die Verantwortung für sich selbst übernehmen?

Eure Mietgesetze, die eine Diskriminierung verbieten, sind euer Weg, diese Frage zu bejahen.

Alle Fehlschläge im Bereich der Befolgung und

Durchsetzung dieser Gesetze sind die Mittel der Reichen und Mächtigen, mit denen sie sagen: »Nein – alles, was zählt, sind *unsere* Rechte.«

Und auch hier packen euer gegenwärtiger Präsident und seine Verwaltung mutig das heiße Eisen an. Nicht alle vorherigen amerikanischen Präsidenten waren so willig, sich den Reichen und Mächtigen an einer weiteren Front entgegenzustellen.

Das sehe ich. In dem Zeitungsartikel steht, daß die Beamten des Wohnungsministeriums der Clinton-Verwaltung in der kurzen Zeit, in der sie im Amt sind, mehr Untersuchungen im Bereich der Wohnraumdiskriminierung eingeleitet haben *als in den zehn Jahren zuvor durchgeführt wurden.* Ein Sprecher der *Fair Housing Alliance,* einer nationalen Beratergruppe in Washington, sagte, daß sie schon jahrelang vergeblich versucht hätten, frühere Verwaltungen dazu zu bringen, auf der Einhaltung dieser Diskriminierungsverbote so zu beharren, wie es die Clinton-Verwaltung nun tut.

Aber euer gegenwärtiger Präsident macht sich sogar noch mehr Feinde unter den Reichen und Mächtigen: Fabrikanten und Industriebosse, Pharmakonzerne und Versicherungsgesellschaften, Ärzte und Ärzteverbände und Investoren auf dem Immobilienmarkt. Alles Leute mit Geld und Einfluß.

Wie schon früher bemerkt, wirst du sehen, daß Clinton Mühe haben wird, im Amt zu bleiben.

Schon jetzt, während dies geschrieben wird – April 1994 –, nimmt der Druck der sich gegen ihn richtenden Kräfte zu.

Berichtet deine Zeitung von heute noch irgend etwas anderes über die Menschheit?

Ja, auf Seite 14 findet sich auch das Foto eines russischen politischen Führers, der seine Fäuste schwingt. Darunter steht ein Bericht mit der Schlagzeile: *Schirinowski attackiert Parlamentskollegen.* In ihm ist zu lesen, daß Wladimir Schirinowski »gestern in einen weiteren Boxkampf verwickelt war, einen politischen Gegner verprügelte und ihn anschrie: ›Ich lass' dich im Gefängnis verrotten! Ich reiß' dir deine Barthaare einzeln aus!‹«

Und du fragst dich, warum sich *Nationen* bekriegen? Hier ist der Anführer einer großen politischen Macht, der in den Parlamentshallen seine Männlichkeit dadurch beweisen muß, daß er *sei-*

ne Gegner verprügelt. Ihr seid eine primitive Rasse und versteht nur die Sprache der Stärke. Es gibt auf eurem Planeten kein wahres Gesetz. Ein wahres Gesetz ist ein natürliches Gesetz – es ist unerklärlich und *muß* auch nicht geklärt oder gelehrt werden. Es ist *beobachtbar.*

Ein wahres Gesetz ist ein Gesetz, auf das sich alle Menschen freiwillig einigen, um von ihm regiert zu werden, denn sie werden von ihm auf natürliche Weise regiert. Diese Vereinbarung ist also weniger eine Vereinbarung als vielmehr eine gemeinschaftliche Anerkennung dessen, was-so-ist.

Diese Gesetze müssen nicht mit Gewalt durchgesetzt werden. Sie *sind* bereits durch das einfache Mittel unleugbarer Konsequenz durchgesetzt.

Laß mich dir ein Beispiel geben. Hochentwikkelte Wesen schlagen sich nicht selbst mit dem Hammer auf den Kopf, weil es weh tut. Aus dem gleichen Grund schlagen sie auch keinen *anderen* auf den Kopf.

Entwickelte Wesen haben bemerkt, daß eine Person, wenn du sie mit dem Hammer angreifst, verletzt wird. Und wenn du nicht damit aufhörst, wird diese Person wütend. Und wenn du sie immer weiter wütend machst, wird sie sich schließlich selber einen Hammer suchen und zurückschlagen. Entwickelte Wesen wissen daher, daß du, wenn du einen anderen mit einem Hammer schlägst, dich selbst mit einem Hammer schlägst. Es spielt keine Rolle, ob du mehr Hämmer oder einen größeren Hammer hast als der andere. Früher oder später wirst du verletzt werden.

Dieses Resultat läßt sich beobachten.

Unentwickelte Wesen – primitive Wesen – beobachten das gleiche. Doch ihnen ist das einfach egal. Entwickelte Wesen sind nicht bereit, »Der-mit-dem-größten-Hammer-gewinnt« zu spielen. Primitive Wesen spielen nichts anderes.

Übrigens ist dies weitgehend ein Männerspiel. Unter den Frauen eurer Spezies gab es nur wenige, die bereit waren, »Hämmer-tun-weh« zu spielen. Sie spielen ein neues Spiel. Sie sagen:

If I had a hammer,
I'd hammer out justice,
I'd hammer out freedom,
I'd hammer out love between
my brothers and my sisters,
all over this land.

(Wenn ich einen Hammer hätte,
würde ich Gerechtigkeit zimmern,
würde ich Freiheit zimmern,
würde ich Liebe zimmern unter

meinen Brüdern und meinen Schwestern im ganzen Land.)

Willst du damit sagen, daß Frauen weiter entwickelt sind als Männer?

Ich fälle weder auf die eine noch auf die andere Weise ein Urteil. Ich beobachte nur.

Man kann die Wahrheit nämlich beobachten – genau wie ein Naturgesetz.

Aber ein Gesetz, das kein natürliches Gesetz ist, läßt sich nicht beobachten und muß euch daher erläutert werden. Euch muß *gesagt* werden, warum es eurem eigenen Wohl dienen soll. Es muß euch demonstriert werden. Das ist keine leichte Aufgabe, denn wenn etwas eurem eigenen Wohl dient, dann ist es etwas *Selbstverständliches.*

Nur das, was nicht selbstverständlich ist, muß euch erklärt werden.

Es bedarf einer sehr ungewöhnlichen und entschlossenen Person, die Leute von etwas zu überzeugen, das nicht selbstverständlich ist. Zu diesem Zweck habt ihr die Politiker erfunden.

Und den Klerus.

Die Wissenschaftler sagen nicht viel. Sie sind gewöhnlich nicht sehr gesprächig, und sie müssen es auch nicht sein. Wenn sie ein Experiment durchführen, und es Erfolg hat, zeigen sie euch einfach, was sie gemacht haben. Die Resultate sprechen für sich selbst. Also sind Wissenschaftler im allgemeinen stille Typen mit wenig Neigung zu langen Reden. Sie sind nicht nötig, denn der Grund für ihre Arbeit ist evident. Und wenn sie etwas versuchen und scheitern, haben sie ohnedies nichts zu sagen.

Anders bei den Politikern. Wenn sie *scheitern,* dann reden sie. Und sie reden um so mehr, je mehr Fehlschläge sie aufweisen.

Dasselbe gilt für die Religionen. Je mehr sie scheitern, um so mehr reden sie.

Doch ich sage dir dies:

Die Wahrheit und Gott finden sich am selben Ort: im Schweigen.

Wenn du Gott und die Wahrheit gefunden hast, ist es unnötig, darüber zu reden. Sie sind offensichtlich. Wenn du eine Menge über Gott *redest,* dann wahrscheinlich, weil du noch immer auf der Suche bist. Das ist okay. Du sollst nur wissen, wo du stehst.

Aber Lehrer sprechen die ganze Zeit über *Gott. Wir* sprechen in *diesem* Buch doch über nichts anderes.

Du lernst das, was du deiner Wahl nach lernen möchtest. Ja, dieses Buch spricht über mich, wie auch über das Leben, was dieses Buch zu einem sehr guten Fallbeispiel macht. Du hast dich auf das Schreiben dieses Buches eingelassen, *weil du noch immer auf der Suche bist.*

Ja.

So ist es. Und dasselbe gilt für alle, die es lesen. Aber wir waren bei der Schöpfungsfrage. Du hast mich ganz am Anfang des jetzigen Kapitels gefragt, warum ich, wenn mir das, was ich auf Erden sehe, nicht gefällt, es nicht ändere.

Ich bewerte das nicht, was ihr tut. Ich beobachte es nur und beschreibe es von Zeit zu Zeit, wie ich es in diesem Buch getan habe.

Aber nun muß ich dich fragen – und vergiß meine Beobachtungen und Beschreibungen –, was *du* angesichts der von dir beobachteten Schöpfungen deines Planeten *fühlst?* Du hast nur ein paar Artikel aus der Zeitung von heute vorgelesen und bislang folgendes entdeckt:

– Nationen weigern sich, Arbeitnehmern Grundrechte zu zugestehen.
– Angesichts einer Rezession in Deutschland werden die Reichen reicher und die Armen ärmer.

– Die Regierung muß die Immobilienbesitzer zwingen, eure Gesetze, die die Diskriminierung auf dem Wohnungsmarkt verbieten, einzuhalten.
– Ein mächtiger russischer Politiker teilt einem seiner Gegner mit: »Ich lass' dich im Gefängnis verrotten! Ich reiß' dir deine Barthaare einzeln aus!« und verprügelt ihn mitten im Parlamentssaal seines Landes.

Gibt es noch mehr in dieser Zeitung, das mir etwas über eure »zivilisierte« Gesellschaft aufzeigt?

Ja, hier ist ein Bericht auf Seite 13 mit der Überschrift: *Zivilisten leiden im angolanischen Bürgerkrieg am meisten.* Darunter steht: »In den Rebellengegenden leben die Anführer in Luxus, während viele Tausende verhungern.«

GENUG. ICH BIN im Bilde. Und das alles in der Zeitung eines Tages.

Und nur eines *Teils* dieser Zeitung. Ich bin über den ersten Teil gar nicht hinausgekommen.

ALSO SAGE ICH noch einmal: Die ökonomischen, politischen, sozialen und religiösen Systeme eurer

Welt sind *primitiv.* Ich werde, aus den angegebenen Gründen, nichts tun, um das zu ändern. Ihr müßt in diesen Dingen *freie Wahl* und *freien Willen* haben, damit ihr mein höchstes Ziel für euch erfahren könnt. Dieses Ziel besteht darin, daß ihr euch selbst als den Schöpfer erkennt.

So weit seid ihr nun nach all diesen Tausenden von Jahren gekommen, bis dahin habt ihr euch entwickelt – das ist es, was ihr erschaffen habt.

Empört dich das nicht?

Und dann habt ihr etwas Gutes getan. Ihr seid zu mir gekommen, um Rat zu erbitten.

Eure »Zivilisation« hat sich wiederholte Male an Gott gewandt und gefragt: »Wo sind wir fehlgegangen? Wie können wir es besser machen?« Die Tatsache, daß ihr bei jeder anderen Gelegenheit meinen Rat ignoriert habt, hält mich nicht davon ab, ihn wieder anzubieten. Wie ein guter Vater bin ich immer bereit, eine hilfreiche Beobachtung beizusteuern, wenn ich darum gebeten werde. Und wie eine gute Mutter bin ich ebenso bereit, euch weiterhin zu lieben, wenn ich ignoriert werde.

Ich beschreibe also die Dinge so, wie sie wirklich sind. Und ich sage dir, wie ihr es besser machen könnt. Ich habe es auf eine Weise getan, die bei dir einige Empörung ausgelöst hat, weil ich deine Aufmerksamkeit gewinnen wollte. Und ich sehe, daß es mir gelungen ist.

Wie könnte diese Art von massivem Bewußtseinswandel, von dem du in diesem Buch wiederholte Male gesprochen hast, *bewirkt werden?*

Durch ein langsames Herausmeißeln, das bereits im Gange ist. Wir befreien allmählich den Granitblock der menschlichen Erfahrung von seinem unerwünschten Übermaß, so wie ein Bildhauer etwas wegmeißelt, um die wahre Schönheit der endgültigen Skulptur zu erschaffen und zu enthüllen.

»Wir«?

Du und ich, durch unsere Arbeit an diesen Büchern, und viele andere, allesamt Boten. Die Schriftsteller, die Maler, die Fernseh- und Filmproduzenten. Die Musiker, die Sänger, die Schauspieler, die Tänzer, die Lehrer, die Schamanen und Gurus. Die Politiker, die Führer (ja, es gibt auch einige sehr gute, einige sehr aufrichtige), die Ärzte, die Rechtsanwälte (ja, auch darunter gibt es einige sehr gute und aufrichtige!), die Mamas und Papas und die Großmamas und Großpapas in den Wohnzimmern und Küchen und Hinterhöfen und Gärten überall auf der Welt. Ihr seid die Vorläufer, die Vorboten.

Und das Bewußtsein vieler Menschen wandelt sich. Durch euch.

Wird es einer weltweiten Erschütterung, einer Katastrophe ungeheuren Ausmaßes bedürfen, wie einige meinen? Muß es eine Erdachsenverschiebung geben, muß die Erde von einem Meteor getroffen werden, müssen ganze Kontinente untergehen, bevor die Leute hören werden? Müssen wir von Außerirdischen besucht und fast verrückt vor Angst werden, bevor wir genügend Einsicht erlangen, um zu erkennen, daß wir alle eins sind? Müssen wir uns erst mit dem drohenden Untergang konfrontiert sehen, bevor wir uns zu einer neuen Lebensweise aufraffen können?

Solche drastischen Ereignisse sind nicht notwendig – können aber eintreten.

Werden sie eintreten?

Meinst du denn, daß sich die Zukunft voraussagen läßt – und sei es auch von Gott? Ich sage dir dies: Eure Zukunft läßt sich erschaffen. Erschafft sie, wie ihr sie haben wollt.

Aber an früherer Stelle hast du gesagt, daß die Zeit ihrer wahren Natur nach so beschaffen ist, daß es keine »Zukunft« gibt; daß alle Dinge sich im Moment ereignen – im ewigen Moment des Jetzt.

Das ist richtig.

Gibt es also in diesem »Jetzt« Erdbeben und Überschwemmungen und Meteoreneinschläge auf dem Planeten, oder gibt es sie nicht? Sag mir jetzt bloß nicht, daß du als Gott es nicht *weißt.*

Möchtest du, dass diese Dinge passieren?

Natürlich nicht. Aber *du* hast gesagt, daß alles, was geschehen *wird,* bereits geschehen *ist – jetzt* geschieht.

Das ist richtig. Aber der ewige Moment des Jetzt *wandelt sich auch ewig.* Er ist wie ein Mosaik – eines, das immer da ist, aber sich ständig verändert. Kein Wimpernschlag, ohne daß es sich schon wieder verändert hat, wenn du die Augen wieder aufmachst.

Paß auf! Schau! Siehst du? Da schon wieder.

ICH VERÄNDERE MICH STÄNDIG.

Was bringt dich zu dieser Veränderung?

Deine Vorstellung von mir! Deine *Gedanken* über *all* das sind es, die diese Veränderung bewirken – *augenblicklich.* Manchmal ist die Veränderung in diesem Allem sehr fein, praktisch nicht erkennbar, was von der Kraft *des Gedankens* abhängt. Aber wenn es sich um einen *intensiven Gedanken* – oder um einen *kollektiven Gedanken* handelt, hat er einen *ungeheuren* Einfluß, eine unglaubliche Auswirkung.

Alles verändert sich.

Also – *wird* es eine Art größere, globale Katastrophe geben?

Ich weiss nicht. Wird es sie geben?

Du entscheidest. Denk daran, du wählst dir deine Realität *jetzt* aus.

Ich möchte, daß sie nicht passiert.

Dann wird sie nicht passieren. Es sei denn, sie tut es doch.

Da haben wir es wieder.

Ja. Du musst lernen, mit dem Widerspruch zu leben. Und du mußt die größere Wahrheit begreifen: Nichts ist von Bedeutung.

Nichts ist von Bedeutung?

Ich werde das im dritten Band erklären.

Okay, aber ich warte nicht gerne auf diese Dinge.

Du hast hier schon soviel zu verdauen. Laß dir ein bißchen Zeit. Laß dir ein bißchen Raum.

Können wir noch etwas zusammenbleiben? Ich spüre, daß du dich verabschiedest. Du fängst immer an, auf diese Weise zu reden, wenn du kurz davor bist, dich zu verabschieden. Ich möchte mit dir noch über ein paar andere Dinge sprechen ... zum Beispiel über außerirdische Wesen – *gibt* es so etwas?

Auch darauf werden wir in Band 3 eingehen.

Ach komm schon, gib mir einen kleinen Wink.

Du willst wissen, ob es irgendwo anders im Universum intelligentes Leben gibt? Ja, natürlich.

Ist es so primitiv wie das unsere?

MANCHE LEBENSFORMEN SIND primitiver und manche weniger primitiv. Und manche sind sehr viel weiter fortgeschritten.

Sind wir von außerirdischen Wesen besucht worden?

JA. VIELE MALE.

Aus welchem Grund?

UM NACHFORSCHUNGEN ANZUSTELLEN. In manchen Fällen auch, um auf sanfte Weise Beistand zu leisten.

Wie leisten sie Beistand?

OH, AB UND ZU geben sie euch etwas Auftrieb. Du hast zum Beispiel sicher bemerkt, daß ihr in den letzten 75 Jahren mehr technologische Fortschritte gemacht habt als *in der ganzen Menschheitsgeschichte davor.*

Ja.

Glaubst du denn, daß alles, von euren CAT-Überwachungssystemen über eure Flüge mit Überschallgeschwindigkeit bis hin zu den im Körper implantierten Computerchips, dem Verstand des Menschen entsprungen ist?

Hm … ja!

Warum hat der Mensch das alles dann nicht schon vor Tausenden von Jahren erfunden?

Ich weiß nicht. Ich nehme an, die Technologie war nicht verfügbar. Ich meine, eines führt zum anderen. Aber die Ausgangstechnologie war eben nicht da, bis sie da war. Es ist alles ein Evolutionsprozeß.

Du findest es nicht merkwürdig, daß in diesem Evolutionsprozeß von Milliarden Jahren irgendwann vor 75 bis 100 Jahren plötzlich eine riesige »Verständnisexplosion« stattfand?

Du betrachtest es nicht als *ungewöhnlich,* daß viele heute auf dem Planeten existierenden Menschen im Laufe *ihres jetzigen Lebens* die Entwicklung vom Radio über das Radar bis hin zur Elektronik miterlebt haben?

Kapierst du nicht, daß hier ein Quantensprung

stattgefunden hat? Ein Schritt nach vorn von solcher Größe und von solchen Ausmaßen, daß er jeder Logik widerspricht?

Was sagst *du* dazu?

ICH SAGE, ZIEH die Möglichkeit in Betracht, daß euch geholfen wurde.

Warum wird uns, wenn uns technologisch »geholfen« wird, nicht auch spirituell geholfen? Warum bekommen wir nicht etwas Unterstützung bei diesem »Bewußtseinswandel«?

BEKOMMT IHR.

Tatsächlich?

WAS, GLAUBST DU, ist dieses Buch?

Hmmm.

ABGESEHEN DAVON WERDEN euch jeden Tag neue Ideen, neue Gedanken, neue Einfälle vorgelegt.

Der Prozeß des Bewußtseinswandels, der wachsenden spirituellen Bewußtheit eines ganzes Planeten, ist ein langsamer Prozeß. Er braucht Zeit und große Geduld. Ganze Leben. Generationen.

Doch langsam kommt ihr schon dahin. Sanft und leise wandelt ihr euch, findet eine Veränderung statt.

Und du erzählst mir, daß außerirdische Wesen uns dabei helfen?

So IST ES. Es sind jetzt viele von ihnen unter euch. Sie helfen euch seit Jahren.

Warum geben sie sich nicht zu erkennen? Warum offenbaren sie sich nicht? Würde das nicht ihren Einfluß noch verdoppeln?

IHR ZIEL IST es, beim Wandel zu helfen, den ihrer Beobachtung nach die meisten von euch sich ersehnen, nicht, ihn zu erschaffen; zu unterstützen, nicht zu erzwingen.

Wenn sie sich zu erkennen gäben, würdet ihr, durch die schiere Macht ihrer Präsenz, gezwungen sein, ihnen große Ehre zu erweisen und ihren Worten großes Gewicht beizumessen. Die Masse der Menschen soll aber vorzugsweise zu ihrer eigenen Weisheit gelangen. Weisheit, die aus dem Innern kommt, wird nicht so leicht abgetan wie eine, die von einem anderen stammt.

Ihr habt die Tendenz, sehr viel länger an dem festzuhalten, was ihr erschaffen habt, als an dem, was euch gesagt wurde.

Werden wir sie je sehen; werden wir diese außerirdischen Besucher je so kennenlernen, wie sie wirklich sind?

O ja. Die Zeit wird kommen, da sich euer Bewußtsein erweitert und eure Angst verflüchtigt, und dann werden sie sich euch offenbaren.

Manche von ihnen haben es bereits getan – vor einer Handvoll Leute.

Was ist mit der nun immer populärer werdenden Theorie, daß diese Wesen böswillig sind? Gibt es einige, die uns übel gesinnt sind?

Gibt es Menschen, die dir übel gesinnt sind?

Ja, natürlich.

MANCHE DIESER WESEN – die weniger entwickelten – könnten von euch ebenso beurteilt werden. Doch denk an meine Worte: Verurteile nicht. Niemand tut, an seinem Bild vom Universum gemessen, etwas Ungehöriges.

Manche Wesen sind in ihrer Technologie fortgeschritten, aber nicht in ihrem Denken. Eure Rasse ist eher dieser Kategorie zuzurechnen.

Aber wenn diese böswilligen Wesen technologisch so weit fortgeschritten sind, könnten sie uns doch sicher zerstören. Was soll sie davon abhalten?

IHR WERDET GESCHÜTZT.

Tatsächlich?

JA. EUCH WIRD die Gelegenheit gegeben, euer Schicksal auszuagieren. Euer eigenes Bewußtsein wird das Resultat erschaffen.

Was heißt das?

DAS HEISST, DASS ihr hier, wie in allen Dingen, bekommen werdet, was ihr euch erdenkt.

Was ihr fürchtet, das zieht ihr an.

Wogegen ihr euch widersetzt, das bleibt bestehen.

Was ihr euch anschaut, das verschwindet – wodurch euch die Chance gegeben wird, es wieder ganz neu zu erschaffen, wenn ihr wollt, oder es für immer aus eurem Erfahrungsbereich zu verbannen.

Was ihr wählt, das erlebt ihr.

Hmmm. Irgendwie scheint es in meinem Leben nicht so zu sein.

WEIL DU AN der Macht zweifelst. Du zweifelst an *mir.* Wahrscheinlich keine gute Idee.

GANZ BESTIMMT NICHT.

20

Warum zweifeln die Leute an dir?

WEIL SIE AN sich selbst zweifeln.

Warum zweifeln sie an sich selbst?

WEIL ES IHNEN SO gesagt wurde; weil es ihnen so beigebracht wurde.

Von wem?

VON MENSCHEN, DIE behaupten, meine Repräsentanten zu sein.

Das verstehe ich nicht. Warum?

WEIL ES EIN Weg war und der einzige Weg ist, die Leute unter Kontrolle zu haben.

Schau, du *mußt* an dir selbst zweifeln, ansonsten würdest du all deine Macht in Anspruch nehmen. Und das geht nicht. Das geht überhaupt nicht – nicht für die Menschen, die gegenwärtig die Macht innehaben. Sie haben die Macht inne, die die deine ist – und sie wissen es. Und die einzige Möglichkeit, sie zu behalten, ist die, daß sie die globale Bewegung abwenden, welche darauf hinausläuft, daß die beiden größten Probleme menschlicher Erfahrung durchschaut und gelöst werden.

Welche beiden?

NUN, DAS HABEN wir in diesem Buch immer und immer wieder besprochen. Um es zusammenzufassen ... Die meisten, wenn nicht alle, Probleme und Konflikte der Welt und der einzelnen Menschen ließen sich klären und lösen, wenn ihr als Gesellschaft:

1. die Vorstellung von der Trennung abschaffen würdet,
2. euch die Idee der Sichtbarkeit zu eigen machen würdet.

Seht euch selbst nie als von einem anderen getrennt, und seht euch nie als von mir getrennt. Sagt nie jemandem irgend etwas anderes als die ganze Wahrheit, und akzeptiert nie weniger als *eure* höchste Wahrheit über mich.

Aus der ersten Entscheidung ergibt sich die

zweite, denn wenn ihr seht und versteht, daß ihr mit allen eins seid, könnt ihr *keine* Unwahrheit sagen oder wichtige Informationen zurückhalten oder euch allen anderen *anders* als total sichtbar zeigen, *weil euch dann klar ist, daß das eurem besten Interesse dient.*

Aber dieser Paradigmenwechsel verlangt große Weisheit, großen Mut und starke Entschlußkraft. Denn die Angst wird ins Herz dieser Grundgedanken zielen und sie falsch nennen. Die Angst wird am Kern dieser großartigen Wahrheiten nagen und sie hohl erscheinen lassen. Die Angst wird verzerren, verachten, zerstören. Und so wird die Angst euer größter Feind sein.

Doch ihr werdet und könnt keine Gesellschaft hervorbringen, wie ihr sie euch immer ersehnt, wie ihr sie euch immer erträumt habt, solange ihr nicht mit Weisheit und Klarheit die grundlegende Wahrheit erkennt: Das was ihr anderen antut, tut ihr euch selbst an; was ihr nicht für andere tut, tut ihr auch nicht für euch selbst; der Schmerz anderer ist euer Schmerz, und die Freude anderer ist eure Freude, und wenn ihr irgendeinen Teil davon ablehnt, lehnt ihr einen Teil von euch selbst ab. Jetzt ist es an der Zeit, daß ihr *euch selbst zurückfordert.* Jetzt ist es an der Zeit, daß ihr euch selbst wieder als das seht, was ihr wirklich seid, und euch so wieder sichtbar macht. Denn wenn ihr sichtbar seid und eure wahre Beziehung zu Gott sichtbar wird, dann sind wir *untrennbar.* Und nichts wird uns je wieder trennen.

Obgleich ihr wieder in der Illusion der Trennung leben werdet, sie als Instrument benutzt, um euer Selbst neu zu erschaffen, werdet ihr euch von da an erleuchtet durch eure Inkarnationen bewegen; ihr werdet die Illusion als das erkennen, was sie ist, und sie spielerisch und voller Freude nutzen, um jeden gewünschten Aspekt dessen, was-wir-sind, zu erleben, ohne ihn jedoch je wieder als Realität zu akzeptieren. Ihr werdet euch nie wieder des Vergessens bedienen müssen, um euer Selbst neu zu erschaffen, sondern ihr werdet die Trennung *wissend* nutzen und ganz einfach *die Wahl treffen,* aus einem bestimmten Grund und für einen bestimmten Zweck das zu manifestieren, was getrennt ist.

Und wenn ihr in dieser Weise vollkommen erleuchtet seid – das heißt, wieder mit dem Licht erfüllt seid –, mögt ihr euch vielleicht dazu entscheiden, in ein physisches Leben zurückzukehren, weil es euch ein besonderes Anliegen ist, anderen zur Erinnerung zu verhelfen. Ihr mögt die Wahl treffen, in dieses physische Leben zurückzukehren, nicht weil ihr irgendeinen neuen Aspekt eures

Selbst erschaffen und erfahren wollt, sondern weil ihr das Licht der Wahrheit an diesen Ort der Illusion bringen möchtet, damit andere sehen können. Dann werdet ihr »Lichtbringer« sein. Dann werdet ihr Teil des Erwachens und der Erweckung sein. Es gibt andere, die das bereits getan haben.

Sie sind hierher gekommen, um uns erkennen zu helfen, wer-wir-wirklich-sind.

JA. SIE SIND erleuchtete Seelen, reife Seelen. Sie streben nicht mehr nach der nächsthöheren Erfahrung ihrer selbst. Sie haben bereits die höchste Erfahrung gemacht. Sie haben jetzt nur den Wunsch, euch Nachrichten von dieser Erfahrung zu überbringen. Sie bringen euch »gute Nachrichten«. Sie werden euch den Weg und das Leben Gottes zeigen. Sie werden sagen: »Ich bin der Weg und das Leben. Folgt mir.« Dann werden sie euch ein Beispiel dafür geben, was es heißt, in der immerwährenden Herrlichkeit der bewußten Einheit mit Gott – in dem, was man Gottesbewußtsein nennt – zu leben.

Wir sind immer vereint, du und ich. Wir können gar nicht getrennt sein, das ist einfach unmöglich. Doch du lebst zur Zeit in der unbewußten Erfahrung dieser Vereinigung. Es ist auch möglich, in einem physischen Körper in bewußter Einheit mit Allem-Was-Ist zu leben; im Bewußtsein der *letzten Wahrheit* –, als bewußter Ausdruck dessen, was-und-wer-ihr-wirklich-seid. Wenn ihr das tut, dient ihr anderen als Vorbild, anderen, die in der Vergessenheit leben. Ihr werdet zu einer lebendigen Er-innerung. Und dadurch errettet ihr andere davor, sich permanent in ihrer Vergessenheit zu verlieren.

Permanent in der Vergessenheit verloren zu sein, das *ist* die Hölle. Doch das werde ich nicht zulassen. Ich werde nicht zulassen, daß auch nur ein einziges Schaf verlorengeht, und werde … einen Hirten senden.

Tatsächlich werde ich viele Hirten senden, und du magst dich dazu entscheiden, einer von ihnen zu sein. Und wenn Seelen von dir aus ihrem Schlummer erweckt werden und sich wieder daran erinnern, wer-sie-wirklich-sind, werden alle Engel im Himmel über diese Seelen frohlocken. Denn einst waren sie verloren, doch nun sind sie gefunden.

Es gibt derzeit solche Wesen, heilige Wesen auf unserem Planeten, ist das richtig? Es gab sie nicht nur in der Vergangenheit, sondern es gibt sie auch jetzt?

JA. SIE WAREN immer da. Sie werden immer dasein. Ich werde euch nicht ohne Lehrer lassen; ich werde die Herde nicht im Stich lassen, sondern ihr immer meine Hirten schicken. Und es gibt derzeit viele auf eurem Planeten und auch in anderen Bereichen des Universums. In manchen Teilen des Universums leben diese Wesen in ständiger Kommunion und im ständigen Ausdruck der höchsten Wahrheit vereint. Das sind die erleuchteten Gesellschaften, von denen ich gesprochen habe. Sie existieren, sie sind real, und sie haben euch ihre Abgesandten geschickt.

Du meinst, Buddha, Krishna und Jesus waren *Raumfahrer?*

DAS HAST DU gesagt, nicht ich.

Ist es wahr?

HAST DU DIESEN Gedanken zum ersten Mal gehört?

Nein, aber ist es *wahr?*

GLAUBST DU, DASS diese Meister irgendwo anders existierten, bevor sie hier auf die Erde kamen, und daß sie nach ihrem sogenannten Tod zu diesem anderen Ort zurückkehrten?

Ja, das glaube ich.

Und wo, glaubst du, ist dieser Ort?

Ich dachte immer, er sei das, was wir den »Himmel« nennen. Ich dachte, sie kämen vom Himmel.

Und wo, glaubst du, ist dieser Himmel?

Ich weiß nicht. In einer anderen Sphäre, vermute ich.

In einer anderen Welt?

Ja … ich verstehe. Aber ich hätte das als die *Geisterwelt* bezeichnet, nicht als eine andere Welt, wie wir sie kennen, nicht als einen anderen *Planeten.*

Es *ist* die Geisterwelt. Aber was läßt dich denken, daß diese Geister – diese heiligen Geister – sich nicht dazu entscheiden könnten oder wollten, irgendwo anders im Universum zu leben, *so wie sie es taten, als sie in eure Welt kamen?*

Ich nehme an, ich habe das einfach nie so gesehen. Es war nicht wirklich ein Bestandteil meiner Vorstellung über all das.

»Es GIBT MEHR *Dinge im Himmel und auf der Erde, als eure Schulweisheit sich träumt.«*

Euer wundervoller Metaphysiker Shakespeare hat das geschrieben.

Dann *war* Jesus ein Raumfahrer!

DAS HABE ICH nicht gesagt.

Also, war er es nun, oder war er es nicht?

GEDULD, MEIN KIND. DU eilst zu sehr voraus. Es gibt mehr. Soviel mehr. Wir haben noch ein weiteres ganzes Buch zu schreiben.

Du meinst, ich muß auf Band 3 warten?

DAS HABE ICH dir von Anfang an gesagt, das habe ich dir versprochen. Es wird drei Bücher geben, sagte ich. Das erste wird sich mit den Wahrheiten und Herausforderungen des individuellen Lebens befassen. Das zweite wird die Wahrheiten eines Lebens als Familie auf diesem Planeten besprechen. Und das dritte, so sagte ich, wird auf die größten Wahrheiten eingehen, jene, die mit den ewigen Fragen zu tun haben. In ihm werden die Geheimnisse des Universums enthüllt werden.

Oder auch nicht.

O Mann. Ich weiß nicht, wieviel ich davon noch aushalten kann. Ich meine, ich habe es wirklich satt, »im Widerspruch zu leben«, wie du es ausdrückst. Ich will, daß das, was so ist, *auch so ist.*

DANN *SOLL ES SO sein.*

Oder auch nicht.

DAS IST ES! Das ist es! Du hast es KAPIERT! Nun begreifst du die göttliche Dichotomie. Nun siehst du das Gesamtbild. Nun begreifst du *den Plan.*

Alles – *alles – was jemals war, jetzt ist und jemals sein wird, existiert jetzt.* Und *so IST* alles, was ist. Doch alles, was IST, *verändert* sich ständig, denn das Leben ist ein *fortwährender Schöpfungsprozeß.* Von daher läßt sich sagen, daß Das-Was-Ist in einem sehr realen Sinn … NICHT IST.

Dieses SEIN ist NIE DASSELBE; das bedeutet, daß das SEIN NICHT ist.

Also, entschuldige bitte, Charlie Brown, aber … *du meine Güte.* Wie kann denn dann überhaupt etwas irgend etwas bedeuten?

Tut es nicht. Aber du eilst wieder voraus! Alles zu seiner Zeit, mein Sohn. Alles zu seiner Zeit. Diese und andere größere Rätsel werden nach der Lektüre von Band 3 verständlich. Oder … und jetzt alle im Chor …

ODER AUCH NICHT.

Genau.

Okay, okay … ist ja gut. Inzwischen aber – und was die Menschen angeht, die diese Bücher vielleicht nie lesen –, welchen Weg können wir hier und jetzt einschlagen, um zur Weisheit, zur Klarheit, zu Gott zurückzugelangen? Brauchen wir eine Rückkehr zur Religion? Ist das das fehlende Bindeglied?

Kehrt zur Spiritualität zurück. Vergeßt die Religion.

Diese Aussage wird eine Menge Leute erzürnen.

Die Leute werden auf das ganze Buch mit Zorn reagieren … oder auch nicht.

Warum sagst du, daß wir die Religion vergessen sollen?

Weil sie für euch nicht gut ist. Du mußt verstehen, daß die organisierte oder institutionalisierte Religion, wenn sie Erfolg haben will, die Leute glauben machen muß, daß sie sie *brauchen.* Wenn die Leute an etwas anderes glauben sollen, dann müssen sie erst den Glauben an sich selbst verlieren. Also besteht die erste Aufgabe der organisierten Religion darin, euch den Glauben an euch selbst zu nehmen. Die zweite Aufgabe besteht darin, euch zur Erkenntnis zu bringen, daß *sie* die Antworten hat, die ihr nicht habt. Und die dritte und wichtigste Aufgabe besteht darin, euch dazu zu bringen, daß ihr diese Antworten fraglos akzeptiert.

Wenn ihr anfangt zu fragen, fangt ihr an zu denken! Wenn ihr denkt, fangt ihr an, zur Quelle im Inneren zurückzukehren. Das kann die Religion nicht zulassen, weil ihr dann vermutlich mit einer anderen Antwort aufwarten werdet, als sie sich ausgetüftelt hat. Also muß sie euch dazu bringen, daß ihr an eurem Selbst zweifelt; sie muß euch dazu bringen, daß ihr an eurer Fähigkeit, richtig denken zu können, zweifelt.

Für die Religion ergibt sich sehr oft das Problem, daß das auf sie zurückschlägt, denn wie solltet ihr, wenn ihr eure eigenen Gedanken nicht mehr ohne Zweifel akzeptieren könnt, nicht auch an den neuen Gedanken über Gott zweifeln, die sie euch eingeimpft hat?

Und schon bald zweifelt ihr sogar an meiner *Existenz* – an der ihr bezeichnenderweise zuvor nie gezweifelt habt. Als ihr euch auf euer *intuitives Wissen* verlassen habt, habt ihr mich vielleicht nicht zur Gänze verstanden, aber ihr wußtet definitiv, daß ich da war!

Die Religion bringt die Agnostiker hervor! Jeder klar denkende Mensch, der sich anschaut, was die Religion getan hat, *muß* annehmen, daß die Religion keinen Gott hat! Denn die Religion hat die Herzen der Menschen mit der Furcht vor Gott erfüllt, wohingegen einst der Mensch Alles-Was-Ist in all seinem Glanz und seiner Herrlichkeit liebte.

Die Religion hat dem Menschen befohlen, sich vor Gott zu beugen, wohingegen einst der Mensch sich ihm freudig entgegenstreckte.

Die Religion hat dem Menschen die Last der Sorge, Gottes Zorn auf sich zu ziehen, aufgebürdet, wohingegen einst der Mensch Gott aufsuchte, damit er ihm seine Last *erleichterte!*

Die Religion hat dem Menschen erzählt, daß er sich für seinen Körper und seine natürlichen Funktionen schämen müsse, wohingegen einst der Mensch diese Funktionen als das größte Geschenk des Lebens feierte!

Die Religion hat euch gelehrt, daß ihr einen *Mittler* braucht, um Gott erreichen zu können, wohingegen ihr euch einst selber gelehrt habt, Gott zu erreichen, indem ihr einfach ein Leben in Güte und Wahrheit geführt habt.

Und die Religion hat den Menschen *befohlen,* Gott zu lieben und zu verehren, wohingegen die Menschen einst Gott liebten und verehrten, weil es unmöglich war, es *nicht* zu tun!

Wo auch immer die Religion hinkam, hat sie Uneinigkeit geschaffen – was das *Gegenteil* von Gott ist.

Die Religion hat den Menschen von Gott getrennt, den Menschen vom Menschen, den Mann von der Frau. Manche Religionen *sagen* sogar dem Mann, daß er *über* der Frau steht, während sie zugleich behaupten, daß Gott über dem Mann steht, womit sie die Bühne für die größten Zerrbilder bereitet haben, die einer Hälfte des Menschengeschlechts je aufgehalst wurden.

Ich sage dir dies: Gott steht *nicht* über dem Mann, und der Mann steht *nicht* über der Frau – das ist *nicht* »die natürliche Ordnung der Dinge« –, aber es *ist* das, was alle, die Macht hatten (namentlich die Männer), sich als Zustand *wünschten,* als sie ihre patriarchalischen Religionen ausgestalteten, systematisch die Hälfte aus ihrer endgültigen Version der »heiligen Schriften« herausredigierten und den Rest so verdrehten, saß er in die Gußform ihrer männlich orientierten Modellvorstellung von der Welt paßte.

Die Religion besteht *bis auf den heutigen Tag* darauf, daß Frauen irgendwie mindere Wesen, irgendwie spirituelle Bürger zweiter Klasse, irgendwie nicht »geeignet« sind, Gottes Wort zu lehren, Gottes Wort zu predigen oder den Menschen Sakramente zu spenden.

Wie Kinder streitet ihr euch immer noch darüber, welches Geschlecht von mir dazu bestimmt ist, meine Priester zu sein!

Ich sage dir dies: Ihr seid *alle* Priester und Priesterinnen. *Jede und jeder einzelne von euch.*

Es gibt keine Person oder Klasse oder Kaste von Menschen, die »geeigneter« ist, mein Werk zu tun, als eine andere.

Aber so viele eurer Männer sind nicht anders als eure Nationen: vor allem machthungrig. Sie wollen die Macht nicht *teilen,* sondern nur ausüben. Und sie haben dieselbe Art Gott konstruiert: einen vor allem machthungrigen Gott. Einen Gott, der die Macht nicht teilen will, sondern nur ausüben. Doch ich sage dir dies: Gottes größtes Geschenk ist das Teilen von Gottes Macht.

Ich möchte, daß ihr seid wie ich.

Aber wir können nicht wie du sein. Das wäre Blasphemie.

Die Blasphemie ist, daß euch solche Dinge beigebracht wurden. Ich sage dir: *Ihr seid nach dem Ebenbild Gottes geschaffen – und es ist dieses Schicksal, das zu erfüllen ihr gekommen seid.*

Ihr seid nicht hierher gekommen, um euch abzumühen und zu plagen und nie »ans Ziel zu kommen«. Und ich habe euch auch nicht auf eine Mission geschickt, die sich unmöglich vollenden läßt.

Glaubt an die Güte Gottes, und glaubt an die Güte von Gottes Schöpfung – namentlich an euer heiliges Selbst.

Du hast an früherer Stelle des Buches etwas gesagt, das mich fasziniert hat. Ich möchte nun, da wir uns dem Ende dieses Bandes nähern, darauf zurückkommen. Du sagtest: »Absolute Macht erfordert absolut nichts.« Ist das das Wesen *Gottes?*

Du HAST ES verstanden.

Ich habe gesagt: »Gott ist alles, und Gott *wird* alles. Es gibt nichts, was Gott nicht ist, und alles, was Gott von sich selbst erfährt, erfährt Gott in dir und als dich und durch dich.« In meiner reinsten Form bin ich das Absolute. Ich bin absolut Alles, und deshalb brauche, will und fordere ich absolut nichts.

Ausgehend von dieser absolut reinen Form bin ich das, was du aus mir machst. Es ist so, als würdest du schließlich Gott sehen und sagen: »Was machen wir nun daraus?« Doch ganz gleich, was du aus mir machst, ich kann meine reinste Form nicht vergessen und werde immer zu ihr zurückkehren. Alles andere ist reine Fiktion. Es ist etwas, das du dir *ausdenkst.*

Da gibt es jene, die aus mir einen eifersüchtigen Gott machen wollen; aber wie soll ich eifersüchtig sein, der ich Alles habe und *bin?*

Da gibt es jene, die aus mir einen zornigen Gott machen wollen; aber was für einen Grund hätte ich, zornig zu sein, wenn ich in keiner Weise verletzt oder beeinträchtigt werden kann?

Da gibt es die, die aus mir einen rachsüchtigen Gott machen wollen; aber an wem soll ich mich rächen, da alles, was existiert, ich bin?

Und warum sollte ich mich dafür, daß ich einfach erschaffe, bestrafen? Oder warum sollte ich, wenn du dir uns beide als voneinander getrennt vorstellen mußt, dich erschaffen, dir die Macht zu erschaffen geben, dir die Freiheit der Wahl geben, das zu erschaffen, was du erfahren möchtest, um dich dann auf ewig dafür zu bestrafen, daß du die »falsche« Wahl getroffen hast?

Ich sage dir dies: So etwas würde ich nicht tun – und in dieser Wahrheit liegt eure Unabhängigkeit von der Tyrannei Gottes.

In Wahrheit gibt es *keine* Tyrannei – außer in eurer Phantasievorstellung.

Ihr mögt nach Hause kommen, wann immer ihr wollt. Wir können wieder Zusammensein, wann immer ihr wollt. Ihr könnt wieder die Ekstase der Vereinigung mit mir erfahren. Bei jeder passenden und unpassenden Gelegenheit. Wenn ihr den Wind auf eurem Gesicht spürt. Wenn ihr in einer Sommernacht eine Grille unter dem diamanten funkelnden Himmelszelt zirpen hört.

Beim ersten Anblick eines Regenbogens und dem ersten Schrei eines neugeborenen Kindes. Beim letzten Strahl eines herrlichen Sonnenuntergangs und dem letzten Atemzug eines herrlichen Lebens.

Ich bin immer bei euch, bis ans Ende der Zeit.

Eure Vereinigung mit mir ist vollständig – sie

war es immer, ist es immer und wird es immer sein.

Du und ich, wir *sind* eins – jetzt und in alle Ewigkeit. Geh jetzt, und mach aus deinem Leben eine Aussage über diese Wahrheit.

Mach aus deinen Tagen und Nächten Widerspiegelungen deiner höchsten Idee in dir. Laß zu, daß deine Momente des Jetzt erfüllt sind von der herrlichen Ekstase Gottes, der sich durch dich manifestiert. Tu dies durch den Ausdruck deiner ewigen und bedingungslosen Liebe zu allen, deren Leben du berührst. Sei der Dunkelheit ein Licht, und verfluche sie nicht.

Sei ein Bringer des Lichts.

Du *bist* es.

So sei es.

Schlußbemerkung

Ich danke Ihnen, daß Sie sich mir auf dieser Reise angeschlossen haben. Ich weiß, daß es möglicherweise einigen von Ihnen nicht leichtgefallen ist. Viele der hier vorgetragenen Gedanken fechten vieles von dem an, was wir bisher geglaubt haben, sowie auch manche unserer Verhaltensweisen, mit denen wir bisher gelebt haben. Diese Texte laden uns dazu ein, neue Glaubensvorstellungen zu erschaffen, neue Verhaltensweisen zu entwickeln, neue Vorstellungen darüber, wie die Dinge sein könnten, zu akzeptieren. Wir sind in dramatischer und dringlicher Weise aufgerufen, zu einem neuen Denken über unser Leben und die Art und Weise, wie wir es leben, zu gelangen.

Das ist die »Bewegung des neuen Denkens«, von der schon berichtet wurde. Es handelt sich hier nicht so sehr um eine Organisation oder eine Gruppe der Gesellschaft als vielmehr um einen *Prozeß,* mittels dessen sich die ganze Gesellschaft von einer Seinsweise zu einer anderen hinbewegt. Das ist die in die Tat umgesetzte Theorie vom hundertsten Affen; es geht dabei um die kritische Masse. Ich habe das Material hier genauso präsentiert, wie ich es erhalten habe, um diese Bewegung zu fördern und zu unterstützen, um dabei zu helfen, daß die kritische Masse erreicht und dieser Wandel bewirkt wird.

Und bewirken müssen wir ihn. Denn wir können nicht so weitermachen wie bisher. Die Vorstellungen und Konstruktionen, die der Menschheit bisher als Richtlinien dienten, sind uns nicht mehr dienlich. Tatsache ist, daß sie uns beinahe schon zerstört haben. Wir müssen uns ändern; wir *müssen* uns ändern, wenn wir unseren Kindern und deren Kindern noch irgendeine Art von Welt übergeben wollen.

Nachdem ich das nun gesagt habe, möchte ich hinzufügen, daß ich große Hoffnung für uns alle hege. Ich glaube, daß wir als Menschengeschlecht gegenwärtig eine unvergleichliche Chance haben, die Hindernisse wegzuräumen, die uns so lange von der Verwirklichung unserer großartigsten Möglichkeiten abgehalten haben; und ich sehe überall ein wachsendes Bewußtsein, nicht nur auf individueller, sondern – endlich – auch auf kollektiver Ebene. Ich weiß, daß dieses kollektive Bewußtsein die Masse formt und zur Energie wird, die die Maschine unserer Erfahrung auf diesem Planeten antreibt. Und somit ist die Stufe unseres kollektiven Bewußtseins von entscheidender Bedeutung.

Die göttliche Absicht der *Gespräche mit Gott* besteht, wie ich nun erkenne, in der Anhebung des kollektiven Bewußtseins. Der Inhalt dieses Buches war nie nur für mich allein gedacht, sondern sollte *durch* mich an die ganze Welt weitergegeben werden – *so daß er durch Sie weiterhin sein Ziel verfolgt.* Werden Sie zulassen, daß die Worte dieses Buches dort haltmachen, wo sie sich jetzt befinden, daß ihre Reise in Ihrem Kopf ein Ende nimmt? Oder werden Sie sich mir anschließen, auch zum Boten werden und sie in ein größeres Publikum hineintragen?

Das Interessante an der gegenwärtigen Situation der Menschheit ist meiner Ansicht nach die Tatsache, daß sich die meisten von uns darin einig sind, wie schlecht es um uns gegenwärtig steht. Doch warum können wir, wenn sich die meisten von uns als einzelne darin einig sind, nicht alle kollektiv etwas Sinnvolles unternehmen? Das ist die Frage, die die Menschheit quält. *Wie können wir individuelle Bewußtheit in kollektives Handeln umwandeln!*

Das können wir, wie ich glaube, nicht nur dadurch tun, daß wir die Botschaften der *Gespräche mit Gott* leben und verbreiten, sondern auch dadurch, daß wir eine bewußte Anstrengung unternehmen und uns jenen anschließen, die schon in Gruppen und Organisationen zusammengekommen sind und ähnliche Veränderungen und Lösungen anstreben, für die gleichen Ziele arbeiten und die gleichen Absichten verfolgen. Ich möchte drei solcher Gruppen hier vorstellen. (Ich weiß natürlich, daß es noch viele andere gibt.)

Sollten Sie einigem, was Sie hier gelesen haben, zustimmen, dann möchte ich Sie dazu ermuntern, mit dem von meinem Freund Dennis Weaver geschaffenen »Institute of Ecolonomics« Kontakt aufzunehmen und es zu unterstützen. Das Leitprinzip dieses Instituts ist der Gedanke, daß Ökologie und Ökonomie sich nicht feindlich gegenüberstehen müssen und daß der Zusammenschluß beider zum Zweck einer gemeinsamen Verbesserung des Lebens auf diesem Planeten der einzige Weg ist, diese Verbesserung auch zu ermöglichen.

Dennis Weaver und das Institut widmen gegenwärtig ein außergewöhnlich hohes Maß an Zeit und Energie der Erkundung neuer Kooperations- und Kommunikationswege zwischen dem Wirtschaftssektor unserer globalen Gesellschaft und den Einzelpersonen und Organisationen, die sich der Überwachung und Verbesserung unserer Ökologie auf dem Planeten verschrieben haben.

Dennis glaubt, daß die ökologische und die ökonomische Bewegung weder Kontrahenten zu sein brauchen noch sich in ihren Absichten und Zielen immer in die Quere kommen müssen. Wir müssen lernen, in unserem Wirtschaftsverhalten, bei den Produkten, die wir herstellen, und den Dienstleistungen, die wir anbieten, ökologische *und* ökonomische Vernunft walten zu lassen. Um diesen Gedanken verständlich zu machen und ihm Kraft zu verleihen, hat Dennis den Begriff »Ecolonomics« (Ökolonomie) geprägt. In ihm drückt sich seine Überzeugung aus, daß ökonomischer Gewinn nicht von Natur aus und auf ewige Zeiten mit ökologischer Sensibilität unvereinbar ist. Was für das eine gut ist, muß nicht automatisch für das andere eine Katastrophe sein.

Wenn Sie diesen Gedanken ebenfalls unterstützen möchten, dann wenden Sie sich bitte an:

The Institute for Ecolonomics
Post Office Box 257 Ridgeway,
CO 81432, USA

Von dort bekommen Sie Informationen zugeschickt und erfahren, auf welche Weise Sie sich engagieren können.

Eine andere Organisation, die meine Aufmerksamkeit (und Bewunderung) auf sich zog, ist die von Michael Lerner geschaffene »Foundation For Ethics and Meaning«. Michael und ich haben uns über viele Themen unterhalten, die in Band 2 von *Gespräche mit Gott* angesprochen werden, und er erzählte mir, daß er diese Stiftung als Instrument zum Aufbau einer Bewegung gegründet hat, die das gegenwärtige Fundament der amerikanischen Gesellschaft verändern, das Paradigma vom Egoismus und Zynismus zur Fürsorglichkeit und Solidarität hinwenden soll.

Michael möchte, daß unsere Gesellschaft eine Veränderung ihrer Grunddefinitionen vornimmt, so daß die Produktivität oder Effizienz der Wirtschaftsunternehmen, der Legislative oder der gesellschaftlichen Verhaltensweisen nicht mehr ausschließlich am Maße ihrer Maximierung von Reichtum und Macht gemessen werden, sondern auch daran, wie sie unsere Fähigkeit bestmöglich fördern, liebevolle und fürsorgliche Beziehungen zu pflegen und ethisch, spirituell und ökologisch sensibel zu sein.

Seine Stiftung hat überall Ortsgruppen aufgebaut. Manche davon arbeiten an Initiativen, durch die staatliche Behörden dazu verpflichtet werden sollen, das bisherige Sozialverhalten und soziale Verantwortungsbewußtsein eines Wirtschaftsunternehmens zu prüfen, bevor sie Aufträge an dieses Unternehmen vergeben – oder daß ein Unternehmen seine Konzessionen alle 20 Jahre neu beantragen muß, wobei dann sein Sozialverhalten ein maßgeblicher Faktor bei der Neuvergabe der Konzessionen wäre. Die Stiftung richtet ihr Augenmerk sowohl auf ökonomische Bedürfnisse wie auf persönliche Rechte und zieht gegen Kräfte aus der Wirtschaft oder Politik zu Felde, die beides verweigern möchten. Michael Lerner ist der Autor des Buches *The Politics of Meaning,* das ich Ihnen sehr empfehlen möchte. Die Stiftung gibt auch die Zeitschrift *Tikkun* heraus, in der Sie weiteres zu diesen Themen lesen können.

Wenn Sie sie abonnieren und mehr über Michaels Arbeit erfahren möchten, dann wenden Sie sich an:

The Foundation For Ethics and Meaning
26 Fell Street
San Francisco, CA 94103, USA

Des weiteren bin ich auf das von Corinne McLaughlin und Gordon Davidson gegründete »Center for Visionary Leadership« aufmerksam geworden. Corinne und Gordon sind die Koautoren von zwei Werken, die beide auf meiner Liste wichtiger Bücher weit oben stehen: *Spiritual Politics: Changing the World from the Inside Out* und *Builders of the Dawn.* Ihr Zentrum möchte spirituell orientierte Kenntnisse im Bereich innovativer und ganzheitlicher Lösungen für soziale Probleme vermitteln. Es bietet öffentliche Veranstaltungen, Beratungen und ein auf Werte gegründetes Managementtraining für Einzelpersonen und Organisationen an. Eine ihrer Ideen, die mich am meisten fasziniert, ist ein Programm des Bürgerdialogs zur friedlichen Lösung von Streitfragen, die uns auf diesem Planeten spalten. Kontaktadresse:

The Center for Visionary Leadership
3408 Wisconsin Ave NW, Suite 200
Washington, D. C. 20016, USA

Vielleicht wollen einige von Ihnen alle drei Bemühungen unterstützen, wie auch ich es tue. Sie sind der beste Beweis dafür, daß wir als Einzelpersonen einen realen und dauerhaften Einfluß auf die wichtigen Themen, Herausforderungen und Probleme, mit denen die Menschheit konfrontiert ist, nehmen können. Der Jammerschrei: «… aber was kann ich tun?« wird hier beantwortet. Sie können eine Menge tun, und es gibt viele Orte und Bereiche, wo Sie es tun können.

Dies ist also ein Aufruf zum Handeln. Dies ist eine Bitte, die Truppen an der Front zu verstärken. Dies ist die Einladung an Sie, mit mir eine Armee spiritueller Arbeiter zu bilden, vereint im gemeinsamen Wunsch, der Welt Liebe und Heilung zu bringen – und eine Rückkehr zum Feiern. Ich kann nie wieder derselbe sein, nachdem ich die Worte, die mir in diesen Büchern der *Gespräche mit Gott* geschenkt wurden, gelesen habe. Und Sie können es auch nicht. Wir, Sie und ich, stehen am Rande eines Abgrunds, an dem wir uns mit all unseren alten Glaubensvorstellungen und Verhaltensweisen auseinandersetzen müssen.

Manche Menschen werden zwangsläufig von einigem, was in diesem Buch geschrieben steht, unangenehm berührt sein. Schließlich haben wir Menschen uns selbst zu einer großartigen Rasse, einer überlegenen Spezies, zu erleuchteten Wesen erklärt. In den *Gesprächen mit Gott* wird uns gezeigt, wo wir unserer Behauptung nach stehen, und gesagt: *So ist es nicht, tut mir leid, nicht ganz.* Diese Bücher zeigen uns, was unser erklärtes Ziel ist, und sagen: *Auf diesem Wege nicht. Nein. Denkt das bloß nicht.* Und so schaffen sie (und vielleicht vor allem dieser zweite Band) unter Umständen einiges Unbehagen. Doch dieses Unbehagen signalisiert Wachstum. Das Leben nimmt dort seinen Anfang, wo unsere Behaglichkeitszone endet.

Natürlich werden wir im Verlauf unseres Wachstumsprozesses nicht alle neuen Ideen akzeptieren, die uns andere präsentieren – und sicherlich wird hier auch nicht der Vorschlag gemacht, daß die in dieser Trilogie der *Gespräche mit Gott* vorgetragenen Gedanken als »Evangelium« akzeptiert werden sollen. Tatsächlich ist das das letzte, was Gott von uns möchte. Denn wie er sagt, liegt der Schatz in der Frage, nicht in der Antwort verborgen. Dieses Buch lädt uns nicht dazu ein, uns seine Antworten anzueignen, sondern dazu, daß wir uns *beständig und unaufhörlich seine Fragen zu eigen machen.*

Die Fragen, die uns die *Gespräche mit Gott* vorlegen, werden uns an den äußersten Rand, an die Grenze führen. Nicht nur an die Grenze unserer Behaglichkeitszone, sondern auch an die Grenze unseres Verständnisvermögens, unserer Glaubensvorstellungen und Überzeugungen, unserer Erfahrungen. Sie fordern uns heraus, eine neue Erfahrung zu machen.

Wenn Sie gerne am gemeinschaftlichen Erschaffungsprozeß dieser Erfahrung teilnehmen würden; wenn Sie sich selbst in diesem Prozeß als pro-aktiv statt als re-aktiv verstehen; wenn Sie sich als einen der Boten – als einen der Sender wie auch einen der Empfänger – begreifen, dann schließen Sie sich unserer neuen Armee an. Werden Sie zu einem Lichtbringer. Unterstützen Sie die hier erwähnten Bemühungen und Organisationen (oder irgendeine andere Sache oder Gruppe, die Sie kennen und die der Unterstützung wert ist). Es gibt noch eine weitere Gruppe, von der ich Ihnen erzählen möchte. Es ist die Gruppe »ReCreation«, die Nancy und ich gegründet haben. Ihr Ziel ist es, die Menschen sich selbst zurückzugeben – und so die Welt zu ändern.

Unsere Arbeit begann mit einem monatlich herausgegebenen Newsletter, der an alle geschickt wird, die ihn abonnieren möchten. (Seit der Veröffentlichung des ersten Bandes haben das inzwischen weltweit Tausende getan.) Sie setzte sich dann mit einem Programm des persönlichen Engagements fort, um die Botschaft der *Gespräche mit Gott* in die Dörfer und Städte des Landes und überall auf der Welt zu tragen. Den Gipfelpunkt erreicht sie nun mit der Einladung an Sie, zu einem wirklichen Werkzeug der Veränderung in der Welt zu werden, mit der Sie in Berührung kommen, während Sie sich zugleich neu erschaffen.

Das ganze Leben besteht aus einem Prozeß der Neuerschaffung, der Neuschöpfung, und er beginnt in der eigenen Seele. Ihre Seele weiß, ob es für Sie an der Zeit ist, sich auf den dynamischsten Lebensprozeß – Veränderung und Schöpfung – auf der nächsten Stufe einzulassen. Ich weiß, daß für mich die Zeit gekommen ist.

Deshalb habe ich öffentlich erklärt, daß ein Ziel unserer Stiftung die finanzielle Unterstützung und Durchführung des ersten Internationalen Symposions zur Integration von Spiritualität und Politik (first International Symposium on the Integration of Spirituality and Governance) ist. Ich glaube daran, daß sich die Welt über Nacht ändern könnte, wenn sich die Menschen auf diesem Planeten je dazu entscheiden würden, sich auf der Grundlage ihres höchsten spirituellen Verständnisses selbst zu regieren statt auf der Basis ihrer niedrigsten Gedanken und tiefsten Ängste.

Wir planen ein solches Symposion für das Jahr 1999 und möchten, daß die dabei entstehenden Aufsätze, Vorträge und Dialoge zu einem wesentlichen Katalysator werden, der einen bereits sichtlich im Gange befindlichen Prozeß befördert, erweitert und beschleunigt. Es ist der Prozeß des Zusammenkommens von Menschen, die guten Willens sind und beste Absichten verfolgen und die sich hinsetzen und die Kernpunkte herausarbeiten, die uns voneinander trennen; von Menschen, denen es darum geht, daß wir unsere Unterschiede feiern und unsere Erfahrungen all dessen erweitern, was uns als großartige und herrliche Wesen, die einen außergewöhnlichen Ort im Universum bewohnen, vereint.

Unsere Stiftung führt auch überall auf der Welt Workshops, Seminare, Retreats, Vorträge und Programme der vielfältigsten Art durch. Wir halten die Gebühren für alle von der Stiftung gesponserten Programme sehr niedrig und reservieren bei diesen Veranstaltungen mindestens 20 Prozent der verfügbaren Plätze für Personen, die ein volles oder anteiliges Stipendium erhalten, damit sie für eine größtmögliche Anzahl von Personen, ihrer finanziellen Möglichkeiten ungeachtet, zugänglich sind.

Wir – Nancy, ich und ein paar Freunde – haben uns entschieden, auf diese Weise für einen Paradigmenwechsel zu arbeiten. Und ich hoffe, Ihnen in dieser Schlußbemerkung ein paar Möglichkeiten aufgezeigt zu haben, wie auch Sie sich an diesem »Paradigmenwechsel« beteiligen können. Band 3 der Trilogie *Gespräche mit Gott* geht sogar noch weiter als die Bände 1 und 2 und beschreibt im Detail den Evolutionsprozeß der fühlenden Wesen allerorten wie auch die Funktionsweise und den Aufbau der hochentwickelten Zivilisation des Universums. Kurz gesagt, es präsentiert all denen ein außergewöhnliches Modell, die sich entschlossen haben, das Leben auf eine neue Weise zu leben.

Unser Newsletter enthält Vorschläge und Beobachtungen darüber, wie dies zu bewerkstelligen ist und wie man – für sich selbst und für andere – zu einem Instrument des Paradigmenwechsels und Schöpfer neuer Realitäten wird. Diese Informationen werden in Form von Antworten auf die Fragen präsentiert, die uns Leser weltweit zum Inhalt der *Gespräche mit Gott* stellen. Er bringt auch die neuesten Informationen über die Aktivitäten unserer Stiftung und wie Sie bei irgend etwas davon unser Partner werden können, sollten Sie sich dafür entscheiden. Dieser Newsletter bietet einfach eine gute Möglichkeit, mit der Energie der *Gespräche mit Gott* in Verbindung zu bleiben. Wenn Sie ihn erhalten wollen, schreiben Sie bitte an:

Conversations with God Foundation
PMB1150
1257 Siskiyou Blvd.
Ashland, Oregon 97520
USA
E-Mail: cwgfoundation@cwg.info
Website: www.conversationswithgod.org

Das Jahresabonnement kostet 45 Dollar, was unsere Versandkosten abdeckt und die von mir hier beschriebene umfassendere Arbeit unterstützt. Wenn Sie gerne mit uns in Verbindung bleiben würden, im Moment aber nicht in der Lage sind, zur Unterstützung der Stiftung beizutragen, werden wir Ihnen ein Gratisabonnement zukommen lassen. Bitten Sie einfach in Ihrem Brief darum.

Zum Abschluß möchte ich nun noch etwas Persönliches hinzufügen.

Nach dem Erscheinen des ersten Bandes haben mir viele von Ihnen Briefe geschrieben, in denen sie, nachdem sie meinen Kommentar zu meinem eigenen Leben gelesen hatten, ihr Verständnis, ihr Mitgefühl und ihre Liebe zum Ausdruck brachten. Ich werde Ihnen nie wirklich vermitteln können, wieviel mir das bedeutet hat. Oft wurde ich in diesen Briefen gefragt, wie sich mein Leben nach dem Empfang dieser Bücher verändert hat. Die Antwort darauf wäre viel zu lang, um sie im einzelnen auf diesen Seiten darzulegen, aber ich kann Ihnen sagen, daß die Veränderungen tiefgreifend waren.

Ich fühle mich wie ein neuer Mensch, innerlich und äußerlich. Ich bin zur Wiederherstellung einer liebevollen Beziehung mit meinen Kindern gelangt. Ich bin der außergewöhnlichsten Frau, die ich je kennenlernte, begegnet, wir haben geheiratet, und ich bin mit dem Geschenk ihrer Anleitung, die ihr gelebtes Leben ist, und ihrer Liebe gesegnet worden. Ich habe mir selbst meine Vergangenheit verziehen, in der ich, wie ich Ihnen erzählte, immer und immer wieder das tat, was viele unverzeihlich nennen würden. Ich habe mich nicht nur mit dem versöhnt, der ich einst war, sondern auch mit dem, der-ich-wirklich-bin – und mit dem, der-ich-sein-will. Ich weiß nun endlich, daß ich nicht mein Gestern bin und daß ich mir mein wunderbarstes Morgen schaffe, wenn ich heute meine großartigste Vision lebe.

Und so, wie Sie sich mir bei dieser Heilung und diesem Wachstum angeschlossen haben, mir mit Ihren Hunderten von Briefen beistanden und nun mit mir durch dieses zweite Buch gewandert sind, hoffe ich, daß wir einander auch beim Erschaffen dieser größten Vision für die ganze Menschheit die Hand reichen werden. Dann können wir die Welt wirklich verändern.

Das mag uns viel abverlangen. Doch von denen, denen viel gegeben wird, wird auch viel gefordert. Und mögen wir dabei auch an die Grenze unserer Behaglichkeitszone gedrängt werden – manche mögen schon durch dieses Buch dahin gedrängt worden sein –, so müssen wir uns doch alle ins Gedächtnis rufen, daß an diesem Rand des Abgrunds, an diesem Rand der Tiefe das Abenteuer zu finden ist. Hier liegt die neue Chance. Hier beginnt die wahre Schöpfung. Und hier müssen wir zusammenkommen, Sie und ich, wenn wir, um es in den inspirierenden Worten Robert Kennedys zu sagen, nach einer »neueren Welt« streben wollen. Der französische Dichter und Philosoph Guillaume Apollinaire schrieb:

»Kommt an der Rand der Tiefe.«
»Wir können nicht. Wir fürchten uns.«
»Kommt an den Rand der Tiefe.«
»Wir können nicht. Wir werden fallen!«

»Kommt an den Rand der Tiefe.«

Und sie kamen.
Und er stieß sie.

Und sie flogen.

Kommt. Laßt uns gemeinsam fliegen.

Liebe Freundin, lieber Freund,

die Botschaft der »Gespräche mit Gott« hat das Leben vieler Menschen überall auf der Welt berührt. Einige wurden dazu inspiriert, Studiengruppen oder – Zentren einzurichten. Menschen im deutschsprachigen Raum haben den *Gespräche mit Gott Netzwerk e. V.* gegründet, der Ihnen als Ansprechpartner zur Verfügung steht. Dieser Verein hat keine organisatorische Verbindung zu Neale Donald Walsch oder zur *Conversations with God Foundation,* noch wird er von diesen unterstützt.

Sie können sich unter der folgenden Adresse an den Verein wenden:

Gespräche mit Gott Netzwerk e.V.
Postfach 610190, 10922 Berlin
www. gespraechemitgott.org

Der Autor

Neale Donald Walsch lebt mit seiner Frau Nancy in einem Zentrum des Rückzugs und der Stille, das sie in den Wäldern von Oregon gegründet haben.

Der Autor gibt Workshops und hält Vorträge überall in den USA und vermittelt auf diese Weise die in seinem Buch enthaltenen Einsichten und Botschaften.